儒家德育方法的生态分析

许 慎◎著

吉林出版集团股份有限公司
全国百佳图书出版单位

图书在版编目（CIP）数据

儒家德育方法的生态分析／许慎著. —长春：吉林出版集团股份有限公司，2020.8
 ISBN 978-7-5581-9133-6

Ⅰ.①儒… Ⅱ.①许… Ⅲ.①儒家－德育－研究 Ⅳ.①B222.05

中国版本图书馆 CIP 数据核字(2020)第 168416 号

儒家德育方法的生态分析
RUJIA DEYU FANGFA DE SHENGTAI FENXI

著　　者：	许　慎
责任编辑：	祖　航　王贝尔
开　　本：	787mm×1092mm　16 开
字　　数：	200 千字
印　　张：	13
版　　次：	2022 年 1 月第 1 版
印　　次：	2022 年 1 月第 1 次印刷
出　　版：	吉林出版集团股份有限公司
发　　行：	吉林出版集团股份有限公司
地　　址：	吉林省长春市福祉大路 5788 号
邮　　编：	130000
电　　话：	0431-81629968
印　　刷：	天津和萱印刷有限公司

ISBN 978-7-5581-9133-6　　　　　　　　　定价：58.00 元

前 言

推动中华优秀传统文化时代化，是习近平总书记自党的十八大以来提出的重要号召。中华民族具有五千年文明历史，创造了博大精深的中华文化，为人类文明进步作出了不可磨灭的贡献。如何使中华传统文化在新时代永葆青春和生命力，关键要做到取其精华、去其糟粕、古为今用、推陈出新，在理论上解释和发展好优秀传统文化，在工作和生活中传承和使用好优秀传统文化，实现中华优秀传统文化的时代化。

一个国家选择什么样的治理体系，是由这个国家的历史传承、文化传统、经济社会发展水平决定的，是由这个国家的人民决定的。过去和今天亦如此。2013年8月19日，习近平总书记在全国宣传思想工作会议上强调，中华民族创造了源远流长的中华文化，也一定能创造出中华文化新的辉煌。这就要求我们要做好"四个讲清楚"——讲清楚国家和民族的历史传统、文化积淀、基本国情、发展道路的特色；讲清楚中华文化积淀着中华民族最深沉的精神追求和生生不息、发展壮大的丰厚滋养；讲清楚中华优秀传统文化是中华民族的优势和深厚的文化软实力；讲清楚中国特色社会主义植根于中华文化沃土、反映中国人民意愿、适应时代发展进步要求，有着深厚历史渊源和广泛现实基础。要结合新的时代条件传承和弘扬中华优秀传统文化。中华优秀传统文化既是中华民族的精神命脉和涵养社会主义核心价值观的重要源泉，也是我们在世界文化激荡中站稳脚跟的根基。儒家思想构成了中华传统文化的主体，儒家在古代中国社会中的作用，是人们咀嚼的问题。讲清楚儒家时代化的问题，是传承和弘扬中华优秀传统文化的举措。

儒家思想是中国封建社会占主导地位的统治思想，表现为儒家思想是统治阶级的思想，它以自身的包容性、体系性、坚韧性，成为跨越时间和空间的官方学说；表现为儒家思想影响了全体社会成员，成为社会共享的道德理念和政治理想。两汉时期，确立了儒家意识形态的主导地位，后世虽经朝代更替、儒释道融合，儒家思想在统治阶级及广大民众日常生活与精神生活中的主导地位依旧没有改变。因此，基于儒家思想的强大影响力，研究儒家如何在中国古代社会实现德育，做到人伦日用、代代相承的经世持久的境界，是有意义的课题。

但有些人在讨论这个问题的时候，预设了儒家依靠制度、权力实现了自身的"统治"。就思想的传播来看，权力、制度都是思想得以传播的有力保障，但就思想的地位来看，中国古代宗法封建社会中的统治手段依然是官僚制度，依靠的是封建制度，儒家在其中更多的是有限度地为君权合理性提供论证，通过伦理规范与法度设计渗透到人民群众生活中去。儒家一直试图在君主之上设定更多的制约性条件，以达到他们所期待的圣人治国的目标。所以，我们看到儒家支持的是统一的君主制度，不是某一个特定的政权，也正是这种维护统一、稳定秩序的思想观念和治国理念，使儒家在历代王朝更迭中，与道家、法家、佛教、伊斯兰教等的交锋融汇中，都被较好地保留了下来，不管是官方，还是民间。当然，到了明清以后，随着儒家思想走向理学的分析思路，儒家核心的思想观念也逐渐消散了。

儒家德育思想是中国古代思想政治教育的重要组成部分。作为儒家德育诸要素中的一个环节，儒家的德育方法独树一帜，它在实现德育目标、传播儒家思想中起着至关重要的作用。儒家德育方法通过道德与政治相结合的方式，既保证了儒家思想的主导地位，有效地实现了儒家思想的"人伦日用"与代代相承，又巩固了统治阶级的思想基础与阶级基础，切实维护了统治阶级的社会秩序。

以儒家德育方法为起点，窥探整个古代中国社会德育实效，必须结合当时所处的社会历史环境做分析。不管是宏观的制度设计还是微观的日常教导，其要发挥作用，离不开具体的社会生活条件，离不开主客体对德育本身的认同，更多的是政治认同。而这种政治认同，又是通过正反两方面的刺激来实现的。特别是在朝代更迭中，保留下来的儒家德育方法，适应了政治的起伏、社会的动荡，最终有利于实现新的稳定的社会秩序。

生态分析方法是近些年在教育领域、德育和思想政治教育范围中逐渐广泛使用的研究方法，这一方法非常注重对思想产生影响的一切内外部因素之间的关系及其作用机制的考察。作为一种分析方法，生态相比于环境，更加注重主体在其中的参与。环境强调的是中心物之外的其他，而生态则强调物与它所处的整个生态。这一概念类似法国社会学家皮埃尔·布迪厄提出的"场域"。布迪厄从关系的角度出发，认为整个社会是一个大场域，"在高度分化的社会里，社会世界是由大量具有相对性的社会小世界构成的，这些社会小世界就是具有自身逻辑和必然性的客观关系的空间，而这些小世界自身特有的逻辑和必然性也不可化成支配其他场域运作的那些逻辑和必然性"❶。因此，人们进入不同的场域必然要遵循不同的规则，场域自身所具有的自主性与变动性也保障了不同场域的规则能够施加到各自成员身上，还能够保证自身的活力。我们采用生态分析方法，在最大限度地保证，当我们观察一个方法是如何发生作用的时候，要综合、立体、持久地考察它能够发挥作用的整个关系，缺一不可的关系。

研究坚持马克思主义基本立场，对儒家德育方法的相关文献进行整理，最终按照家庭——学校——社会三大生态和施教——自教——评价三类方法这两条线索呈现儒家德育方法的研究成果，其中家庭、学校、社会三个小生态之间也彼此关照，构成了儒家德育方法的大生态。本研究采用广义的方法概念，即在具体方法研究的基础上，综合考察方法运行所依赖的主体、依靠的环境、依托的载体等多方面的要素，分别梳理研究家庭、学校、社会三大生态中的施教方法、自我教育方法和评价方法，试图呈现出不同场域中的德育在具体目标上的差异性、实施方法上的特殊性、方法运行上的保障力量和德育效果。

本书在章节安排上共分五章，第一章导言，就儒家德育与儒家德育方法的内涵和地位作出深入阐释，将儒家德育与方法纳入古代思想政治教育理论与方法的维度；就学术界现有研究成果作梳理，找到研究的不足与继续研究的空间；就本文研究的思路和方法作介绍，讲明生态分析在方法研究中的重要性。第二章至第四章，分别从家庭、学校、社会三个生态入手，阐明三个生态进行儒家德育的必然性与重要性，挖掘三个生态进行儒家德育的核

---

❶ [法]布迪厄，[美]华康纳. 实践与反思：反思社会学导论 [M]. 李猛，李康，译. 北京：中央编译局出版社，1998：134.

心理念，描述三个生态进行儒家德育的具体方法。第五章是对儒家德育方法实效的历史评价与当代启示，客观看待儒家德育方法的历史价值、理论价值，着重对新时代关于立体教育、大中小一体化等问题，展开思考。

本研究以儒家德育方法为研究对象，探索德育方法的内涵和基本内容、分类及结构，阐明儒家德育方法的网络性、立体性与继时性，生活化、组织化与制度化，总结儒家德育方法的经验教训，找到实现方法的创造性转化与创新性发展的突破点，为当前思想政治教育理论和实践提供有益借鉴。本文的研究意义如下：

第一，有利于充分把握和明确中国古代思想政治教育的重要性。为何要专门研究儒家德育方法？因为这一问题在思想政治教育理论研究中仍有较大空间。随着思想政治教育学科自身发展的渐进性，对本学科基础理论研究的重视也日益增加，对完善学科理论体系的认识也逐渐提升。中国古代社会的思想政治教育内容丰富，为当前思想政治教育提供了广阔的空间和大量的素材。如何充分利用古代思想政治教育发挥积极作用，构建中国古代思想政治教育史的理论框架，需要对儒家德育的基本问题逐一探讨。特别是在本学科刚刚走过三十六年的关键时刻，回首总结历史经验，研究人类历史上的思想政治教育实践活动，对把握本学科的历史轨迹和发展趋向具有重要意义。

第二，有利于细化和深化中国古代思想政治教育理论。目前，学界对儒家德育方法的研究虽然不多，但已经产生了一些有价值的成果。本文将汲取前人的理论成果，进一步研究儒家德育的方法，梳理清楚儒家德育的概念、方法的内涵和基本内容，并以方法为切入点研究儒家德育，宏观把握儒家德育施教者与受教者在德育运行中的互动与自觉，更加直观地了解以儒家思想为主导的封建社会在推动德育过程中的积极举措与良好效果。

第三，有助于优化当前思想政治教育工作，实现德育方法理念的创造性转化与创新性发展。中国传统文化是思想政治教育的重要资源，"古为今用、推陈出新"是对待中国传统文化的两个重要原则。研究儒家德育方法，其出发点是为了从一个视角来梳理清楚中国古代社会，包括奴隶制和封建制社会中的思想政治教育理论与实践，最终目的在于"以古成今"，为当前思想政治教育提供可资借鉴的经验，提出一些切实可行的创造性转化与创新性发展的路径，提取出一些有代表性的儒家德育方法的深层基因，推进其与当下社会条件相结合，为提升当前思想政治教育实效性研究作出贡献。

著者

2020 年 6 月

目 录

第一章　导言 ………………………………………………………… 1
 第一节　儒家德育的内涵与内容简述 ……………………………… 1
 第二节　儒家德育方法的内涵、地位与作用 …………………… 13
 第三节　研究现状与主要问题 …………………………………… 16
 第四节　生态分析的用意与研究思路 …………………………… 33

第二章　治国先齐家：家庭德育方法的实效分析 ………………… 44
 第一节　家在儒家思想中的地位 ………………………………… 44
 第二节　家庭德育是儒家德育生活化的集中体现 ……………… 49
 第三节　儒家家庭德育的施教方法 ……………………………… 54
 第四节　儒家家庭德育的自教方法 ……………………………… 71
 第五节　儒家家庭德育的评价方法 ……………………………… 75

第三章　教化之本在学校：学校德育方法的实效分析 …………… 81
 第一节　学校德育是儒家德育组织化的集中体现 ……………… 81
 第二节　儒家学校德育的施教方法 ……………………………… 93
 第三节　儒家学校德育的自教方法 ……………………………… 104
 第四节　儒家学校德育的评价方法 ……………………………… 110

第四章　变风易俗以致太平：社会德育方法的实效分析 ………… 119
 第一节　社会德育是儒家德育制度化的集中体现 ……………… 119
 第二节　儒家社会德育的施教方法 ……………………………… 126

第三节　儒家社会德育的自教方法 …………………… 139
　　第四节　儒家社会德育的评价方法 …………………… 146
第五章　儒家德育方法实效的历史评价 ………………… 152
　　第一节　儒家德育方法的历史功用与生态条件 ………… 152
　　第二节　儒家德育方法的价值与特征 ………………… 157
　　第三节　创新儒家德育方法的需求与原则 …………… 163
　　第四节　把握家庭、学校、社会三大生态系统的永恒主题
　　　　　　……………………………………………… 168
结　　语 ………………………………………………… 188
参考文献 ………………………………………………… 191

第一章 导言

儒家与权力的关系是复杂的。陈来先生在《守望传统的价值：陈来二十年访谈录》一书中这样写道："儒家的确不断在为君权的合理性论证，但也不是无条件的，其中存在着一定的紧张度。儒家一直试图在君主之上设定更多的制约性原则。儒家是对君主制度整体上的支持，并非是对某一个具体政权的支持。"[1] 但是，即便儒家试图对君主进行一些道德的设置，前朝的历史也证明了君王德行不当的弊端，儒家对于君主德行的约束也是有限的，至于君主为何还大推儒学、以修身示范作为重要政策内容，还是得益于儒学本身对于维护大一统、维护宗法封建社会秩序具有独特的理论价值和内在逻辑。在历史的发展过程中，政治秩序兴衰不定，而儒学则屹立不移。这与长久以来中国传统的"尚贤"观念是密不可分的。当然，政治制度也是文化中非常重要的内容，任何一个时代的制度背后都融入了当时人们的思想与观念，绝没有无端生出来的制度。近代特别是五四时期，我们对自己的历史、制度、文化过分地批判并以"封建"一词来概括，多少是有些一刀切的，那些延续下来的制度与文化本身也是民族发展的择选与结果。所以，当我们探寻儒家德育方法在历史时空中的实效性的时候，必须对它所处的生态有明确的把握，而不是仅仅靠文本的记载臆测儒家的效力，不是简单地对儒家德育方法进行现代式的移植。

第一节 儒家德育的内涵与内容简述

中国传统文化所具有的育人功能，使其成为思想政治教育十分重要的内容。古代德育是关于古代思想政治教育起源与发展的重要理论，是思想政治教育史研究的重要组成部分。

---

[1] 陈来. 守望传统的价值：陈来二十年访谈录 [M]. 北京：中华书局出版社，2018：58.

一、德育的内涵与其他

"德育"一词是近代出现的、多学科共同使用的概念,"德育"在中国最早出现于近代教育领域。1904年王国维在《叔本华之哲学及其教育学说》一文中提及"知育""美育""德育"三个名词,其中"德育"指的就是道德教育。当前研究中有"大德育"与"小德育"的分歧,"大德育观"是思想政治教育学科对德育概念界定的主流取向。"德育"一词是否能够指代在中国古代社会中具有思想政治教育性质的相关理论与活动,能否准确地体现中国古代德育与当前德育的一致性,是概念厘清部分的主要工作。厘清德育与思想政治教育两个概念的关系,就本研究而言,不在于对其本质的追问,而在于学科定义、使用习惯和语境的区别。

第一,目前,在社会科学研究领域,主要有三个学科在同时使用这个概念。一是马克思主义理论一级学科下的思想政治教育二级学科;二是哲学理论一级学科下的伦理学二级学科;三是教育学一级学科下的相关德育学分支学科。

思想政治教育学科认为"德育"应该包括"思想教育""政治教育""道德教育""法制教育""心理教育"等内容,"德育"是与"智育""体育"相对应的概念,也就是我们常说的"大德育"[1]。这一概念从理论、制度与实践层面都表明了中国特色的德育,实际上就是囊括了全部社会意识形态教育和部分非意识形态教育的内容,这是我国思想政治教育研究的主流取向。例如,黄钊在《中国古代德育思想史论》中提出,"狭义的德育,仅指伦理道德教育;广义的德育,则指的是思想道德教育或思想

---

[1] 1995年国家教育委员会颁布的《中国普通高等学校德育大纲(试行)》规定:"德育即思想、政治和品德教育,它体现教育的社会性与阶级性,是学校教育的重要组成部分。它与智育、体育等相互联系,彼此渗透,密切协调,共同育人。"1995年颁布的《中学德育大纲》和1998颁布的《中小学德育工作规程》都明确指出:"德育即对学生进行政治、思想、道德和心理品质教育。"2004年教育部印发的《中等职业学校德育大纲》在德育的内容中又增加了法律教育。2004年中共中央、国务院《关于进一步加强和改进大学生思想政治教育的意见》中强调:"坚持教书与育人相结合。学校教育要坚持育人为本、德育为先,把人才培养作为根本任务,把思想政治教育摆在首要位置。"文件还进一步将德育外延概括为"以理想信念教育为核心,深入进行树立正确的世界观、人生观和价值观教育;以爱国主义教育为重点,深入进行弘扬和培育民族精神教育;以基本道德规范为基础,深入进行公民道德教育;以大学生全面发展为目标,深入进行素质教育"。文件将德育与思想政治教育同时使用表达了等同的概念。

政治教育，但从本质上说属于思想教育"❶，他在研究中所使用的概念就是广义的德育。伦理学学科❷❸认为"德育"就是"道德教育"的简称，特别是在英文的翻译问题上，能够与英文直接对应。道德教育的主要任务就是培育人的道德素质。因此，伦理学科所认可的"德育"是与"思想教育""政治教育""法制教育"等相对应的平行概念❹❺❻❼，也就是我们通常说的"小德育"。在伦理学研究中，"德育"所指称的内容是非常确定的。德育学分支学科对德育这一概念的理解并不统一：一部分学者倾向于"广义德育"（大德育），一部分学者倾向于"狭义德育"（小德育）。例如，针对"德育"就是政治立场教育、世界观教育、道德教育的说法，有学者就提出质疑，认为它们是不同层面的教育❽。

第二，在日常使用和中央文件的习惯中，"德育"与"思想政治教育"的本义与出发点是一致的，但在使用的语境、适用的对象与教育内容上有所区别。在当前的学科应用中，思想政治教育的目标就是培育"四有"新人、时代新人，培养社会主义事业的建设者和接班人，这一目标对个体自身的思想道德素质、科学文化素质和健康素质都具有较高的要求。个体在不同的成长阶段所接受到的思想政治教育内容，会有差别，这与个人认知能力、思想品德养成规律和思想政治教育规律直接相关。

以中共中央文件为例，党和国家高度重视未成年人和大学生的思想政治教育工作，先后下发了《关于加强和改进未成年人思想道德建设的若干

---

❶ 黄钊. 中国古代德育思想史论［M］. 北京：中国社会科学出版社，2011：1.

❷ 徐少锦，温克勤. 伦理百科辞典［K］. 北京：中国广播电视出版社，1999：1177.

❸ 宋希仁.《伦理学大辞典》［K］. 长春：吉林人民出版社，1989：1142.

❹ 德育这一概念包含内容的界定方法也是学界普遍存在的一种现象，它虽指出了德育内涵的广泛性，但终究是以概念解释概念，并没有解答德育本质，反而还会出现泛化的现象。有学者还总结了德育内容的几种构成，诸如"三要素"说，即"德育"包括政治教育、思想教育、道德教育三方面内容。陆庆壬. 思想政治教育学原理［M］. 上海：复旦大学出版社，1986：116.

❺ "四要素"说，即"德育"包括思想教育、政治教育、法制教育（或心理品质教育）、道德教育。张耀灿，邱伟光. 思想政治教育学原理［M］. 北京：高等教育出版社，1999：100.

❻ "五要素"说，即"德育"包括政治教育、思想教育、道德教育、法纪教育、心理教育。罗洪铁. 思想政治教育过程的构成要素再探［J］. 学校党建与思想教育，2011（03）.

❼ 周志成. 精英教育刍议［J］. 中国青年政治学院学报，2009（5）：61-65.

❽ "政治教育、思想教育、道德教育各自涉及人的不同心理活动，遵循人的不同心理活动规律，思想教育属于认知范畴，不涉及人的情感、意志及行为领域；政治教育尽管涉及人的情感、立场、态度，但不涉及人的意志领域；道德教育要求涉及人的知、情、意、行等方面。因此，三者统一于德育，既缺乏心理学上的依据，也不可能拥有共通的教育规律。"江新华. 德育概念泛化是影响德育有效性的理论根源［J］. 高等教育研究，2001（9）：75-76.

意见》（中发［2004］8号）和《关于进一步加强和改进大学生思想政治教育的意见》（中发［2004］16号）。从两个文件可以看出，对未成年群体更加重视"思想道德建设"，要求在学校教育中要把"德育"摆在素质教育的首要地位；大学生群体则侧重于"思想政治教育"，形成以理想信念教育为核心，以爱国主义教育为重点，以思想道德建设为基础，以大学生全面发展为目标的教育，提升大学生的思想政治素质。由此，我们可以断定，"德育"或"思想政治教育"的使用与其所处的教育环境无关，并不是说在学校里进行的就是"德育"，在社会范围内的就是"思想政治教育"❶。而实际上，"德育"就其内容与呈现形式来说，更加重视道德教育，并不忽视政治素质的培养；而"思想政治教育"更加重视政治素质的培养，并不舍弃道德教育的培养。这个区分映射到理论层面，也就说明了为什么中小学和大学在使用"德育""思想政治教育"，或者"德育"概念本身的使用上出现话语不一的现象。再比如，在战争时期的人才选拔中，就要求德与才兼备，这时候的"德"更多强调的是政治素质。

进入新时代，习近平总书记在全国教育大会上发表重要讲话，全面总结党的十八大以来，教育改革发展实践中形成的新理念、新思想、新观点，围绕培养什么人、怎样培养人、为谁培养人这一根本问题，提出坚持中国特色社会主义教育发展道路，坚持社会主义办学方向，以凝聚人心、完善人格、开发人力、培育人才、造福人民为工作目标，培养德智体美劳全面发展的社会主义建设者和接班人，是教育工作的根本任务，也是教育现代化的方向与目标。让学生德智体美劳全面发展，归根到底，就是立德树人，这是教育事业发展必须始终牢牢抓住的灵魂。这里的"德"就不是单纯的品德教育，它的内涵非常丰富，立德首先要在坚定理想信念上下功夫，在厚植爱国主义情怀上下功夫，教育引导学生树立共产主义远大理想

---

❶ 持"学校—德育"论的学者很多，如，陈立思认为"思想政治教育是一项教育实践活动，它泛指一切对人的思想政治品德发生影响的活动，而德育是限于学校范围的思想政治教育，与智体美劳诸育并列。二者的区别主要有两点：其一，从施教主体来看，思想政治教育的主体可以是一切社会机构、组织团体和个人，而德育的主体主要是学校教师和学校行政管理人员；其二，从社会功能来看，德育主要是'育人'，侧重于'教育'，而思想政治教育除此之外，还担负有化解社会矛盾、引导社会发展、维护社会稳定等任务。"（参见：陈立思．《当代世界思想政治教育》［M］．北京：中国人民大学出版社，1999．第2页．）如，胡守棻也认为，"同智育、体育、美育、劳动教育相对应的德育，是一个更广泛的概念，它是学校对青少年学生进行道德教育、政治教育和思想教育的总称。"（参见：胡守棻．《德育原理》［M］．北京师范大学出版社，1989．第3页．）

和中国特色社会主义共同理想,增强"四个自信",肩负时代重任,立志扎根人民、奉献国家,以高远的志向、砥砺奋斗的精神,在人生道路上刚健有为、自强不息。天下大事必作于细,必成于实。立德也要在加强品德修养上下功夫,教育引导学生从自身做起,从点滴开始,在日常学习生活中培育和践行社会主义核心价值观,踏踏实实修好品德,成为有大爱、大德、大情怀的人。

综上所述,考察"德育"的概念必须要注重具体的研究语境与范畴。如上文所说的"不同学科"的区别。同一个概念在不同学科可以而且应该有不同的内涵,这是一个非常普遍的原理。例如,"人""文化""政治"等,在不同的学科其概念的内涵与外延不同。只要在同一学科内,同一概念的指称与内涵一致即可。还要考虑"不同对象"的区别,针对不同年龄、不同认知能力与思想高度的受教者,在教育主要内容的选择和呈现形式上要有所不同。此外,当我们研究古代思想政治教育的时候,还应注意的一个问题就是概念的"历史性",这一点主要体现在下文对儒家德育概念的界定中。

二、儒家德育的定义

在以往的研究中,"中国古代思想政治教育"并不是一个确定的范畴,学界普遍承认的是中国古代社会有思想政治教育实践,但没有思想政治教育概念,进而选择"教化""政治教育""道德教育"等概念来表达本学科的内涵。之所以达成这种共识,最直接的原因就是学界普遍认为中国古代社会并没有"思想政治教育"这个名词,它是从马克思和恩格斯那里传来,在中国共产党思想政治工作中创造的。若如此推断,"德育"这个名词在中国最早出现于近代教育领域,也不是中国古代社会创造的,它却依然广泛使用。特别是在研究中国古代社会问题的时候,"政治伦理化""家国同构""天人合一"等诸多具体情境,在研究成果丰富的伦理学学科内,自然形成了"德育"即道德教育的话语权,而思想政治教育学科要真正开启中国古代思想政治教育史的研究,必须坚持本质考察与时空考察相结合的原则,从中国古代社会德育产生与发展的条件与必然性来理解其与当代思想政治教育的一致性,从儒家德育形成和发展的历史性与特殊性来解读其功能性,特别是其意识形态功能的形成,肯定自身的"道德性"与"政治性"的统一。

第一，就"道德性"而言，当我们研究古代思想政治教育的时候，使用"德育"比"思想政治教育"更符合施教的具体内容。我们在当前的德育概念的使用习惯中，将以未成年人为主体的思想政治教育都统称为德育，原因也在于它以道德教育为主导。在古代社会，德育虽不是单纯的道德教育，但在政治伦理化与伦理政治化的社会背景下，古代德育确实是以道德教育为切入点，讲求个体的自我修养，其深层的目的在于当个体认可儒家道德要求之后进行包括政治、道德、法律、习俗等在内的全方位的社会意识教育。因此，在古代社会中，政治伦理化的现实必然允许我们在研究中使用"德育"这样的概念。

"德育"相较于"道德教育"更加全面和完整。正如有些学者指出，"我们说德首先是一个政治的概念，并不意味着德仅仅是一个政治概念，而是说德在原初上是一个政治概念"[1]。也有学者指出，"'德'既是统治阶级的自我修养和行为规范，又是一种统治手段"[2]。因此，可以理解为，"道德"是人类社会发展的普遍现象，它不是由统治者提出来的，而是在人与人的交往中形成的，用以调整人与人以及人与社会之间关系的准则。而"德"则是由统治阶级提出和决定的，它是社会对人的思想、政治、道德等品质的标准和要求。

西汉政论家、文学家贾谊在《治安策》中有一段话强调了"德"对于君王的重要性，"昔者成王幼在襁抱之中，召公为太保，周公为太傅，太公为太师。保，保其身体；傅，传之德义；师，道之教训：此三公之职也。于是为置三少，皆上大夫也，曰少保、少傅、少师，是与太子宴者也。故乃孩子提有识，三公、三少固明孝仁礼义以道习之，逐去邪人，不使见恶行。于是皆选天下之端士孝悌博闻有道术者以卫翼之，使与太子居处出入。故太子乃生而见正事，闻正言，行正道，左右前后皆正人也"[3]。意思是说，过去成王还在襁褓中的时候，就有召公做他的太保，周公做他的太傅，太公做他的太师。保的职责是保护太子身体安全，傅的职责是辅导太子德义，师的职责是教育训练太子智慧，这是三公的职责。同时还为太子设置三少，都是上大夫，称为少保、少傅、少师，他们的职责是与太

---

[1] 王立仁. 德育价值论 [M]. 北京：中国社会科学出版社，2004：3-20.
[2] 黄崇岳. 中国历朝行政管理 [M]. 北京：中国人民大学出版社，1999：60.
[3] 出自《汉书·贾谊传》。

子一同生活，为太子作出榜样。所以太子在幼年时期便获得了并于仁义道德的知识。三公、三少固然明白用孝、仁、礼、义辅导训练太子，赶走邪恶小人，不让太子见到罪恶的行为。天子审慎地选取天下为人正直、孝顺父母、爱护弟弟、博学多识而又通晓治国之术的人拱卫、辅佐太子，使他们与太子朝夕相处。所以，太子从诞生之时开始，所见到的都是正经的事，所听到的都是正派的语言，所实行的都是正确的原则，左右前后都是正直的人。可见，贾谊已经认识到了对帝王的教育必须经过"强体""传德""明智"三个方面才能够使其成为一代圣贤。这里的"德"所指的就不只是道德，还有天地道义与人伦道义。由此可以断定，"德"这个概念本身是大于并且包含"道德"的，在中国古代社会的话语中，将"德育"简单地理解为"道德教育"是不可行的。

第二，就"政治性"而言，当我们研究古代思想政治教育的时候，使用"德育"比"思想政治教育"更符合语境。从词源上看，"德"涵盖了天地人之道。在甲骨文中，"德"的本字为"悳"，读作 de，二声，与德同音。《说文解字》中记载："德，升也。从彳。悳声。""彳"的意思是"小步也"。《说文解字》："悳，外得于人，内得于己也。从直。从心。"段玉裁在《说文解字注》中说："内得于己，谓身心所自得也。外得于人，谓惠泽使人得之也。俗字叚德为之。"也就是说，"德"本来的含义就是"悳"。《礼记·曲礼上》中说："道德仁义，非礼不成。"唐代孔颖达解释说："道者，通物之名；德者，得理之称。"清人戴震说得更好，"主其生生言，则曰德。道其实体也，德即于道见之者也"[1]。这么看来，在中国古代社会，"德"最初的含义就是"天道"在人的社会中的体现，即"人道"。"大学之道，在明明德，在亲民，在止于至善。"这一个"道"就已经涵盖了我们当代所说的道德、政治和思想领域的各项要求。如果这一解释可行的话，"道"在社会和人身上所体现的"德"，也就包含了当时社会发展所需要和应该遵循的关于人与自然、人与人、人与社会的秩序法则。如果在当代理论和实践的研究中，思想政治教育可以根据具体的对象与内容采用更加贴近的替换概念，在中国古代社会，特别是儒家意识形态教育的过程中，就可以使用更具历史说服力的"德育"一词，来替代党的革命建设实践中才出现的具有时代特征的"思想政治教育"概念。

使用"德育"而不是"教化"来指称，在于"德育"概念的全面性。

---

[1] 王茂. 戴震哲学思想研究[M]. 合肥：安徽人民出版社，1950：115.

《说文解字》中将"教"解释为:"上所施,下所效也。教效叠韵。""教"侧重主体先知先觉的施动行为。《说文解字》中将"化"解释为:"教行也。"段玉裁将此注释为:"教行于上,则化成于下。"教化合成都表达了自上而下的主动自觉的施予,虽然教化也有价值教育的内容,但总体上还是倾向于政治风化。"德育"最终的呈现形式还是以道德教育为主,借助道德教育向民众灌输与之相匹配的政治教育、思想教育、心理教育等。因此,德育与其说是教化,不如说是一种教育,它所实现的社会意识的教育是远大于意识形态教化的功能的。包括我们通常说儒家提倡"学而优则仕"的思想,从小接受儒家思想熏陶并最终进入仕途的人数是相对少的,虽然他们利用自身权威与学识能够辅助发挥更大的育人功能,占大多数的普通人接受儒家德育只是为了提升自我修养,德育的概念更加符合个体内心的需求,更容易将个人与国家的发展联系起来。

综上所述,在思想政治教育学科中,所谓德育即思想政治教育。"个人只有通过教化与一种意识形态认同,才可能被以这种为主导思想的社会认同。"[1]古代社会的德育是处于社会上位的、有良好德行的人对处于下位的民众所进行的教育,是有计划、有目的地促使民众形成对家国观念和社会现实的认同的教育活动,它以道德教育实现政治社会化,坚持了顺应民意与教化民众的统一。而儒家德育,根据前文对中国古代德育的界定,它既包括政治教育、道德教育、思想教育,还包括礼俗教育、法律教育等方面,覆盖了从出生到死亡、从庶民到君王的立体性、持续性的教育,是个人的教育与社会的教育的统一。

儒家德育究其本质与功能来说就是思想政治教育,其内容是思想教育、道德教育和政治教育的统一。儒家德育从确立之初就以培育君子人格为育人目标,而这个目标从儒家思想的整体来看,不仅仅是培育人才以巩固阶级基础,其最终的目的在于实现"明明德—亲民—止于至善"的政治纲领。也就是说,在儒家那里,"建立什么样的国家"和"培养什么样的人"是统一的。

三、儒家德育的基本内容

内容是方法的源头活水,方法是实现内容的手段。我国古代德育思想

---

[1] 俞吾金. 意识形态论 [M]. 北京:人民出版社,1993:3.

起源于儒家，以儒家思想为主，基本确立了德育的基本样态与发展方向，在中华民族的发展与延续中起着凝聚人心的重要作用。研究儒家德育方法，不是要脱离中国古代社会的需求来寻找具有超越性的、独立的方法，而是从儒家德育存续与运行的社会历史环境中找到其方法有效性的特殊条件，从而启发当前思想政治教育方法的设置，学会从抽象与具体之中寻找启发与借鉴意义，而不是盲目照搬。本文的研究要对儒家德育的内容与需求作明确判断。

（一）"君子人格"是儒家德育的目标

目标是培养人的重要指向，它不仅直接决定了德育客体的阶级属性和政治方向，还决定了德育对象在经受教育之后应对社会发挥的功能与作用。没有明确的德育目标，不仅会造成育人活动的盲目性，还容易与德育的本质相背离。儒家德育的目标，说到底就是一种价值观的教育。

儒家德育以道德教育为主要内容和呈现方式，但这种道德教育要实现的并非只是用来约束人的社会行为，它还具有更加深远和宏大的意义。儒家思想诞生于礼崩乐坏的时代，最初的目的就是要恢复周朝的"礼"，以重建统治阶级的统治秩序。因此，儒家德育的目标从本质上来说是要培养符合统治阶级需求、能够维护统治阶级秩序的人，至少是能够顺从现有社会秩序的人。它以"理想人格"为目标，指出"人之所以为人"的价值关照，"人应当成为何种人"的价值要求，这一目标实际上还凸显了儒家在处理人与自然、人与社会关系中的心理思维。因此，儒家德育所倡导的价值观重点还是在于它的思想性和政治性，这样的目标是要指导人们行为的，它是儒家对人的认识的体现。在群体观念中，儒家理想人格的设定其最终的目的也是引导人们追求卓越，实现对理想的追求。

儒家德育的"理想人格"是有层次的，在其现实性上，追求的是"君子人格"。《大学》中规定了"三纲领"，即"大学之道，在明明德，在亲民，在止于至善"。它既是《大学》的纲领旨趣，也是儒学垂世立教的目标与"理想人格"所在。首先，"明明德"，德育是个体的道德修养，人可以通过后天的学习和修行获得对善的认识，这与儒家提出的"人皆可以为尧舜"的人性习得思想是一致的。其次，"亲民"，德育是对个体的政治改造，引导人们弃旧图新、去恶从善，利用自身的德行影响天下。最后，"止于至善"，德育还是取法乎上的理想教育，正如孔子所言："圣人，吾不得而见之矣；得见君子者，斯可矣。"（《论语·述而》）尽管孔子也期待能够出现像周公一样的圣贤来重建礼治、恢复秩序，但他知道这样的人是非常少的。汉代贾谊在《新书·道术》中也说："守道者谓之士，乐道者谓之君子。知道者谓之明，行道者谓之贤，且明且贤，此谓圣人。"由此，儒家德育的"理想人格"在其现实性上，追求的是君子人格，它以"仁"为终极关怀，以"礼"为实现手段，追求"内圣""外王"合一的德才兼备的品质，即培育具备优秀德性的人。君子人格也因其自身的所具备的优秀德性成为儒家榜样教育的重要依据。

取法乎上得其中，儒家在"君子人格"的设置上依然是以尧舜圣贤为最高目标，强调"内圣"与"外王"的相互作用与相互促进。首先，"君子人格"注重将个体的思想道德的养成与个体的社会价值紧密相连，并明确地指出，社会发展与进步是以个人的发展与进步为前提和条件，把个人与社会有机地统一起来，紧紧抓住了德育活动所面临和处理的主要矛盾，强调修身养性与建功立业的一致性。其次，"君子人格"强调个体在天人关系中的感知能力与纽带作用。有学者指出，"天是宇宙秩序，它是王权和一体化上层组织的合法性来源。人代表家族家庭和社会关系，它对应着一体化结构的中下层组织背后的观念系统。天人合一结构是指意识形态把家庭伦理乃至个人道德看成宇宙秩序的一部分，道德伦理从宇宙秩序导出"[1]。按照这样的逻辑，当"天人合一"理念与"君子人格"相照应时，实际上便赋予了"君子人格"以内在超越的精神意义，引导个体在自我修养中自觉遵循天地万物的规律，遵循现有的社会秩序并给予合理解答。最后，"君子人格"肯定了个体在儒家教化过程中的使命感与超越生命的终极价值。在孔子那里，终极价值是对"仁"和"礼"的笃行，他说"志士仁人，无求生以害仁，有杀身以成仁"（《论语·卫灵公》）。孟子的终极价值则是"舍生而取义也"（《孟子·告子上》），它所指向与其说是个人修养，不如说是将个体修养与社会要求相统一，它所强调的是要以"为仁""为义"作为个体超乎于个人生命之上的追求。由此，"建功、立业、成王"的这种道德外在的规定性，实际上也是儒家思想在个人道德修养上构建的关于个体对社会的期望，即内圣外王，贯穿于整个中国古代社会。

---

[1] 金观涛，刘青峰. 中国现代思想的起源：超稳定结构与中国政治文化的演变 [M]. 香港：中文大学出版社，2000：10.

（二）"三纲五常"是儒家德育的主要内容

儒家德育所要灌输的内容，从根本上说就是对社会秩序的直观呈现，具体而言就是以维持统治阶级现有秩序为目的的"三纲五常"教育。"三纲"所指是："君为臣纲""父为子纲""夫为妻纲"；"五常"即"仁""义""礼""智""信"。"三纲五常"作为一种道德原则、德育规范的内容，它孕育于先秦，成型于汉代，是孔孟倡导的"尊尊""亲亲""五伦"等伦理道德观念经过阳尊、阴卑理念和法家的功利思想洗礼之后的产物。两汉以来，占统治地位的儒家通过"三纲五常"的教化来维护社会的伦理道德与政治制度，使其在封建专制社会的历史中接受了各种考验和证明，最终确定为儒家德育中的核心内容。

"三纲"实际上确立了君权、父权、夫权的统治地位和君、父、夫的责任。汉儒从"天人合一"的理念提出"人道"是源于"天道"的，天不变，道就不能变。君臣、父子、夫妇的关系取自于天地阴阳的变动中，自然要遵循阳尊阴卑的序次关系，处于下位的只能顺从上位，这是天经地义的事情，上下关系也是绝对的，不得违抗。君主、父亲、丈夫因其所处的权威位置，在行使自身的威严与示范作用的同时，必须承担相应的责任，"三纲"也规定了这三对关系中的六类人群在各自地位上的责任与义务。尊卑之间是有反哺的，具体说来，君主应为臣下作出表率，父亲应为儿子作出表率，丈夫应为妻子作出表率，为君、为父、为夫都要善于反省、改过，为臣、为子、为妻也不要矫枉过正。因此，"三纲"在儒家德育过程中既是源于等级关系的约束，也是关于名分责任的规定；既肯定了上下关系的绝对性，也承认了上下关系的相对性。汉代以后，随着中央集权的加强，三对关系中的六类人群强调的更多是在上位的权利与在下位的义务，不再是双方互为义务了。

"五常"是维持社会的稳定和人际关系的和谐的行为规则，是中华传统文化的核心价值观。儒家思想究其根本有一个"由己及人"的内核，即一个"推"字，它将家庭中人与人交往中的道德原则的规定，上升为整个阶级社会关系处理的基本原则。《孟子·滕文公》中记载了"五伦"的思想，"父子有亲、君臣有义、夫妇有别、长幼有序、朋友有信"。汉儒在"五伦"的基础上以五行配五常，诠释出封建社会的基本道德纲常，即以仁安人、以义正我、以礼成事、以智除害、以信为人，指出"五常"是人的内在德性，生而即有，永恒不变，五常之道也就成为处理君臣、父子、夫妻，上下尊卑关系的基本法则。

总体来说，"三纲五常"是封建社会的特定产物，从当代的视角看，"三纲"基本上属于腐朽的、束缚人性的糟粕，而"五常"则可以视为维护人与人之间和谐发展的重要纽带，是传统文化的精华。❶ 但"三纲五常"之所以能够在古代社会获得普遍的接受与认可，还在于它切实地实现了个体与社会等级秩序的统一，从心理层面、社会层面都实现了个体要求向上、向善的需求。

（三）"修齐治平"是儒家德育的过程

儒家德育的过程讲求循序渐进和知情意行的统一。《大学》言"物有本末，事有终始，知其先后，则近道矣"，意思是说，万事万物都有其始末缘由，要把握住事物最根本的存在才能够接近道。儒家主张入世，它培育君子人格的目的在于能够在社会中继承和发扬儒家思想，所以儒家在人性可教的基础上，主张对个体和群体进行从一而终的历练，从修身做起，从家庭做起，这样才能够做到"为天地立心，为生民立命，为往圣继绝学，为万世开太平"❷。

就个体而言，修身然后才能治国、平天下。《礼记·大学》中讲"物格而后知至，知至而后意诚，意诚而后心正，心正而后身修，身修而后家齐，家齐而后国治，国治而后天下平"，就是以修身（包含格物、致知、诚意、正心）为基本，按照"修齐治平"的顺序逐级提升德育的境界和修身的难度。格物致知，是认知阶段，人的道德理念的产生首先是从对外在事物的认知开始的；诚意正心，是将对外界事物的认知内化为自我精神的一部分，诚其意者，毋自欺也，要端正自己的心志；修身齐家，就是要抵制外在诱惑，在对外物和自我认知的基础上，树立自我修炼的要求；治国平天下，则是自我修炼的最高实现。儒家认为个体要达到最后的治国平天下的目标，必须从最基础的修身开始，这样才能够在更加复杂的社会中保持内心的信念，不被权力与金钱所迷惑。

就群体而言，修齐治平的应用需要有一个渐进的环境和载体。儒家认

---

❶ 罗国杰．论中华民族传统道德的"精华"与"糟粕"[J]．道德与文明，2012（1）：5-9．

❷ 出自《宋元学案·横渠学案》。

为"天下之本在国，国之本在家，家之本在身"[1]，实际上也肯定了儒家德育要按照人的思想与心理成长的阶段来进行，这就与人的生长、生活的场所密不可分。在儒家德育中，不管是家庭德育、学校德育还是社会德育，都有彼此各自的教化顺序；同时，儒家是讲求后天学习对理想人格的塑造作用的，三大不同场域中的教化内容彼此关照，形成了儒家德育的合力。首先，就家庭而言，德育的起始阶段是早于婴儿诞生的，在婚姻阶段就已经有关于品行低劣的女子不能娶的论点。待孩子出生后，婴儿的乳母都要选择品行端正之人。如，北宋司马光在《居家杂仪》中就根据《礼记》的思想为儿童设计了一个渐进的过程，并以家长的身教示范为基础。首先，起始阶段就是哺乳期的婴儿，指出"凡子始生，若为之求乳母，必择良家妇人稍温谨者（乳母不良，非惟败乱家法，兼令所饲之子性行亦类之）"。可见，儒家家庭德育就已经将个体的品德修养作为重点教化内容。其次，就学校而言，儒家在学校阶段的学习也是遵循修齐治平的原则，主要体现为蒙学、小学、大学在教学与考核内容上的差别，从识字、读诗，到读书、穷理，再到进德、为圣，便是"修齐治平"在学校德育中的体现。最后，就社会而言，其渐进性特征就体现的较为薄弱，士农工商在各自的位置上，上尊君王告谕，下守职业规范，在自身成长、立业的过程中不断接受儒家思想的洗礼，在风俗礼仪中维持稳定的儒家社会秩序。

第二节 儒家德育方法的内涵、地位与作用

方法是从理论到实践的桥梁。德育方法是儒家德育的重要环节，本文的研究将方法界定为广义的方法，包含具体的方法，这样对方法的研究就能够充分把握其所处的地位、所依据的资源、所针对的具体对象。理解儒家德育方法，既要明确德育方法的内涵和本质，也要明确德育方法的地位和作用。

---

[1] 出自《孟子·离娄上》。

一、儒家德育方法的内涵

方法，在本质上是联系实践主客体的工具。中文"方法"一词最早见于《墨子·天志中》，取"方法"度量方形的意思，后被引申为认知研究的办法、门路、程序等。在现代汉语中，"方法"一词是指为了实现一定的目标，实践主体按着一定的顺序和逻辑采取的途径或步骤。方法究其内涵来说，它本身不是某种实体工具和因素，而是依靠一定的载体，如文字载体、活动载体、管理载体等与人的实践活动发生联系。离开了实践主体的认识或实践活动，方法就失去了存在意义。马克思主义理论认为，方法是认识世界和改造世界的工具和手段，是人们对事物的本质和规律的自觉运用。

我们认为方法就是人们认识和改造世界的工具，它是理论联系实际的中间环节。这里讨论的德育方法，不是特指某一个方法，是泛指人们认识和实践活动中所应用的一切方法。首先，就方法论而言，它包括哲学上的抽象方法（适用于自然科学与社会科学等一切学科）❶、一般科学方法（适用于某一类学科）❷和具体科学方法（具体学科的方法层次）。我们所要研究的就是具体科学方法，研究在思想政治教育学科中的具体方法，它包含原则方法、一般方法、具体方法和方法艺术。其次，就本文研究的方法而言，所要采用的广义的方法实际上就是具体科学方法，研究包括了人们认识和实践活动中所应用的一切方法，包含德育过程中所依赖的各种载体、路径、环境等要素。施教、自教与评价属于一般方法，榜样示范、因材施教等属于具体方法，涉及部分方法艺术的内容，体现原则方法的价值。狭义的方法指的是单纯的具体方法。

所谓儒家德育方法，简单地说就是在儒家德育过程中，德育施教者为了实现儒家德育的目标、传递儒家德育思想，在施教者和受教者的互动中所采取具体的思想方法和工作方法，既包括教育者认识德育对象、把握德育环境的方法，也包括促进德育对象思想政治素质与道德素质形成的具体实施方法，如施教方法、自我教育方法、考核评价方法。儒家德育方法与德育活动相关，总是与施教者和受教者所掌握的理论基础相关，与他们的

---

❶ 哲学方法包括历史法、逻辑法、归纳法、演绎法、分析法、综合法等。
❷ 一般科学方法包括系统论方法、信息论方法、控制论方法等。

世界观、道德观、政治观相关，与德育的目的和具体内容相关。儒家德育方法因儒家德育的变化而变化，处于动态发展过程中。

这里需要说明，本文所要考察的具有事实意义的儒家德育方法，不仅包括以统治阶级意识形态存在的具有直接效益的德育方法，且包括存在于学派形态中的儒家德育方法，即两汉以前的儒家德育思想和德育实践中的方法。这样囊括了先秦儒家德育方法理论是后代德育的精华与渊源，具体方法和施教理念具有继承性；主要研究两汉以后的儒家，是当时儒家作为社会意识形态的推行者，它所达成的人伦日用的社会效果是当代思想政治教育实践所要学习与考察的重要内容。尽管在中国古代社会多种学派思想相互融合、起伏不断，但儒家的绝对地位并没有改变。即便是魏晋时期，从历史和逻辑相通的角度看，嵇康等人所抨击的世俗明教及其教育的真实用意，也旨在反对被司马氏集团异化的儒家名教，倒不是要全盘否定儒家的名教。隋唐后，纵然佛教、道家与儒家三教合一，既有佛教的本土化，也有三教融合，但儒家自身的包容性更加凸显。

中国古代社会都是以儒家思想为主流意识形态，在长期儒家德育实践中形成的德育方法，都留存在古代社会的相关文本与物质载体中。儒家德育方法运行的目标和形式是由儒家社会意识形态所制导的，具有主观性、客观性、中介性和相对独立性的特征。

二、儒家德育方法的地位与作用

儒家德育是古代社会的一个重要环节，是自然、政治、宗族、制度、经济等的综合产物。儒家德育本身也是一个互相制约和相互承接的运行体系，包含诸多要素和具体阶段，如德育的主体、内容、环境、载体，如内化阶段、外化阶段。德育方法在其中占据特别重要的位置。

第一，德育方法是儒家德育诸要素中最关键的一个，它形成和发展于儒家德育的动态过程中，是儒家德育的客观规律与原则的反映和具体体现。德育内容的层次性决定了德育方法的规律性，德育对象的多样性决定了德育方法的针对性；德育主客体的立场与使命感决定了德育方法的实效性；德育环境的变迁决定了儒家德育方法的变化。总之，儒家德育方法与儒家德育各要素之间具有密不可分的作用关系。正是这种作用关系，推动和丰富了儒家德育方法在理论与具体操作层面的发展，促进儒家德育以更加生活化的方式融入百姓的日常生活话语中。

第二，德育方法是解决儒家德育矛盾、实现德育目的的关键。"统治阶级的思想在每一时代都是占统治地位的思想"❶，这种鲜明的目的性，从根本上决定了儒家德育方法运行的方向和方式。首先，就其本质而言，儒家德育方法就是要解决儒家德育的基本矛盾，即统治阶级意识形态需求与广大民众思想政治素质和道德素质水平之间的矛盾。这不可避免地要涉及德育施教者的立场态度和受教者的自觉意识。德育方法要实现儒家意识形态的传播必须要处理好个人与社会的关系，既要遵循个人对意识形态的接受程度，推动普通民众学习、接受儒家的政治文化和道德要求，获得同质属性；又要体现儒家意识形态的权威性与稳定性，通过塑造统治阶级所需要的精英人才，有步骤、有秩序地实现政治理想和道德要求的传播。其次，儒家德育方法就是将儒家德育的目标通过具体和现实的路径、载体等落实到具体的受教者的思想和日常生活中，在民众日常生活中形成认知自觉，实现理论与实践的互动。德育方法是否有效要看其实施过程和结果是否有价值、有什么价值、有多少价值。这样的价值评价也必定要有特定的评价标准，如各要素之间的配合程度，有限资源的最大效益等。因此，自上而下的宣传与灌输和自下而上的学习与认知，都离不开具体的德育方法和评价方法。

第三节　研究现状与主要问题

儒家德育方法研究属于专题研究，不同于思想史或活动史，它的主要任务是完成对已有的德育方法的梳理与整合，从过程与结果的有效性角度，总结和分析儒家德育方法对当时儒家思想传播和社会思想引领方面的经验与教训，对当前思想政治教育工作的启发和借鉴有现实意义。本文将研究重点置于儒家德育方法的梳理上，儒家的德育思想史和中国古代政治思想史，也是本文要借鉴的重要支撑性研究成果。限于"德育"概念使用的多学科化（本文将在第一章具体阐述），文献梳理中对关键词的设定采用了"德育""教化""思想政治教育""政治教育""道德教育"五种。

---

❶《马克思恩格斯选集》（第1卷）[M]．北京：人民出版社，1995，第98页。

现将研究儒家德育方法文献的主要观点综述如下：

一、总体性研究

截至 2020 年 3 月，笔者所搜集到的以儒家德育方法为主题进行总体性研究的专著、学位论文和期刊论文并不多，已有的研究成果中对核心概念的界定也有"广义"方法和"狭义"方法的区别（本文采用"广义"方法的概念）。

（一）关于"广义"德育方法的研究

这一类的研究所涉及的德育方法是从整个社会运行机制的视角出发，从总体上探究德育施行的路径、载体、施教者、受教者与具体方法，研究的切入点多集中于家庭—学校—社会，学校与非学校，制度与非制度以及教化政策等。

第一，著作方面，广义德育方法的研究成果虽少，但影响较大；法学、哲学、教育学、历史学皆有涉及。黄书光主编的《中国社会教化的传统与变革》（2005）从教育史的角度、以问题的形式对中国社会教化的传统与变革进行深层次的多维透视，力图揭示古代社会教化的理论结构、实践机制、发展轨迹和内在逻辑，在论述中重点研究了各朝代的社会教化政策，并从学校、家庭、社会三个层面探讨了具体的教化执行途径与运作方式。梁韦弦著的《中国传统伦理思想研究》（2007）一书中，总结了中国传统的道德推行机制，他认为政教和学校的道德教育是最基本的途径，以家训和家规为形式的家庭教育是道德教育的重要途径，礼仪活动是强化人的道德意识，规范人们行为的手段；"选举"表彰为道德推行的主要动力；舆论监督、法纪检察与刑律惩罚为道德推行的保障手段。张惠芬主编的《中国古代教化史》（2009）从教育史的角度，对古代社会的教化思想、政策决策、实践活动等进行解读和分析，集中说明了古代教化就是综合运用各种政治手段、经济手段、道德礼仪手段、宗教手段等利用各种社会性的组织，如社群、书院、乡约等来影响人们的道德水平、社会意识与行为习惯，其最终目的是建立和巩固统治阶级稳固的社会秩序。张祥浩主编的《中国传统思想教育理论》（2011）系统扼要地阐述了古代的思想教育理论和实践主张，其中包含了很多对德育方法和教化政策的研究。陈瑛著的

《中国古代道德生活史》（2012）特别研究了中国古代的道德生活，她认为中华民族的节日传统是文化的一个重要承载体，它通过"化礼成俗"的方式体现了从形式到内容、从精神到物质的辩证关系。武东生主编的《中国古代思想政治教育史》（2013）按照朝代更替的顺序研究了从原始社会到明清时期思想政治教育的发展历程，从各朝代思想政治教育的基本概况、理论与实践基础、学校组织和非学校系统的思想政治教育、制度与非制度的思想政治教育等视角，梳理了在古代社会思想政治教育理论与实践的发展与变迁。贺科伟著的《移风易俗与秦汉社会》（2014）梳理了秦汉时期各思想家、政治家与统治阶级在移风易俗、教化社会中的举措，指出统一的国家机器通过儒学教化、舆论批判、法律控制等手段对风俗进行干预和引导，风俗也成为礼制、法律、行政控制手段之外的另一种维护社会秩序的力量。刘静著的《走向民间生活的明代儒学教化》（2014）通过分析以学校为主体的制度化儒学教化体系和由宗族、乡里组织、戏剧文学组织等组成的非制度化儒学教化网络，挖掘它们的运作方式与实践效果，勾勒出一幅儒学教化在庶民生活层面展开的生动图景。

第二，学位论文方面，代表性成果主要有十一篇，均是博士学位论文。既有跨越整个古代时期的研究，也有单一朝代的宏观研究；研究的视角以广义德育方法为主，也涉及部分狭义的方法研究。东北师范大学秦海滢的《明代山东教化研究》（2004）从教化执行主体（官员、里老、乡绅、宗族等）、教化举措（学校、旌表、日常信仰与风俗）、教化与认同冲突等角度考察了地方社会与国家的互动关系，揭示了教化的本质与现实意义。华中师范大学王有英的《清前期社会教化研究》（2005）具体探讨了学校组织与社会教化的关系、非学校组织与社会教化的关系、通俗小说与地方戏曲作为教化载体的作用、士绅的教化作用、对妇女的教化等，突出教化在整个社会生活场域中的连续性与普遍性。山东大学李学娟的《两汉教化研究》（2009）梳理了两汉时期教化的兴起、发展及在实践中与各项社会政策之间的关系，总结出经济政策、文教政策、察举制度、监察制度、刑罚制度、社会风俗六个方面的教化方法。东北师范大学张雪红的《传播与转型：走向生活世界的宋代教化研究》（2010）指出宋代社会教化有一个逐步面向社会、深入日常生活的开展过程，通过正家道、收宗族、立乡约、肃风俗、朱熹下乡、师儒传道、说唱教化等途径构建出宋代社会教化的非政治性日常组织与方式，超越原有的学校、家庭，走向日常生活。上海师范大学战秀梅的《北宋士大夫地方教化研究》（2010）总结出作为官方身份的兴学活动、旌表、劝谕与禁断活动、主持礼仪活动和以文学倡导教化的活动，特别突出了士大夫在家庭、家族内的教化职能。东北师范大学傅琳凯的《中国古代思想政治教育史研究》（2011）总结归纳出针对民众、官吏与未成年人的三类不同的方法，其中对民众主要依靠集体诵读法律、优化社会风俗、君王示范的方法，针对官吏主要是选拔、任用与为师教育，针对未成年人则依靠蒙学教育、人格教育和经学考试；文章单独一章总结了古代思想政治教育中的典型方法，如榜样示范法、教罚结合法、宣讲告示法、风俗熏陶法、认知说理法、自我修养法、实践锻炼法。首都师范大学勋在廷的《西汉思想政治教育模式研究》（2011）以教育的内容、方法、途径、对象四要素组成模式，总结了奉天法古、道德灌输、行为示范、化民成俗的方法和家庭、学校、社会三个教育途径，对思想政治教育模式的制度支持予以探讨。黑龙江大学王司瑜的《中国古代教化思想及方式研究》（2013）梳理了官方教化、重视乐教、神道设教、乡规民约、家庭教化、道德读物、旌表七个教化路径。兰州大学刘华荣的《儒家教化思想研究》（2014）提出儒家的教化作为一个完善的德育培养系统，需要按照"礼、乐、政、刑"四种教化思路予以实践，通过官学与私学、社会教化和家庭教化、民众日常生活的人俗于礼等路径完成教化。南开大学邢丽芳的《儒家教化及其有效性研究——先秦至两汉时期》（2014）梳理了先秦的教化思想和两汉时期的教化手段，包括政治制度建设、学校教育制度建设和以孝为核心的家庭与社会教化政策。山东大学于欣的《先秦儒家德育思想及其当代价值研究》（2019）阐释了先秦儒家德育思想形成的深刻经济背景、政治背景、思想文化背景、主观条件等，提出西周"以教祗德"的"尚德"理念、官师合一的礼乐教化模式，奠定了集道德教育与政治教育于一体的古代德育思想体系的基调和轮廓，为先秦儒家德育思想的形成提供了重要的理论来源，将先秦儒家重仁的理念、具体的德育方法等方面与现代思想政治教育相结合，阐述传承弘扬的重要路径。

第三，期刊论文方面，采用广义德育方法的研究视角的文章，其行文的目的在于揭示古代德育或教化的体系性与网络化的特征。黄书光在《论儒家教化思想的理论特征》中指出，儒家思想之所以能够有强大的社会调控能力，主要是因为"存在着一整套十分严密的以科举入仕为潜在目的、以化民成俗为显性目的的教化网络"[1]，具体来说，这一网络是由各类学校

---

[1] 黄书光. 论儒家教化思想的理论特征 [J]. 社会科学战线，2008（5）：204-210.

系统以及非学校系统组成的，具有动态性、立体性和交织性。这些非学校的系统包括家庭中的家法族规，乡里的乡约，百姓习惯了的祭祀礼仪，民间的戏剧小说以及皇帝的训俗谕告。梁美凤在《儒家德育的"立体教化网络"》中提出，儒家德育是依靠学校、社会、家庭多渠道的正面灌输，大人物、教师、家长的榜样示范，道德主体的自我修养三方面构成的"立体教化网络"来完成的。❶

（二）关于"狭义"德育方法的研究

这一类的研究所涉及的德育方法是非常具体的方法，研究者所探讨的对象是具体的儒家德育思想家和政治家，记载的多是这些人进行德育时所采用的具体思想或社会活动，观察的视角是具体的，不是宏观的。

第一，著作方面，梳理具体的德育方法的论著不多，这些方法的梳理也多是德育理念在德育活动共性中的体现。崔华前著的《先秦诸子德育方法思想研究》（2008）对先秦诸子德育方法的理论与形成条件进行了探索和论证，包括教育者施教方法的思想、受教育者自我教育方法的思想和道德评估方法的思想，对先秦诸子德育方法思想的基本特征进行了提炼，对先秦诸子德育方法思想的现实价值和借鉴路径展开了积极思考。黄钊著的《中国古代德育思想史论》（2011）以朝代更替为线索，对不同的历史时期、学派、思想家的德育思想进行整理研究，论述了关于德育原则、方法与途径等，对有效探索和把握具有中国特色的德育活动具有重要意义。

第二，学位论文方面，研究儒家德育思想的硕士论文相对较多，其中涉及的方法也多是具体的方法和原则。他们所思考的问题，在前文所介绍的崔华前与黄钊的两本著作中都有涵盖，这里不再赘述。

第三，期刊论文方面，梳理具体德育方法的研究很多，但能够从总体上给予概括和分类的则较少。黄钊在《先秦儒家德育方法浅议》中提出，先秦儒家德育的方法包括两个组成部分，"一是关于受教育者自我教育的方法，二是关于教育者对被教育者施行教育的方法"❷。唐国军在《"修身"与"教化"：儒家思想政治教育体系论》中也认为，儒家"修身"与

---

❶ 梁美凤. 儒家德育的"立体网络教化"[J]. 福建教育学院学报，2002（1）：82-83.
❷ 黄钊. 先秦儒家德育方法浅议[J]. 管子学刊，1993（3）：63-68.

"教化"体系是"一个典型的双层伦理结构模式"❶。祖嘉合在《儒家道德教育方法对现代道德教育的启示》中指出，儒家道德教育方法有一个"自成"的体系，具体包括四个组成部分："克己自省、迁善改过的修身自得方法；身体力行、躬行践履的实践示范方法；循序渐进、积善成德的持续培养方法；环境渗透、制度规约的熏陶管理方法。"❷

综上所述，对儒家德育方法的总体性研究主要涉及的内容就是对儒家德育的宏观方法与微观方法的掌握，是对儒家思想家德育方法和统治阶级的社会政策的把握。值得注意的是，本学科的研究成果并不多，从意识形态领域来理解儒家德育的特殊性的研究还有待拓展。

二、专门性研究

在儒家德育方法的研究中，单一层次的方法或单一种类方法也是关注的重点。众多方法根据不同的分类标准有不同的划分结果。例如，以德育的途径来分，有家庭德育、学校德育和社会德育；以德育的具体方法来分，有施教方法、自我教育方法、考核方法和评价方法；以德育方法的性质来分，有官方德育方法和民间德育方法、制度性德育方法和非制度性德育方法、学校系统和非学校系统德育方法。因此，本文按照写作思路分两条线索来整理，一条是家庭—学校—社会层面的德育方法研究，另一条是施教—自教—评价类别的德育方法研究。

（一）思路一：家庭—学校—社会场域的德育方法研究

这一部分的研究成果主要是针对三个场域中的一个进行了深入的主题研究，这方面的成果相对较少，本学科的研究成果并不多见。这里仅就代表性的专著予以梳理。

第一，家庭德育方面。李润强著的《中国传统家庭形态及家庭教育》（2008）总结了隋唐五代时期不同家庭结构与形态中家庭教育的不同内容。杨茂义著的《中国古代家庭教育简论》（2009）通过典型案例与理论分析，

---

❶ 唐国军. "修身"与"教化"：儒家思想政治教育体系论[J]. 广西社会科学，2007（11）：174-178.
❷ 祖嘉合. 儒家道德教育方法对现代道德教育的启示[J]. 学校党建与思想教育，2005（12）：10-13.

介绍了各朝代家庭教育的价值、方法与经典著作。何桂美著的《古代家庭道德教育》(2010)以中国古代的家庭教育典籍为史料，对家庭教育的内容与方法进行了梳理。上海师范大学张强强的硕士学位论文《儒家的家庭德育思想及其当代价值》(2015)具体分析了家庭德育的特点、目标、内容、方法、载体等内容，对当前家庭德育的创新具有一定的价值。

第二，学校德育方面。赵连稳、朱耀庭著的《中国古代的学校、书院及其刻书研究》(2007)考察了各个时期学校与书院的发展状况、教育特点以及相关教材研究。唐亚阳、吴曾礼著的《中国书院德育研究》(2014)系统分析了古代书院的存在价值、德育内容与方法，总结出衔接分年教育、因材施教、开放性道德教育、环境教育等具体方法以及考核评价方法。

第三，社会德育方面。研究成果较少，仅有的几部专门研究在前文整体性研究中都以罗列，这里不再赘述。

（二）思路二：施教—自教—考评类别的德育方法研究

这一部分的研究成果最为丰富，相对的，重复性也是最高的，主要内容既有具体方法的执行，也有相应的如载体、原则等要素。

第一，施教方法方面，研究成果总的来说集中在三个角度的论述：施教的载体、具体方法及原则。就施教的载体而言，根据存在的形态可以分为有形载体和无形载体。有形载体如儒家使用的经典、编写的教材、设置的礼法制度和仪式、推行的宣读活动等；无形载体如口述故事、歌曲、舞蹈等。针对普通民众识字率低和纯粹的理论教育枯燥的情况，施教者还会通过礼教、乐教、诗教和宣读活动来进行，这是符合人们的认知能力的。就德育的具体方法与原则而言，在前文"狭义的方法"的部分已经作了说明。

第二，自教方法方面，研究成果总的来说包括学的方法与习（修养）的方法，二者既有区别，又具有一致性。它不仅解决了施教者传授给受教者的关于学习与修养的方法，而且记载了受教育者在自我教育的过程中总结出来的修炼方法。这一部分研究成果比较多，修养方法是研究的热点。

其一，学的方法涉及了两个问题：学的目的、内容和对象。虽然从量上来考察，对学的方法的研究远不及修养方法的研究，但也已经形成了比较丰富的成果。就学的目的来说，陈来在《论儒家教育思想的基本理念》中指出，孔子的教育观不仅重视对知识的学习，更强调对德性的学习，他认为"圣人可学"的人性观念和教育观念是儒家教育思想的一大特色，因此特别重视儒家在教育中提出的自我学习的观念。❶ 刘韶军在《儒家学习思想研究》一书中指出，儒家教育最根本的目的不是去追求无涯的知识，而是掌握人在天地间存在与存续的原则，充分认识到自己作为人的主观能动性，将自己与自己所参与的活动联系起来。❷ 刘艳侠在《"学"的内求与外发——从〈论语〉首章看儒家教育要义》中提出，儒家的学的目的有两个，对内而言是学为君子，对外而言是学而为政，二者都统一于"成人"的教育目的。❸ 张方玉在《论儒家文化中关于"学习"的四重意蕴》一文中指出，"求知""成人""为政""乐道"是儒家关于"学习"的一个整体的建构，它们分别构成了"学习"之始、之本、之用和之终。❹ 就学的内容和学的对象来说，都集中于向君子、圣人、君王的崇高人格的学习与对天道的领悟，具体说就是"文行忠信"，更高层次就是"道德仁义"。

其二，习的方法的研究有两种类型：一是整体地讨论自我修养的方法；二是单独地讨论一种方法。如，李殿森在《儒家的自我修养观及其对现代德育的启示》中提出，修养就是要做到修己达人的道德理念、三省吾身的忧患意识、三月不违仁的道德意志及知耻而后作的人格动力和践履信念。❺ 这是整体的研究。贺成立的《孔子立志思想及当代价值》分析了为什么要立志，立什么志，如何实现志向❻；黄首晶，李松林的《儒家"反求诸己"教育方法的现实意义》强调了教育者首先要反思自己❼；展明锋和陈勇在《论王阳明"知行合一"的道德修养学说》中提出，"知行合一"演变的逻辑路径是化知识为德性、化德性为德行，最后着重分析了

---

❶ 陈来. 论儒家教育思想的基本理念 [J]. 北京大学学报（哲学社会科学版），2005（5）：188-205.

❷ 刘韶军. 儒家学习思想研究 [M]. 武汉：华中师范大学出版社，2008年：1.

❸ 刘艳侠. "学"的内求与外发——从《论语》首章看儒家教育要义 [J]. 湖南师范大学教育科学学报，2015（1）：24-27.

❹ 张方玉. 论儒家文化中关于"学习"的四重意蕴 [J]. 教育探索，2011（2）：3-6.

❺ 李殿森，靳玉乐. 儒家的自我修养观及其对现代德育的启示 [J]. 思想理论教育导刊，2000（5）：71-76.

❻ 贺成立. 孔子立志思想及当代价值 [J]. 东北师大学报（哲学社会科学版），2008（5）：106-110.

❼ 黄首晶，李松林. 儒家"反求诸己"教育方法的现实意义 [J]. 云南民族大学学报（哲学社会科学版），2006（1）：23-26.

"知行合一"道德修养方法的关键是立志❶；郭燕华和詹世友在《存养扩充：孟子道德教化思想之理路》一文中指出，孟子的道德教化是一种类似于自然生长的过程，教化工夫就是对四端进行推扩而至于无尽，培养人的大丈夫气概。❷ 这些是就单独某一种方法的研究。

第三，考核和评价方法既是对德育结果的检验，也是德育过程中进行价值引导的重要途径。儒家德育的评价方法既包括教育者的评价方法，也包括教育者与受教育者互相评价的方法，还包括德育双方自我评价的方法。当然，自我评价也不是孤立地进行的，是个体在参与社会活动和社会交往中逐步产生和发展的，自然也离不开社会评价的价值导向。具体包括对官员的考评、对学生的考评和对老师的考评、社会其他考评方法。

其一，官员的德育考评，就内容而言，包括任前的道德修养与政治觉悟上的考察和任后的政绩考察；就方法而言，包括考核的途径与奖惩的方法。

考核的途径。唐书文在《汉代的察举选官制度》中指出，从下层官吏或民间选拔出孝廉、茂才、贤良文学等人才，推荐到中央，经过考核授以官职，这种制度能给封建官僚集团注入新的生机。❸ 屈超立在《科举制的廉政效应》中梳理了先秦时期的世卿世禄，西汉的任子、察举、征辟，魏晋南北朝时期的九品中正制等选官制度。❹ 郑若玲在《科举考试的功能与科举社会的形成》中指出，科举在宋代以后的政治场域中有非常重要的作用，它使古代社会逐渐形成了"凭才取人"的人才选拔标准和能力本位主义的价值取向。❺ 洪向华在《健全和完善党政领导干部绩效考核机制研究》一书中，梳理了中国古代官员考核的机构和主体、内容和标准、程序和方法、结果和奖惩、特点、借鉴和启示。❻ 岑大利和顾建军在《中国古代官德研究》中，从古代官德的教育和保障机制两个方面，论述了中国古代官

---

❶ 展明锋，陈勇. 论王阳明"知行合一"的道德修养学说 [J]. 道德与文明，2000（2）：37-41.

❷ 郭燕华，詹世友. 存养扩充：孟子道德教化思想之理路 [J]. 南昌大学学报（人文社会科学版），2006（7）：42-48.

❸ 唐书文. 汉代的察举选官制度 [J]. 辽宁师范大学学报（社科版），1995（2）：75-77.

❹ 屈超立. 科举制的廉政效应 [J]. 政法论坛（中国政法大学学报），2001（5）：149-156.

❺ 郑若玲. 科举考试的功能与科举社会的形成 [J]. 厦门大学学报（哲学社会科学版），2005（2）：13-19.

❻ 洪向华. 健全和完善党政领导干部绩效考核机制研究 [M]. 北京：人民出版社，2014.

德建设的问题,其中保障机制包含"以德为先"的选人标准、"张善瘅恶"的监察制度、"奖廉惩贪"的考核机制、"严于治吏"的法律制度。❶

奖惩的标准与方法。就任的官员的考核结果是与自身财富和社会地位相关联的。韦庆远和柏桦在《中国官制史》一书中指出,历代法规中有关官吏的处罚,规定了对政治方面的处罚、对不法行为的处罚、对道德品行方面的惩处、对职务工作方面的惩处、对诬告和包庇方面的惩处。❷ 岑大利在《古代官场文化中的官德教育——古代官箴书初探》一文中指出,古代许多政治家和思想家将自己的亲身体会和从政经验写成官箴书,供为官者学习和借鉴,供后世官员自我评价与学习,也为教育施加者提供了评价的方法。❸ 周澍林的《中国古代为官之道》一书就详细梳理了古代思想家和官员对自身为官修养的记录。❹ 平旭在《中国古代官德教育内容及其启示》中指出,官德作为从政道德,是为官者从政德行的综合反映,最重要的有忠君爱国、以民为本、秉公去私、清廉俭朴、勤勉谨慎、修身正己等。❺ 这些在考核或者政绩中出现的过错,既是对官吏的惩罚,也对其他官吏与潜在的官吏起到了教育和警示作用。

其二,学生的考核评价,就内容而言,包括知识、能力和品质的考评;就方法而言,对待学生的考评,一方面表现为学校教育中的连续性和阶段性、定期与不定期的考试中,另一方面表现在科举考试等入仕考试的结果上。

赵连稳、朱耀庭的《中国古代的学校、书院及其刻书研究》❻ 和王建军的《中国教育史新编》❼ 都具体考察了历代学校管理、考试安排和考试结果的奖惩。田梦君在《〈学记〉德育思想探析》一文中就《学记》所记载的考试时间与安排作了详细阐释,指出德育考核不是一张试卷那么简单,而是对学生的学习、生活中言行举止进行长时间、多方面的考察。❽

---

❶ 岑大利,顾建军. 中国古代官德研究 [M]. 北京:中共中央党校出版社,2014.
❷ 韦庆远,柏桦. 中国官制史 [M]. 上海:中国出版集团东方出版中心,2001:392.
❸ 岑大利. 古代官场文化中的官德教育——古代官箴书初探 [J]. 科学社会主义,2013(4):88-91.
❹ 周澍林. 中国古代为官之道 [M]. 长沙:湖南人民出版社,2007.
❺ 平旭. 中国古代官德教育内容及其启示 [J]. 中国行政管理,2007(3):70-72.
❻ 赵连稳,朱耀庭. 中国古代的学校、书院及其刻书研究 [M]. 北京:光明日报出版社,2007.
❼ 王建军. 中国教育史新编 [M]. 广州:广东高等教育出版社,2014.
❽ 田梦君.《学记》德育思想探析 [D]. 北京:中国人民大学,硕士学位论文,2013.

冯天瑜、鲁毅主编的《学规菁华》指出，古代的学规就是官学、私学以及书院等教学场所，按照自身的需求所制定的教学管理的规章制度，它以文本的形式规定了教育学生的基本要求，包括立志为学、修身处世、待人接物等。❶南宋朱熹编纂的《白鹿洞书院揭示》是我国现存的第一部系统而完整的学规，全书从明道重智、修德立诚、隆师贵友、专一有恒、学问思辨、广博专深、注重实践七个部分将儒家学规予以分类。

其三，老师考评与社会其他考评。它包括评价的内容和标准、评价的具体方法。德育评价的内容是一个丰富的体系，它是社会价值体系的表现。

对老师的考评。这方面研究较少，如，田梦君在硕士论文《〈学记〉德育思想探析》中提出，在学校教育中，对老师评价和要求是能够拥有广阔的胸怀和视野，心怀百姓、关注社会，站在统治者的角度考虑如何治理国家、安定社会。这也是封建社会"君师并举""政教合一"的具体体现。❷

社会其他考评。骆明和王淑臣主编的《历代孝亲敬老诏令律例》直接指明了"孝亲敬老"是中国古代社会道德评价的重要内容。❸赵祖地和刘云林在《中国古代德育评估思想略考》中提出，中国古代德育评估方法可概括为察言观行法、环境测验法、志功结合法、定性定量法等。❹崔华前提出先秦诸子的道德评估方法有对自我评估与对他人评估相结合、重视对"行"的考察、重视对行为后果的考察、志功结合、三表法、观察法、重视经验体验等方法。❺李丰春在《中国古代旌表研究》一书中提到历代对义夫、节妇、孝子、贤人和累世同居等大加赞赏，他指出"旌表是国家意识形态在民间的表达，是国家主流价值观在民间的渗透"。❻王有英在《中国古代女子教化探析》中指出，封建统治者之所以重视"女教"，原因是女教的成功与否和政治教化的得失休戚相关。女子不需要读书做官，只要

---

❶ 冯天瑜，鲁毅. 学规菁华 [M]. 武汉大学出版社，2007：1.
❷ 田梦君.《学记》德育思想探析 [D]. 北京：中国人民大学，硕士学位论文，2013.
❸ 骆明，王淑臣. 历代孝亲敬老诏令律例 [M]. 北京：光明日报出版社，2013.
❹ 赵祖地，刘云林. 中国古代德育评估思想略考 [J]. 西安电子科技大学学报（社会科学版），2013（9）：182-187.
❺ 崔华前. 先秦诸子德育方法思想研究 [M]. 北京：中国社会科学出版社，2008.
❻ 李丰春. 中国古代旌表研究 [M]. 昆明：云南大学出版社，2011.

做社会所认可的孝女、贤妻、良母、贞妇就行了。❶

三、支持性研究

有关儒家德育具体方法的历史文献是本文开展研究的重要支柱。儒家思想典籍、记载浩如烟海,其中关于德育方法的专门研究却十分少见,主要都是在思想史、教育史或者相关研究中被涉及,缺乏深入论述。而本文的研究需要依赖大量的儒家经典与历史文本,既包括儒家思想家的文本,也需要民间或官方的各类记载。但要从中发现直接与本文研究相关的史料有如大海捞针。值得庆幸的是,在各学科的研究中已经有不少有关儒家德育方法要素的记载,这些历史文献的整理出版,为本文的深入研究奠定了重要基础。比较有代表性的有:

(一) 家庭德育方法的成果

费成康主编的《中国的家法族规》(1998) 从家法族规的演变、制订、范围、惩处、执罚、奖励、特性、历史作用和研究意义九个方面对家法族规作了综合性的考察。冯天瑜、张艳国等主编的《家训辑览》(2007) 从家庭、家政、修身养性、勉学、经世应物五个主题,对中国传统家训分类摘抄并翻译为白话文。赵振著的《中国历代家训文献叙录》(2014) 收录了自先秦至清末,以治家教子为主要内容的家训文献以及具有家训作用的蒙学、乡约与训俗文献。近年来,一些硕博论文中关于家风家训、乡规族约内容的研究,也是重要内容。

(二) 学校德育方法的成果

熊承涤主编的《中国古代学校教材研究》(1996) 系统梳理了中国古代的学校教材、儿童教材、专科教材,并按照时间先后整理了各朝代学校教材及特点。陈谷嘉、邓洪波等编的《中国书院史资料》(1998) 收录了各历史时期的书院记、书院章程、学规等。冯天瑜、鲁毅等主编的《学规菁华》(2007) 从明道重德、修德立诚、隆师取友、专一有恒、学问思辨、

---

❶ 王有英. 中国古代女子教化探析 [J]. 山西师大学报 (社会科学版), 2009 (7): 106-109.

广博专深、注重实践七个主题，对中国古代学规分类摘抄并翻译为白话文。雅瑟主编的《中华蒙学经典大全集》（2010）收录了十种被广泛认为具有代表性、最优秀的蒙学读物，配以解读。

（三）社会德育方法的成果

冯天瑜、彭忠德等主编的《官箴要语》（2007）从正己、待人、尽职三个主题对中国古代官箴进行分类整理及翻译。骆明、王淑臣主编的《历代孝亲敬老诏令律例》（2013）从18000余册中国历代典籍中搜集有关孝文化的内容，将分散零碎的资料从不同角度汇编成12卷，全方位地展示中华孝文化的创立、传承及各种表现方式和发展趋势，是第一部将历代国家法令和各家孝论、孝行、养老礼法等汇集成卷的孝文献集成性著作。裴国昌主编的《中国教化楹联精选》（2015）是从历代浩如烟海的楹联史料中筛选、辑录了有关教化的楹联，进行了缜密的诠释、勘误、解读的文化类图书，分为教育篇、廉政篇、修养篇、处世篇、治家篇、治军篇、忠义篇，是对我国楹联文学分类学科中有关德育教化领域楹联的新的整理和研究。

（四）新儒家

新儒家对儒家文化的分析也是本文研究的重要资源。新儒家面对中国传统文化的现代转型，主要从哲学上的中西互释、事功上的"内圣开出新外王"和社会发展理论的新探索等方面分析。

第一，在哲学上，新儒家基本的共识是继承宋明理学的本体论，把天地"生生之德"与人性内在地统一起来，这样就形成了新儒家所认可的内合外用的政治思想、以诚向善的修养方法、知行统一的实践逻辑。同时，新儒家也吸取了西方哲学中的一部分内容以充实自己的理论，如，牟宗三对康德哲学的阐释。在事功上，中国传统文化现代转型面临的最大难题是如何从"内圣"中开出现代科学与民主的"新外王"。新儒家们从宋明理学所提出的自我良知的拷问，将德性主体发展出知性主体和政治主体两类，从个体的内圣中得到代表知识的科学和民主的政治。但这一点由于缺乏足够现实的转型路径而广受批评。

第二，在社会发展道路问题上，新儒家认为从儒家文化背景出发也可以推动社会进步发展。这是新儒家提出的关于社会发展的理论探索，这一观点认为，中国完全可以以儒家思想为指导实现从封建社会到社会主义社会的过渡，这一过渡结果形成特有模式，既不同于西欧、北美的现代化道路，也不同于东欧、苏联的现代化道路，并有日本、韩国、新加坡、中国台湾、中国香港等作为例证。

第三，新儒家的理论抱负除中国传统文化的现代转型外，还包括儒家的跨文化对话。这一对话始于西方已经进入"后现代化"阶段，后出现科技成果与人文价值严重不平衡的危机。在这一危机中，人们开始反思人自身的价值意义，认真看待科技本身的价值与意义。新儒家认为，中国儒家思想的世界化有助于解决西方的"后工业文明"所面临的许多问题。这一突破成为儒家发展的新节点，他们普遍认为儒家思想在继先秦至隋唐和宋明的两段发展时段以后，完全有可能进入"第三期发展"，而这次世界化参与的发展将可能具有世界性意义。

（五）西方经典文献

西方经典文献中对中国古代社会的分析也为本文研究提供了可资借鉴的视角。黑格尔在《哲学史讲演录》中认为，"《论语》里面所讲的是一种常识道德，这种常识道德我们在哪里都找得到，……只有一些善良的、老练的、道德的教训，从里面我们不能获得什么特殊的东西"[1]。可见，黑格尔在对孔子思想的考察中已经发现，儒家思想同西方抽象的哲学思辨不一样，它所提供的就是日常生活中的关于道德、品行的思考。

孟德斯鸠在《论法的精神》中认为，法律、风俗和礼仪本来是有严格区别的，这一观点来自其本身所处的社会结构与思维方式中，他认为在古代中国，统治阶级或者称为立法者，他们却把法律、风俗和礼仪混淆在一起，原因在于"他们的风俗代表他们的法律，而他们的礼仪代表他们的风俗"。孟德斯鸠从西方三权分立的思想看待古代中国的社会结构，认为在古代中国，法律、道德、风俗、礼仪四者的箴规就是所谓礼教。这样的提法是非常正确并具有重要历史意义的，中国古代的统治者确实也因为严格遵守这种礼教而获得了统治秩序的稳定。孟德斯鸠认为礼教的核心是孝道，"尊敬父亲就必然尊敬一切可以视同父亲的人物，如，老人、师傅、官吏、皇帝等。对父亲的这种尊敬，就要父亲以爱还报其子女。由此推论，老人也要以爱还报；官吏要以爱还报其治下的老百姓；皇帝要以爱还

---

[1] [德] 黑格尔. 哲学史讲演录（第一卷）[M]. 贺麟，王太庆等，译. 上海：人民出版社，2013：119.

报其子民。所有这些都构成了礼教，而礼教构成了国家的一般精神。"❶ 孟德斯鸠的这一认识，实际阐明了古代社会尊卑地位之间相互的责任与使命，这也是儒家德育榜样教育法的重要逻辑。

马克斯·韦伯在《儒教与道教》中说氏族（或家族）是传统中国社会里最具自主性、精力充沛且"无所不能"的一个组织，他在对中国社会的考察中发现，古代中国伦理观念中所认可的家族伦理要求，实际上就是从现实生活中得来又现实地支配了社会中的人际关系。他认为，在儒家社会中"所有的共同体行为都受纯粹私人的，尤其是亲属关系所湮没与制约"❷，这一观点恰好折射了古代中国的整体主义和家国观念。

部分西方学者对儒家文化和中国古代社会秩序的研究也是本研究的重要借鉴资源。杜赞奇的《文化、权力与国家——1900—1942年的华北农村》从文化与权力的关系出发，对"龙王""关帝"等象征符号与权力间的复杂关系做了评论，认为如果因现代化发展过快而导致彻底摧毁传统，终将会出现使社会发展停滞这一与人心相悖的状况。郝大维、安乐哲在《先贤的民主：杜威、孔子与中国民主之希望》一书中提出，中国可以在儒学传统中找到可利用的东西，并通过保留中国的社群社会特性，与约翰·杜威的实用主义民主思想相调和，借以构建一个有活力、充满人情味、有条理的民主模式。当然，他们要建构的这个民主模式是出于对文化的借鉴，希望它"一方面可以与传统中国的社群主义意识相吻合，另一方面又可以避免建立在权利基础上的自由主义的诸多弊端"❸，本质上是希望将中国传统文化与现代民主理念对接起来。杜维明认为，轴心时代以来，儒家思想就有自身的发展理路，它从来都不是寻求超越于外的思辨的哲理，而是关注人，透过人们普遍的日常生活来构建其认可的伦理秩序，这种追求体现的是人与自然相统一的人本主义。他认为，儒家关注了人与人之间通过家庭、社会、国家和世界形成了健康的互动，从而保持人心与天道的相辅相成。❹

---

❶ [法] 孟德斯鸠. 论法的精神 [M]. 许明龙，译. 北京：商务印书馆，2012：313.

❷ [德] 马克斯·韦伯. 儒教与道教 [M]. 王容芬，译. 桂林：广西师范大学出版社，2004：23.

❸ [美] 郝大维，安乐哲. 先贤的民主：杜威、孔子与中国民主之希望 [M]. 何刚强，译. 南京：江苏人民出版社，2010：10.

❹ [美] 杜维明. 轴心文明的对话：儒家人文精神的普世价值 [J]. 人民论坛，2014（08）上：73-77.

四、简要评析

儒家德育方法是儒家德育有效性的重要突破口，儒家德育方法理念的厘清是实现其在当代创造性转化与创新性发展的核心问题。儒家德育方法，其价值不能归结为走入历史的"过去式的遗存"，它能够指导当今的意义，也不仅限于它对民族文化心理结构的体认，还在于其本身所蕴含的文化传统和文化资源的意义，这些都是思想政治教育的重要资源与凭借。文化传统是生长着的民族精神，任何一个民族事实上都会有自己的文化传统。这也是一个民族之所以能够成为其本身，并区别于其他民族所具有的内在规定性。儒家德育方法作为儒家德育的主干，因受到产生和运行的历史因素的限制，必然包含合理成分和从今天的视角观察来的消极成分，这些都是当前思想政治教育不可忽视的历史依托与优良资源。中国传统文化也为儒家德育的创造性转化与创新性发展，提供了扎根新文化场的丰厚土壤、理论联系实际的结合点、批判借鉴的丰富素材。

（一）儒家德育方法研究取得的成绩

近年来，随着学科发展走向理论纵深，中国优秀传统文化研究日渐重要，儒家德育方法研究的重要性也愈加凸显。

第一，儒家德育方法的主要问题达成共识，并有突出成果。就现有研究成果看，关于儒家德育方法的研究，一直以来都是思想政治教育学科的基础理论问题，也是教育学、历史学、哲学等多学科的重要研究内容，产生了很多有价值的成果。首先，关于广义方法与狭义方法的区分已有共识，学者在不同研究目标的基础上，对两种不同层面方法研究的侧重点有明显区别。其次，儒家德育方法的场域、体系、类别，在长期的研究中也逐渐形成共识，大多数学者都认可家庭、学校、社会三大场域和施教、自教和评价三类方法的划分，尽管在具体阐释中会有边界的不同，但基本认同。最后，儒家德育方法研究虽然在思想政治教育学科中处于起步阶段，但学术研究规范性和逻辑性正在不断加强。

第二，理论研究不断深化，已经建构起了基本的逻辑框架与体系。从纵向上来说，关于儒家德育方法的研究已经出现历时性的研究成果，从先秦到明清，对各个时期儒家德育的考察都出现不同程度的丰富成果。从横向上看，先秦、两汉、明清是德育方法研究的主要时期，施教方法与自教方法是主要内容，学校、社会相对于家庭也是研究的重点。近年来关于乡规民约、家训等的研究，家庭和乡野的德育方法也逐渐成为研究的突破点。

第三，研究视域不断拓展，学术视野不断开阔。德育方法研究经历了从单学科到多学科交叉借鉴，从学理研究到实践研究的阶段，在思想政治教育学科中，研究儒家德育方法离不开哲学、政治学、历史学、教育学的支撑，也必须立足于思想政治教育实践。研究儒家德育方法，要有意识地摆脱学科边界的束缚、借鉴其他学科的优秀成果与逻辑理路，同时，要大力汲取一线思想政治教育工作者的实践经验与现实需要，实现理论研究与实践的统一，将理论研究转化为生产力。

第四，对儒家德育方法本身的研究也在不断推动思想政治教育学科的科学化。就理论层面而言，对古代社会德育理论的研究是深化思想政治教育基础理论的需要。就实践层面而言，古代德育特别是儒家德育，既保证了儒家思想的主导地位，有效地实现了儒家思想的人伦日用与代代相承，又巩固了统治阶级的思想基础与阶级基础，切实维护了统治阶级的社会秩序。因此，对儒家德育方法的研究是当前学科建设不可忽视的重要经验，是推动思想政治教育学科科学化的重要资源。

（二）儒家德育方法研究需要深入研究的问题

目前文献统计数据显示，还没有一部关于"儒家德育方法"的专著，博士学位论文中涉及中国古代思想政治教育的论文更是稀少，期刊论文虽数量大，但核心期刊较少。从客观情况来讲，目前的研究成果并不是十分丰硕，多分散呈现。因此，儒家德育方法研究亟待重视。

第一，关于方法本身的研究还需加强。虽然把各学科关于这一问题的研究成果统计后比较多，但是就思想政治教育学科而言，目前的研究成果仍多显空泛。很多人尽皆知的内容并没有做到真知、会用的程度，对儒家德育方法的历史性解读、描述和阐释都需要进一步深化。在研究中，要大力加强一手材料的获取和社会条件的分析，解读出儒家德育方法在特定历史条件下发挥有效性、自洽性与适应性。还要在研究中确立对方法研究本身的理解，研究究竟是对方法本身的研究，还是对方法理念的研究；研究的目的是对方法的呈现，还是对方法的应用。这是研究德育方法时需要考虑的问题，也是方法研究中的问题意识。

第二，关于创造性转化的研究有待深入。传统文化是民族的基因，只有讲清楚传统的特殊性，才能够实现其当代价值。对历史的考察如果停留在抽象的理论层面或枯燥的描述阶段，研究也只能是流于形式或枯槁而死。随着思想政治教育实践的深入发展，特别是实践载体、场域的丰富，实践主体的多样化与交织化推进，提升思想政治教育实效性和针对性是摆在相关工作者面前的重大难题。林毓生在《中国传统的创造性转化》中提到，所谓"创造性转化"，就是把一些中国文化传统中的"符号"与"价值系统"加以改造，使其经过创造性转化变成有利于变迁的种子；在变迁过程中，人们还要继续保持对这种文化传统本身的价值认同。创造性转化是一个导向，不是一个蓝图，它不包含对未来的理性设计或指导每一项进展的细节步骤。创造性转化的功效，只有在其他因子与它互动，产生了有利于它的客观条件下，才能发挥出来。马克思主义认为，"物质生活的生产方式制约着整个社会生活、政治生活和精神生活的过程"[1]。这个论断构成我们分析儒家德育在当代应用的基本指导原则。价值观作为育人实践最核心的部分，主要受到生产方式的影响。因此，注重儒家德育方法，特别是儒家在价值观构建中的经验和社会条件的研究、社会思想和家庭模式的研究，必须要增强当代价值意识，为当前思想政治教育工作服务。

第四节　生态分析的用意与研究思路

研究儒家德育方法，不仅要描述在古代社会占统治地位的阶级是如何进行儒家德育的，更要解释和呈现出儒家德育的、有效性，这是儒家德育发生、存在与发展的根本性的着眼点和归宿点。儒家德育不仅仅是在学校教化中存在，它也是一种社会实践活动，其存在和发展是以一定的社会经济、政治、文化等为转移的，这些宏观与微观的因素就构成了儒家德育方法实效性的生态。

---

[1] 马克思恩格斯选集（第2卷）[M]. 北京：人民出版社，1995：33.

一、生态分析的内涵与逻辑

在现代汉语词典中,"生态"是指生物在一定的自然环境下生存发展的状态。生态是伴随着近代生物学的发展而产生的,生态是生物有机体生存和发展以来的空间及其内部因子有序组合的状态。近年来,在教育领域,德育和思想政治教育范围中,使用生态分析方法也逐渐成为一种研究范式,促使人们开始运用体现整体、联系、共生、互动的生态视角,来关照思想政治教育现实。

思想政治教育运用生态分析,是注重对思想产生影响的一切内外部因素之间相互关系及其作用机制的考察。作为一种分析方法,生态相比于环境,更加注重主体在其中的内在参与。环境强调的是中心物之外的其他,而生态则强调物与它所处的整个生态环境。戴锐认为,以生态论而不仅是环境观点审视思想政治教育,是思想政治教育思维方式上第一个重要转换,在他看来,"思想政治教育环境与思想政治教育生态确有其一致性,但也有着明显的差异。就人类所处的生态环境而言,人处于生态之中,而立于环境之外,就思想政治教育来说也是如此。教育环境是外在于思想政治教育而独立存在,并对教育活动发生复杂影响;而在生态学意义上,思想政治教育作为一种教育活动会身处于生态系统中,并与该系统内的其他各要素发生着交互作用。他与思想政治教育环境的区别主要在于:环境是外在地作用于思想政治教育的,生态则是内外部因素的交互作用的整体形态,它依赖于内外部的良性循环;环境强调的是环境因素对思想政治教育的作用与影响,生态则强调各环境要素的作用之间存在的平衡关系。在一个生态系统中,各种因素会相互作用,相互影响,其各部分之间应当相互协调,相互适应,达到一种动态协同和平衡。"❶ 杨增崟在《思想政治教育生态分析引论》一书中,对生态分析方法的特征做了分析,强调生态分析是要完成五种视角的转换,包括:从局部考察到整体关照;从系统研究到研究系统;从静态分析到动态分析;从实体思维到关系思维;从人类中心到生态本位。❷

---

❶ 戴锐. 思想政治教育生态论 [J]. 理论与改革, 2007 (2): 150-153.
❷ 杨增崟. 思想政治教育生态系统分析引论 [M]. 北京: 中国社会科学出版社, 2015: 67-79.

也就是说，当我们使用生态分析的方法对儒家德育方法实效进行考察的时候，需要从如上理念对研究内容做出一些深究，当我们考察儒家德育方法实效的时候，需要对其所处的整个生态进行思考，即儒家德育方法之所以能够产生、适用、传承、受到肯定，即便是在皇权不及的县治以下，能够发挥作用的群众基础、制度基础、认同基础，都应该加以考察。特别是对研究中使用的文本、人物所涉及的德育方法，都需要做出这样的思考。

联系的观点是马克思辩证唯物主义哲学的基本观点，万事万物都处于相互联系和一定的关系中。关系是反映事物及其特性之间相互联系的哲学范畴，是不同事物、特性的一种统一形式。当我们以生态的方法分析儒家德育方法运行的社会，必须要充分考虑儒家德育方法在传播与适用中的顺畅程度，包括信息的畅通、主客体各要素的协调互济、社会政治经济环境的和谐等。所谓信息的畅通，即当我们考察儒家德育方法所承载的思想内容被应用的时候，谁来传递和保证这一内容无阻隔的贯彻，主体与制度，或者社会风气，是如何来给予正向激励和负向惩罚的。所谓主客体各要素的协调互济，就在于客体整个成长中所处的几大场域之间的一体化、整体化的设计，即家庭、学校、社会对于德育方法、德育理念的整体认同。所谓社会政治经济环境的和谐、步调一致，在于方法适用的社会条件是否能够保证运行，德育的主客体对于方法本身的认同与传递，一个个体终其一生的稳定的教育诉求。这些都是儒家德育方法生态分析的路径。

二、宗法封建社会中的治理与儒学

传统上人们认为，自汉代董仲舒提出"罢黜百家、独尊儒术"之后，儒家正式进入统治阶级意识形态，这种思想与权力、制度的融合推动了儒家思想的传播与在政治社会生活中的应用。这样的理解是合理的，但只是单方面地诉说了儒家思想本身的变化，对于整个宗法封建社会而言，儒家的地位恐怕远不及我们所认为的这样具有决定性，而是更多地依然是依靠官僚制度来维持统治，只有这样儒生才能进入官僚制度，特别是在皇权不及的县域以下存在更多儒家思想和儒生的活动空间。马克思说过，"理论在一个国家的实现程度，决定于理论满足这个国家的需要的程度。"❶ 因此，从整体上看，儒家是因其自身的思想性、包容性，因其培养的具有儒家信仰与认知的人群，在整个宗法封建社会的治理中实现了从观念的力量到组织的力量的飞跃，儒家成了协调宗法封建社会的调节器。

（一）儒学的兴起：从观念的力量到组织的力量

儒学的兴起，有两个方面的理解，一是作为一种思想流派的产生与发展，儒学兴起于春秋乱世，经孔子、孟子、荀子等早期思想家创立发展，后经董仲舒及后人推演，成为融合修身待人的伦理规范与治国安人的政治学说的统一体；二是作为统治阶级统一的意识形态的兴盛与发展，董仲舒"罢黜百家、独尊儒术"为儒学进入意识形态奠定了基础，具有儒学信仰与认知的儒生随官僚制度进入政治视野，担起"修身齐家、治国平天下"的重担。儒学以维护君权、秩序的治国理念，从事实上保障了宗法封建社会的稳定与延续，这离不开儒生在朝堂与乡野中的力申与践行，由此，儒学实现了从观念的力量到组织的力量的发展。

先秦时期是中华文明的辉煌时期，从世界文明的视角看，正处于雅斯贝尔斯所论述的"轴心时代"，在这一时期，在古代中国的土地上，以孔子为代表的儒家思想修《诗》《书》，订《礼》《乐》，序《周易》，撰《春秋》，全面承继了自伏羲以来一脉相传的中华文化，对前轴心时代的夏商周文明进行了超越式继承，推动中华文化跃升到更高水平，此后孟子、荀子关于仁政、礼制思想的阐发，使儒家学说一直沿着有利于维护君权、有利于实现家国同构的方向推进，至秦统一中国后，儒家学说已经基本成熟。

当我们去思考儒家较之于前轴心时代文明的独特性，就不得不思考它关于"天"的认知，或者说，如果我们要理解儒家思想，就离不开对早期儒家自立于百家思潮的独特思维方式的解答，儒家的天人关系的解答。孔子晚年说："赞而不达于数，则其为之巫，数而不达于德，则其为之史。……吾与史巫同途而殊归者也。君子德行焉求福，仁义焉求吉，故卜筮而希也。"❷ 从这段文字我们可以发现，孔子以"同途殊归"的论断将自己的

---

❶ 马克思恩格斯选集（第1卷）[M]．北京：人民出版社，2012：10．
❷ 引自《马王堆帛书易传·要》，载《道家文化研究》第三集，上海：上海古籍出版社，1994．

天人观同夏商时期的巫文化相区分，认为他们至多就是通过讨好天地鬼神，或者通过占卜的方式问计于所无法理解和预测的天，而自己是通过仁义求吉、以德行求福，与武王伐纣以来的天人观念具有相同之处。孔子此刻已是认同周朝以来关于"天命有常又无常"的论断，将无法理解和预测的天人格化以后，通过地上的人来进行信息沟通，但又保留过去对于鬼神天地的神圣性，或者叫神圣感，让人在解读天地和改造自我的同时，珍惜和认同现有的礼乐文化。

所以，当我们看孔子思想的时候，不管是讲求修炼"君子人格"，还是注重向"仁"的靠拢，都非常注重通过君子个人的努力来不断改善现有的周遭状况，也非常认同以德行、德政来治理国家。而后，孟子的"仁政"与荀子的"礼制"，一方面吸收了孔子关于仁爱、德政的思想；另一方面，从实践的层面融合了道家、法家等学派的思想，推动儒家思想继续向前。在孟子这里，通过"人性善"的理论，肯定依靠自我"修养"和学校教育，能够达到儒家所倡导的仁爱之道，但是，如何通过学校教育达成统一的道德规范，或者说如何看待"人性善"与后天恶的问题，孟子本人没有给出很好的解答，反而在荀子那里得到了改进。荀子一方面肯定孔子提出的"礼""德"的重要性，并发展出"君君、臣臣、父父、子子、兄兄、弟弟"的宗法组织原则，肯定官僚制度代替贵族世袭的进步性；另一方面，以"人性恶"的理论佐证人们需要被管理，主张由"官"来管理和治理百姓。由此，孟子提出的"人皆可以为尧舜"[1]的主观愿望，虽肯定个人修养，但不利于秩序的建立，荀子提出的"论德而次定，量能而授官"[2]则为儒家维护官僚制度奠定了国家学说的基础。

如果说经孟子、荀子的阐释，儒家已经在人性观、道德观和治理观上形成了成熟的认知，那么，董仲舒则为儒家真正进入统治阶级意识形态、发挥治国威力，贡献了关键的一招。从思想源流上看，董仲舒继承了孔子和孟子关于学优入仕的观点，发展了荀子的性恶说和"一天下，财万物，长养人民，兼利天下"[3]的理论，提炼和强化了《韩非子》《吕氏春秋》《公羊传》等古籍中关于君权至上的观点，提出了他的"大一统"和"天人感应"学说。这种"大一统"并不只是在地域和历法上的统一，也不局

---

[1] 出自《孟子·告子下》。
[2] 出自《荀子·君道》。
[3] 出自《荀子·非十二子篇》。

限在政治与制度的统一，更重要的是思想文化上独尊并奉行儒家之道的统一。在董仲舒的助推下，儒学原本关于天人关系的言说，在配合君权至上的政治需求下，将皇帝置于联系天与人之间的关键环节，将整个王朝兴衰都系于皇帝一人身上，皇帝成为"天之子"，官员、百姓悉数听从皇帝的指示。由此，儒学的哲学观点成了维护君权的基础，儒学的理念具有了正当性和合理性；尽管儒学强调、前朝历史也证明，皇帝本人的德行也应该是有所限制的，但是，这种道德伦理的论调在权力面前也是非常弱小的。董仲舒也不再从哲学上对性善还是性恶的问题做严格的区分，反而兼用，并善加控制，在文化观念上推动了"罢黜百家、独尊儒术"的专制政策。

可以说，儒家不仅在理论上发展到了适应大一统秩序、助推君权至上的地位，而且在实践上，也推动了汉代以来的官僚制度的运行。儒学的兴盛，便利了儒生的学业与仕途，为帝国的发展注入统一的信仰和学识的力量，也为儒学的传播和发展开拓了信息渠道。但这并不意味着儒家对君权和秩序具有决定性的意义，而是君权对于儒学的运用使其有助于维系大一统的局面与君权的至上。从文化学的角度看，政治秩序的建立，常是单向的主动施予与被动接受；文化传播则是自动的交流与汲取，两者有时无交集，有时也一起发生。

（二）集权下的官僚机构：统一的意识形态与强大的执行跨度

自秦汉以来，王朝政治格局基本可以说是官僚君主式的制度，皇帝是王朝的最高统治者，皇帝是至高无上的唯一主人，但是，仅凭一己之力是无法完成整个王朝统治的，于是选设官员、建立官僚制度成为维护王朝统一态势的必然选择。但是，皇帝也无时无刻不在思索如何牵制住官僚的势力，更何况这些建立在自然经济基础上的封建国家，无时无刻不面临小农经济的分散性对统一力量的瓦解。

从官僚制度的设置看，自周代分封制解体、秦汉郡县制建立，中央王权下的权力，不管是来自于皇室兄弟与功臣，还是地方诸侯，都必须被分散并有效管辖。不同于周天子在诸侯势力膨胀时依靠诸侯攻打诸侯的被动局面，汉代以后的王权实行严格的中央集权制度，对于郡县、分封的势力则采取削弱的政策。例如，汉武帝时就采纳了主父偃的"推恩令"，下令允许诸侯王将自己的封地分给子弟，诸侯国越分越小，这样，表面推恩，实则削弱地方割据，加强中央集权。结合汉武帝当时所处的情势看，汉武帝时期，大一统帝国的国势已相当强大了，但是，诸侯王尚有一定的政治、军事势力，是一个不稳定的因素；土地兼并严重，社会动荡不安，阶级矛盾不断发展；匈奴不断入侵，两越不停制造事端，使得西汉王朝边境不宁。这些都督促汉武帝必须使王朝内部高度集中统一，以便在外敌进攻时不会出现自行瓦解、无力反抗的局面。

儒学进入意识形态，其核心理念应用在选官、用人上，也在一定程度上辅助了君主控制官僚。这其实就是得益于儒学的兴盛和官学化，使众多有儒学信仰和学识的人走上了仕途，或进入官办学校，这样就直接或间接对整体的官僚机构进行了"忠君报国"的思想教育和道德教育，而儒学也是在地主经济的基础上诞生的，他们本身也维护现有的经济基础和政治制度。即便是在皇权不及的县域以下地区，深受儒家影响的士绅也发挥着维系地方安宁的作用。

当然，儒学对君权最大的维护恐怕是关于"家国同构"的理念。"家国同构"是宗法封建社会的典型特征，这里的家不是我们现在意义上的小家，而更多的是家族的概念。所谓"家国同构"，指的是家族、家庭与国家在组织结构上完全一样。汉代提出了"家国同构"理论，就是把君臣关系等同于父子关系。具体而言，就是家与国的组织系统和权力配置都是严格的父家长制；就国家而言，天子为君、为父，百姓为臣、为子；就家族而言，父在上，子在下。由此，家族实际上是保留了国家组织运行的基本信息，当王朝稳定的时候，君主就将天子为父为君的思想灌输到家族中；当王朝瓦解的时候，家族又迅速成为对王朝进行修复、重建的核心力量。历史上的王朝更替基本是由名门望族取而代之，即便是农民起义，最后的政治成果也依然多为名门望族，其内在原因也多在于这些家族懂得并能快速适应政治运行的基本模式，这也是深受王朝稳定时的政治灌输与儒学思想的渗透。

既然儒学的威力如此强大，是否就意味着官僚制度毫无用处了？显然不是，在大一统的基础上，宗法封建制的王朝必须要依靠中央政府牢牢把控的官僚制度来运行。国家治理并非只靠文化思想上的认同就可自动维系，而是需要各级机构将中央政府的各项号召、政策传递到所辖地区，需要依靠绝对的权力来保障号召和政策的落实，需要依靠权力与制度来保障政治运行的基本国家机器的健全和巩固，这些都需要特定的官员来贯彻，当然官员的比例还是少的，需要结合地方上的儒学士绅来辅助。

三、生态分析中的方法与研究思路

儒家德育方法研究采用广义的方法概念，旨在对方法的具体运行开展研究，目的是完成对方法理念的体认。这样研究目的也就指明了，在不同生态下，不是方法变得不一样了，而是方法在不同条件下的应用发生了变化，不同生态间的方法既具有共性，也具有各自的特殊性。

就共性而言，儒家德育方法在不同生态中的本质是相同的。在政治伦理化和伦理政治化的社会环境中，儒家德育主体采取政治与道德相结合的方式培育儒家思想所设定的君子人格，按照修齐治平的培养过程，在家庭、学校、社会三大生态中进行梯队教育。不同生态的德育方法在其目标和性质上都是一致的，是儒家德育思想的完成方式。

就特殊性而言，三大生态中的条件是不一样的，具体说就是主体、客体、载体、环境等因素都不一样了。单是施教主体就包含了家长、尊长、老师、官员、帝王等，这就决定了不同主体的施教权威的差异。在家庭中，家长等施教主体的权威来自尊长的经验与血亲关系；在学校中，老师的权威来自知识的优先占有与良好的德性；在社会中，帝王官员、乡野名贵的权威来自权力与威望。

因此，生态与方法的关系，重点考察的是不同生态下方法的具体应用，其最终呈现出来的不仅仅是对当时条件下方法的再现，而是抽象于三大生态的关于方法的理念。

（一）家庭—学校—社会三大生态

综合考察各种分类方法，为达到研究和阐释问题的清晰度与低重复性，整合各德育方法的承接与逻辑关系，最终按照家庭、学校、社会三个生态来划分，目的是展现在不同生态中，拥有不同心态、利用不同权威的施教者，在面对不同德育对象时，使用不同的德育载体和路径，达到不同的德育效果。这样的划分具体需要解决好三个问题。

第一，家庭、学校、社会在本研究中的指称意义。因词语的时代性与变迁性，这里三个词语所指代的意义与现代通用的有所区别，需要特别说明。

就家庭而言，本文的研究内容是将婚姻关系构成的小家庭与血缘关系构成的大家庭即家族整合在一起。在当前的社会生活中，我们很少会使用家族这个概念，这是当前的生产方式、交往方式和由此带来的社会流动性决定的。在中国古代社会，家庭与家族本来就是一体的，单独的小家庭是不存在的。例如，从东汉时期兴起的累世同居的大家庭，也就是义门，通常是三代或四代，甚至有六代同堂，大家共居、共食、共财，拥有一个公认的主事的家长，这样的大家族也是家庭。例如，由婚姻血缘关系构成的小家庭组成的家族，它的居住地区没有义门这样集中，但也相对集中稳定，这样的家族中也有族长，也有家法族规，也具有家庭的意义。在古代的族谱中，一般都有全族的血缘关系和世系图，还有家法族规和家族史。所以，虽然松散，但大家都是同一个大家庭的。值得指出的是，这里的家庭不包括乡约组织和保甲制度。

就学校而言，中国古代的学校所指称的范围就更加广泛了，本文在研究中所使用的概念包括官学和私学、中央学校和地方学校等各类型，核心的因素在于两个：一是学校相对于家庭和社会具有明显的组织性、规范性和政治性，拥有固定的教学场所、指定的经典教材、明确的教育目的和规范的考核方法；二是学校德育具有明显的教学关系。

就社会而言，社会这个概念是近代日本流传到中国的一个概念，如果从当前的研究看，家庭也是社会组织，那么对社会的概念如何界定，需要充分考虑中国古代社会中德育方法的适用生态。本文在研究中所适用的社会，是相对于家庭和学校两大生活生态之外的场所的总称，它所包含的德育方法，既包括官方直接推动的社会政策教育方法，如选官制度、考官制度、旌表制度；也包括官民合办的乡约教育方法和民间自我觉醒的乡规民约教育方法。这里的社会层面的德育方法，就其影响力来说，必然也深入到家庭和学校教育中，但其所利用的资源、载体等，是不同于家庭与学校的，这就是本文对社会层面的德育方法的界定。

第二，家庭、学校、社会在本研究中的划分标准。家庭、学校、社会的划分依据是相对集中的人员的生活和分布生态，以及这样的生态中所特有的一般性的载体与具体方法。

本文将德育方法的研究划分为三个生态，不是单纯地按照年龄，或者成长阶段，在研究中我们可以发现，家庭层面的德育对人的影响其实是终身性的；学校层面的德育有些内容却是以家庭生活中的伦理道德为依据；社会层面的德育内容往往需要家庭和学校为支撑。因此，这样的划分主要是考虑了两个方面的问题。一是这三个生态是人的一生中主要的可以相对清晰分离的生活生态,家庭依靠血缘,学校依靠学缘,社会是抛开血缘、学缘之外的人际聚集方式;二是这三个生态因其各自生成的特殊性,具有独特的教育内容、载体、原则和方法。三个生态具有各自出彩的德育方法,但在一些具体原则和实施方法上也是有共通之处的。例如,身教示范的方法,从家长、老师到地方官员、士绅、君王都有应用,但也正因为各类主体自身社会地位的不同,身教示范方法的权威来源也就不相同。所以,生态的划分对于研究方法来说,具有特殊意义。

第三,家庭、学校与社会层面的德育是互动互补的关系,在对受教者的影响上具有重叠效应,三者不能截然分开。

其一,家庭德育是儒家德育的重要场所,特别是科举制、旌表制度等社会流动机制的出现,家庭对子女读书入仕、家族忠孝教育的重视也逐渐提升。家庭能够承担教化的义务,但是并非所有的家庭都具备教子读书的文化能力和教育条件,特别是有些家族能够自筹经费置办族学,请儒生或族里受儒学教育的人来讲课,而有些家庭则不具备这样的条件。因此,官方或民间的学校教育就起到了重要的补充作用。

其二,整个古代社会的学校教育又受社会政治环境变迁所制约,官学兴盛则私学、家庭教育滞后;家庭和私学的兴盛则替补了官学在科举取士等教育中的部分作用,如,两宋时期的书院、偏远地区的族学。相应地,社会动荡期的迁移等因素也会造成家庭德育的日渐式微,官学自然也更加衰落,但也是乡学、书院等教育的发展机遇。

其三,在家庭与学校德育的互动中,不可或缺地是家庭与学校德育之外的领域,整个社会风气的质量不仅在检测和考验前两者的德育效果,实际上也引导了前两者在德育内容和方法上的选择。特别是对于没有能力完成家庭德育、没有经历过学校德育熏陶的民众,社会德育已经是他们所能够接触到的全部儒家德育内容和德育形式。

(二)施教—自教—评价三类方法

研究采用施教、自教和评价的方法线索,是按照德育过程的完整性与德育结果的有效性的思路展开的。

第一,儒家人性观决定了个体可教、德性可学。儒家的人性观认为人性可以通过后天习得,不管是性善还是性恶,抑或气质之性,都认为人性会受后天环境影响,施教方法就是以承认环境习染为条件的,并认为要通过有德性的圣贤君子来执行,而这些圣贤君子则是君师儒亲。自教则是以充分相信受教者的主观能动作用为前提。自我教育可以分为个体的自我教育和群体的自我教育两种，而群体的自我教育就是集体内部的互帮互助。❶儒家德育的一个显著优势就是对受教者的认可，承认个体具有向善、向上的需求与决心，并通过天人关系使个体确认自身所拥有修德明道的能力。

第二，评价方法是检验施教与自教效果的依据。德育方法的有效性直接体现于德育效果，德育效果的呈现形式就是受教者在知识、能力与道德领域是否达到儒家德育的预期目标，通过评价既可以准确把握德育客体对德育目标的接受程度与认同程度，也可以对受教者形成示范与引导作用。因此，评价方法是在德育过程中，通过各种渠道和形式对客观存在的社会现象、人们的行为方式及其结果所作的赞扬或谴责；以及对社会现象和人们的行为结果所开展的分析说明，即说明它们发生的原因、过程和趋势等。考核是评价的一个重要方法。所谓德育考核，就是对德育客体的思想状况进行规范的、制度化的考试与核定，以此作为对其选拔任用和奖惩的依据。德育考核的目的是将符合政治需要和社会需要的人才筛选和保存下来。

第三，施教、自教与评价构成了一个开放性的良性循环。施教、自教与评价关系密不可分。一方面，评价是教与学的评量，施教与自教的目标和评价要求在原则上是一致的，它们的内涵都反映了德育的基本要求。在儒家德育的过程中，德育主体不断根据评价结果调整施教方法与内容，德育客体也根据施教与评价的内容调整自身与社会的统一度。另一方面，评价是施教与自教反馈的重要机制。通过这些赞扬、谴责或分析，来判断人们的行为方式和性格特点是否与社会要求相一致。它不是德育的终点，是对施教与自教效果的反馈，是进一步施教与引导自教的依据，是新的起点。

---

❶ 张耀灿，陈万柏. 思想政治教育学原理 [M]. 北京：高等教育出版社，2001：183.

第二章 治国先齐家：家庭德育方法的实效分析

家庭德育是维护古代社会稳定的微观路径，它早于私学教育产生，学界普遍认可周公开创了传统家训的先河。我国自古便有"国之本在家""积家而成国""家齐而后国治"的思想观念，强调家在个体发展、社会运行、国家治理中的重要作用。春秋时期，士阶层社会地位的提升也为普通家庭地位的上升带来了希望。于是，除却帝王名门、官僚家庭，普通家庭诸如文人、士族、商人等在重视学校教育的基础上，也开始关注家庭教育在子女成长中的作用。家庭有其自身的特殊性，它不仅承担了生育和经济的功能，还担负了教化后人、淳化民俗、端正世风的责任，家庭德育构成了儒家德育的重要方面。所以，正如费孝通先生所言，"不论政治、经济、宗教等功能都可以利用家族来担负"。

第一节 家在儒家思想中的地位

《礼记·祭统》有云："忠臣以事其君，孝子以事其亲，其本一也。"中华民族自古以来就重视家庭、重视亲情，家国同构是中国古代宗法封建社会的典型特征。《大学》中讲，修身、齐家、治国、平天下，齐家作为个体修身与走向治国平天下的中介，在儒家思想中占有非常重要的地位。古代宗法封建社会中的家的概念，同我们当代、同西方社会中的家的概念是不同的。

一、儒家关于"家"的概念

"家"在现代社会学视角中是指空间意义上的生活之所和社会基本单位。据《中国大百科全书·社会学卷》的界定，家庭是由婚姻、血缘或收养关系所组成的社会生活的基本单位，即现代意义上的家，必须有事实上的以组建共同生活为目的的关系的存在，这种关系表现为在特定的时间段内家庭成员之间的共同生活、相互依赖，最终延伸为个体进入社会生活的纽带。而当我们看待古代中国社会中家的时候，它所指向的不只是"当下"组织在一起的共同生活体，还指向"过去"和"未来"；它所指向的不只是依靠直接的婚姻、血缘或收养关系建立起来的关系，还包括各类间接的亲属关系。有学者对此做了简明扼要的概括，即"中国古代的家有两层含义：一是指主要以血缘和姻缘关系为基础，以父母妻子为核心，人口在5人左右，同居共财共爨的个体家庭；二是指主要涵盖上至高祖、中至三从兄弟、下至玄孙，以族长、族谱、祠堂、义田、义学、义冢为结构的系统化的家族组织"❶。所以，在古代宗法社会中谈论家，它所涉及的时间跨度是丰富的，儒家很多论断在论述家的重要性、忠孝的价值时，其所指向的意义都是跨越时空的、超越代际的。

中国意义上的家，也不同于西方社会中的意义。费孝通先生在《乡土中国》中阐述中国社会的差序格局的时候，曾经做过这样的比喻，他说："西洋的社会有些像我们在田里捆柴，几根稻草束成一把，几把束成一扎，几扎束成一捆，几捆束成一挑。每一根柴在整个挑里都属于一定的捆、扎、把。每一根柴也可以找到同把、同扎、同捆的柴，分扎得清楚不会乱的。在社会，这些单位就是团体。"❷ 由此我们发现，在西方社会，每个人总是隶属于独一无二的团体，不能模糊，分的十分清楚，一个人不可能既属于这个团体，又同时属于另一个同级别的团体，界限是十分分明的。当一个男人说到他家庭的时候，我们可以清楚地猜测是指他与爱人及孩子，但在中国社会，当我们去谈论一个人的时候，他总是处于复杂的"关系"或者"社会角色"中，当我们说家庭的时候，大多很难猜测他所说的家中

---

❶ 安丽梅.论中国古代家的基本释义、形态与功能 [J].唐都学刊，2020（3）：75.
❷ 费孝通.乡土中国 [M].北京：人民出版社，2015：26-27.

到底包含了哪些人，家是非常具有伸缩性的，小到核心家庭、三代家庭、四代家庭，大到整个家族。这一点在古代宗法封建社会是非常显著的，"单姓村"的存在就是有利的证明，一个大的姓氏家族就可能是一个村落，在自我管理上具有很多的内生优势。

儒家思想论述家的时候，通常是带着"在家"的"品格"。例如，《论语·学而》中讲"其为人也孝弟，而好犯上者，鲜矣；不好犯上，而好作乱者，未之有也。君子务本，本立而道生"，意思是说，一个人如果在家中能够做到孝顺父母、顺从兄长，而喜欢造反、喜欢触动上层统治者的行为，是不可能发生的，一个人只要在家中修炼好这些品质，就自然会具备治国做人的基本原则。再如，《大学》中讲述修齐治平的道理，也肯定只有完成修身齐家，才可以治国平天下，并肯定必须修身齐家才会治国平天下。这样的逻辑推论是儒家对家国一体思想的体现。这样一种"能近取譬""推己及人"的路径正是"家"在儒家思想中的关键体现。

二、夫孝，天之经也，地之义也，人之行也

任何时代的家，都有其独特的功能与作用，而不止于生育的功能与传承的使命。如何理解"家"在儒家思想中的地位，需要我们审视儒家在看待家的时候所折射的力量。

从儒家文化看，所有的伦理关系都始于以关系构建的人的基础上的，不同于其他哺乳动物生而能吃能跑，人的繁衍过程中幼子需要倾注较长的陪伴，父母对子女的情感是在实际活生生的家庭关系中形成的，亲亲是人的宿命。所以，《孝经·开宗明义》中写道："夫孝，天之经也，地之义也，人之行也。"家庭的第一种存在就是依靠亲亲、孝慈的相互性建立起来的，这也是先王实现德治、天下和睦的重要原因。家庭的存在是一种时空联系，如《孝经·开宗明义》中讲，"身体发肤，受之父母，不敢毁伤，孝之始也"，身体或者血缘实际上构成了家的依靠，个人的身体从其根本上来看，不再属于个体本身，而是具有了超越时间的意义，它属于整个家庭；《孝经·开宗明义》还说"立身行道，扬名后世，以显父母，孝之终也"，个体只有不断提升自我修养，并且"善继人之志""善述人之事"（《中庸·第十九章》），才是真正地将家庭延续下去。《说文解字》中讲孝，也说"子承老也"，这个"承"就是对家的时空关系、精神存在的最

好的解读,"承"既是身体、血缘、基因,还有精神、志向、品格,这是代际传递中更加关注的内容。

我们发现,儒家文化中的家庭,至今依然如此的是,家庭不仅是血缘延续的时空存在,也在慈爱教养中形成了对于家庭的精神性的依赖或人格性的依赖,修身、齐家、治国、平天下,不修身则无以齐家,齐家与修身具有一致性,家庭本身的管理、风气、品格对于个体而言,具有明显的人格形象。我们理解儒家讲"亲亲,仁也"(《孟子·尽心上》)、"孝弟也者,其为仁之本与"(《论语·学而》)则具有更加形象的图景。从中国文化的视角看,基于生育与血亲、共同生活、慈爱教养基础上的家庭,对个体而言既是时空性的存在,更是精神性的存在,个体无法割舍基于家庭亲亲关系上形成的情感。这是从道德或者血亲视角来看待儒家思想中的"家"。

三、天下之本在国,国之本在家

从儒家的国家学说来看,从秦汉到明清,中国的国家基本表现为皇帝是唯一拥有最高权力的人,并建立了君临天下的中央集权的统一国家。但是,这种形态的形成有一定过程,或者说是在选择中逐渐稳定了更为有力的理论支撑,即人们通常所说的家族国家观。

中国历史上最初的"血缘家庭"是建立在自给自足的农耕文明基础上,后经过血缘氏族、部落、部落联盟,发展成社会,构成国家。陈来先生在《古代思想文化的世界》一书中写道,宗法社会是"以亲属关系为其结构、以亲属关系的原理和准则调节社会的一种社会类型"。"古代中国文明中,宗庙所在地成为聚落的中心,政治身份的世袭和宗主身份的传递相结合,成为商周文明社会国家的突出特点。尤其是西周,政治身份与宗法身份的合一,或政治身份依赖于宗法身份,发展出一种治家与治国融为一体的政治形态和传统。"[1] 天下之本在国,国之本在家,家国一体的社会结构在中国传统社会中具有决定性的意义,特别是以血缘关系为纽带的宗法制度,在很大程度上决定了中国的社会政治的伦理化倾向。在这之中,孝文化实际上起到了至关重要的作用。

---

[1] 陈来. 古代思想文化的世界 [M]. 北京:生活·读书·新知三联书店,2002:3.

孝文化，在中国古代社会中，不仅是一种"善事父母"的日常伦理意识、规范和实践，实际上它是儒家思想的核心，整个中国文化的首要精神。❶ 孝文化通过儒家伦理的尊尊、亲亲、长长的基本精神和渗透于百姓日常生活中的礼仪规范，支撑着宗法伦理、血缘伦理和政治伦理的统一。孝的起点是家庭，因此，家庭不仅承担了生育和经济功能，还担负了教化后人、淳化民俗、端正世风的责任，它是统治阶级赖以传播儒家思想、实现儒家思想大众化的重要渠道；家庭也不完全受制于统治阶级，它以血亲伦常为纽带，在家庭内部有一定的私人空间，家长对子孙有绝对的教育权威，家庭成为维护古代社会稳定的微观路径。这一文化现象贯穿了中国古代社会漫长的历史长河。

家庭对个体的影响，从出生到死亡，囊括了个体生活的全部时段，个体在多大程度上认同并践行儒家思想，是统治阶级与家庭之间关系衡量的重要尺度。家庭以培养个体来彰显对统治阶级意识形态的认可与执行，统治阶级也通过个体的思想与行为判断家庭所应当承担的责任与荣耀。

费孝通先生以水纹波浪向外扩张的形态来阐释孔子视野中的关系格局时，讲到了一个"推"字。儒家的关系格局是以己为中心，逐渐推己及人、克己复礼，然后从己到家，由家到国，由国到天下，这是一条通路。对于这个己，不是个人主义的己，而是自我主义的。儒家对于"己"这个概念是非常推崇的，不论是修身还是为政，都特别强调"己"的示范性。如，《论语·为政》中写道，"为政以德，譬如北辰居其所而众星共之"；《孟子·梁惠王上》中写道，"王！何必曰利？亦有仁义而已矣"。这些都是强调帝王这个"己"在德政仁政上的示范性，推己及人，自然有良好的社会风气。

《尚书·洪范书》云：天子作民父母，以为天下王。《洪范》成书于战国后到秦汉间，说明当时以天子为君、为父，天下人民成为天子的臣、子的观念已然成书。尽管秦朝采用了法家的观念，只以君臣关系定天下秩序，并不含父子关系，但后世继承的主要是汉朝以来的制度，天子以家中父母的角色来治理天下，成为一种普遍的观念。《汉书·匈奴传》写道：今天下大安，万民熙熙，独朕与单于为之父母，……使两国之民若一家子。这种以"家"的概念类比"国家"的思想，是基于宗法而建立的政治

---

❶ 肖群忠. 孝与中国文化 [M]. 北京：人民出版社，2001：147.

制度，本质上是依然是以血缘为骨干。对于异姓，则以婚姻加以结合，这种政治理念，不管是在社会层面，如，单姓村的保存与发展上如此，在天下治理中亦如是。汉以后，君臣关系之外，父子关系、舅甥关系等，也开始成为君王巩固天下秩序的重要理论。当然，君王治理天下不仅仅是依靠家族国家观念，还综合运用了德主刑辅、礼法定亲疏等政策。

总之，家在儒家思想中地位，一方面得益于血亲关系在小农经济社会维系生存发展中的作用，家是基本的社会单位，是维系基层稳定的基础，家不止于血亲，还有精神上的依赖与人格上的指引作用；另一方面，受益于家国宗法观，家是最小国，国是最大家的影响，家中权威等级关系同样适用于君王为民父母的政治生态中，由此，对于家的重视，是儒家思想中的典型特征。

第二节 家庭德育是儒家德育生活化的集中体现

儒家的一个基本观念是："物犹事也。"（《地官·大司徒》）它表达的意义是，器物是由事情生成的，而不是相反，这也就是说，存在者是由存在给出的，而不是相反。因此，生活也不是"物"，而是"事"；家庭德育的生活化，不是生活本身对德育的要求，而是德育本身的逻辑。家庭德育是处在国家与民间之间的一个领域，它既是统治阶级赖以传播儒家思想、实现儒家思想大众化的重要渠道，作为儒家德育的工具存在并发挥作用；也不完全受制于统治阶级，它以血亲伦常为纽带，在家庭内部有一定的私人空间，家长对子孙有绝对的教育权威。家庭对个体的影响，从出生到死亡，囊括了个体生活的全部时段，家庭德育的展开必然是儒家德育生活化的集中体现。

一、家庭德育是家庭生活的经验表达

小农经济的生产方式决定了人们的生活和交往方式具有相对集中和稳定的特质。人们的生产主要集中于土地，在生产中互相支持的人们在生活中也互相依赖，彼此在生活中的交叉点非常多。在这样的条件下，人与人

之间的关系也非常单纯，有的是以血缘关系为基础，有的是以直接的统治和服从关系为基础，整体呈现出的是各生产单位相对孤立和彼此分散的状态。白居易有一首诗《朱陈村》，形象地描述了这一现象。"徐州古丰县，有村曰朱陈。去县百余里，桑麻青氛氲。机梭声札札，牛驴走纭纭。女汲涧中水，男采山上薪。县远官事少，山深人俗淳。有财不行商，有丁不入军。家家守村业，头白不出门。生为村之民，死为村之尘。"男耕女织、自给自足，生于斯、长于斯、死于斯，人口流动性相对较小。

这就是费孝通先生所描述的乡土社会，或称熟人社会。熟人社会，顾名思义，就是生长生活在一起的人员是相互熟悉的，他们之间的关系是依靠相互亲密和长期的生活来实现的，彼此的生活轨迹也相对一致，"经验"占据了生活方案的主体，依照传统的生活经验过活，成为日常中最主流的轨迹。这样的生产和生活方式决定了在中国古代社会中，由婚姻和血缘构成的生产单位和社会关系单位——家庭，不仅是人与人交往的最小单位，也是儒家德育最基本的抚育单位。

家庭中的男女老幼生活在一起，长辈对晚辈的谈话、相处，特别是父母对子女的哺乳和养育，包含了父母对子女的深切情感与真挚期待。这样的关系就很容易在子女心中形成对父母的尊敬与敬畏，从而能够虚心接受家长的教诲。血缘亲情是其他德育形式所难以比拟的，家庭德育具有随时随地进行教育、即兴教育、因材施教等优势，充分体现德育生活化的原理。家庭德育实际上是用相对通俗的文化形式来表达和传达儒家思想的内容，是儒家德育的一种重要突破，是儒家德育思想走向社会最底层的重要手段。

家庭德育所涉及的立身处世、起居作息、治家持家、修养读书等内容都与日常生活紧密相关。融入日常生活的德育形式，既能做到通俗易懂，也能达到妇孺皆知的水平，是儒家德育实现人伦日用的重要方法。同时，生活的日复一日，也必然决定了德育内容和方法的反复性。所以，这种能够深入人心的功能，正是家庭德育的特殊性，是其他场域的德育无法比拟的，是儒家德育大众化的重要体现。

二、家庭德育是基于血亲伦常的教育

因为"经验"在生产生活中的意义，尊老、敬祖是家庭德育中的重要内容。但是，在小农生产发展起来以前，老人在社会生活中是累赘一般的境遇，在生产中无法继续提供劳动力而遭到抛弃。所以，当尊老、敬祖的观念树立的时候，经济的进步起到极大的作用。古代的家庭以血缘关系为纽带，以孝悌作为根本，人际关系如水纹层层递推，这样的家其实是家族的观念，人们聚集在一起是依靠血缘的亲属关系，而非仅仅的生育功能。因为时间和空间的相对稳定性，人们的生活代代相似，所以，年长的人经验比年轻人丰富，年轻人所遇到的问题，年长人都经历过，这些经验和教诲都是经过时间检验的，自然正确。在这样相对封闭的生活轨迹中，基于对前人的信任和对前人生活经验的信服，后代在遇到各类问题时，只要参考前人的经验就能够基本解决。

古代社会是一种经验社会，人们在自己经历以前，就已经有前人帮助自己积累经验，自己只要认真学习就能够得到满足和快感。所以，推古崇老、无违父志、尊重传统和经验，自然也是古代家庭生活中的常态。这种常态，就是儒家"孝"文化的来源。

因为血缘关系，德育在亲密的家庭成员中进行，具有明显的利己性。这种利己性，既出于长辈对晚辈的期待，也出于晚辈成才对家族荣耀的提升。长辈对晚辈的影响力和约束力，既是威严，也是亲善。毋庸置疑，家庭德育在教化理念上依然坚持儒家所要求的"三纲五常"，就是父为子纲、夫为妻纲，父慈子孝，兄弟友爱，强调家庭成员之间做到互爱、互利、互信，特别是涉及家庭财产等问题时，要勤俭持家、共同营生。这样的德育要求，实际上规范了个人的行为和人与人之间的日常关系，特别是通过婚姻关系缔结新的家庭的时候，双方对家庭关系的认可是家庭和睦的基础。家庭成员对内尊长爱幼、和睦相处，对外友善乡邻、平衡人际，也无疑为生活的开展和家业的兴建提供了良好的环境保障。

由此可知，古代家庭德育的一个主要特征就是长者对年少者的教育，这种教育与被教育的关系中又粘连着血亲伦常关系，而且是先有了血亲伦常关系，后有的教育关系。因此，家庭德育中的教育关系，实际上是隶属于血亲伦常关系的，家庭德育中所倡导的父子有亲、夫妇有别、长幼有序，就是基于血缘伦常关系的德育。家庭内部开展的德育有利于维护家庭内部的等级秩序与和睦稳定，家庭成员在道德修养、文化知识上的进步与成就，能够为家庭带来至上的荣耀与利益。

三、家庭德育是个体社会化的起点

个体的社会化过程，构成了家庭德育生态与儒家德育生态的衔接点。家庭从其产生开始就具有极强的社会性，家庭德育是儒家思想的家庭化，是统治阶级意识形态内化到个人意识的中介。家庭本身是社会的一个组成部分，其进行德育的内容和方式都会受到外部的约束。因此，对于家庭德育而言，"家国一体"是家庭制定相应的道德规范的一种外部强制力和牵引力，而家庭成员在自身生活中，也有对秩序、等级和适应外部环境的需求，所以家庭德育也是家庭内部自发形成的产物。

在中国古代，家与国有着千丝万缕的联系，个人的行为举止，既要符合家庭中的家法族规，也要符合国家层面的道德规范；相应地，儒家倡导"修身、齐家、治国、平天下"的德育过程，要实现这一理念就要从修身开始，个人要实现平天下必须先以身作则、实现家庭内部的和睦稳定。家庭德育实际上是源于统治阶级德育的需要。统治阶级也会采取各种措施制约家庭的发展，使之更符合自己的制度，如，旌表等奖励。由此可知，家庭成员普遍认识到统治阶级的意识形态对自身具有普遍的约束力，家庭德育需要将这种道德规范传递给家庭成员，运用长辈对晚辈的教化权威，实现统治阶级的教化任务。

相应地，家庭成员也认识到自我需要服从这样的意识形态和社会秩序，这是个体适应社会需要的必然前提，家长有义务对家庭成员普遍施加符合统治阶级需求的伦理道德规范，将个体的生存意义与统治阶级认可的价值统一起来。实际上，家庭德育不是家长们按照自己的意志去培养和塑造自己的子孙，而是在自我成长中即接受了学校和官府的教化后，基于对社会需要与统治阶级需求的理解而展开的教育。家训、家法、族规等伦理规范的制定，是家庭规范与社会规范相协调的典型。家法等的制定实际上也是为了调整家族内部的关系，这种调整还具有一定程度法的性质，它既包含训诫的内容，也包括惩罚的内容，是约束家庭成员个体行为的基本手段。

家长在德育中的心理状态也很丰富。他们一方面期待子孙能够尽忠尽孝，通过德育引导子孙无违家长的意志，听从家长，不惹家里生气。自己老了以后，能得到子孙无微不至的奉养，死后能够受到子孙应有的祭奉。

另一方面，又期待子孙能有好的德行、建功立业，扬名声，显父母，光宗耀祖，特别是通过入仕做官、获得国家旌表等，在精神和物质上都能够为家庭增光。因此，家庭德育的内容涉及励志、劝学、处世、慈孝、婚恋等社会生活的诸多方面，通过德育方法将这些内容落实到家庭生活中，不仅能够整齐门风、理家教子，还可以通过传承得以保留。

四、家风是家庭德育的独特风貌

家风不是一种普通的社会文化，它是在家庭延续与发展中凝结和积淀出来的风气、风尚，它反映的是几代家庭成员共同的生活方式、价值理念、人生信仰等，构成了家庭成员共同的文化基因。家风的概念规定了家风影响的场域、流传的人群、基本的内容和形式，家风是家庭中才有的特有文化现象，这种特殊性也是来源于家庭成员之间的血亲关系，这是成员之间相濡以沫地将儒家思想代代相承、互相影响和约束。儒家德育注重"内圣外王"的人生追求，它对个体的要求是修齐治平。其中，修身与齐家是治国、平天下的基础，家庭也就自然成为个体联系天下的重要纽带。

家风既是关于个体德性修养的文化，也是关于个体行为规范的传统。血亲继承性和经验的生活方式，是家风得以延续和形成持久影响的关键，也是家风在传承中保持自身稳定性的重要因素。《颜氏家训·治家》中说，"夫风化者，自上而行于下者也，自先而施于后者也"，风化或者教化是自上而下、自先人而后人的发展路径。所以，儿子不孝顺就是做父亲的不够慈爱，弟弟不恭顺就是做哥哥的不够友善，妻子不顺从是做丈夫的不仁义，正是在上位的人没有做好，下位的人才会出现叛离。因此，家庭中需要德育，这种德育也必须通过家中长辈来予以推广。

家风内容通俗易懂，人们将一些深奥的道理用浅显易懂的方式告诉人们，既便于记忆和诵读，也便于践行。如，祠堂里、家谱中和父母的日常劝诫中，楹联、屏风与碑石的内容中，通过直接或间接地方式引导子女加强自身修养、提高道德认知和判断能力；引导子女认识到只有按照家风中所要求的规则行事，才能够适应外部社会的需求，才能够建德立业。因此，家风作为一种风气，看不见、摸不着，但它作为家庭德育的隐形基因一直发挥着作用。家风本身的传承也表明其自我筛选与论证的能力。因此，家风是一个家族的灵魂，它能够表明先人的经历、引导后人修身向善、延续辉煌。

古代家庭德育中形成了"重家风、齐家规、严家训"的思想体系，"德善立家、耕读传家、勤俭旺家、和谐兴家以及家国同构、利国利家构成中国传统家风的主旋律与主基调"[1]。自古以来，良好的家风不仅教导子女如何生存，而且教导子女如何知礼做人，家风所传达的价值观最核心的依然是儒家所倡导的仁、义、礼、忠、孝、廉、信，它对子女的教导以道德规范的形式予以落实，使子女在人生初期就树立了修身养德的理念。当然，家风本身不表明褒贬，也有同社会大环境格格不入的不良家风。

第三节 儒家家庭德育的施教方法

家庭德育是基于血缘关系的"利己"教育，家庭德育的施教主体是居于生活经验上层的家长，他们立足自身丰富的经历与较高的社会期望的基础上，对家中子女进行修身、治家、处事方面的教育，极富形象性、哲理性、针对性和生活性，至今依然留存很多可以直接使用的方法。

一、严慈相济、遇事而教的日常训诫法

日常训诫法是家庭德育中最普遍、易行的方式，是治家教子的良方。这一方法是将对家中子女的教育寓于日常生活的反复教化中，是一种经常性的、灵活的、讲求实效的教育方法。其目的在于敦促子女养成良好的德行以实现个体的社会化，着眼于知识传授、品格塑造和能力培养的统一。正因其自身的灵活性与生活化，日常训诫的内容非常广泛，涉及立志、劝学、处世、婚恋等生活的诸多方面，潜藏于日用饮食、居家礼仪、新婚丧祭等各项家庭活动中。训诫的核心任务是按照五伦的要求，明了人与人之间的社会关系，宣扬孝悌忠信的儒家理念，强化家族内部的上下尊卑秩

---

[1] 王泽应. 以优良家风弘扬社会主义核心价值观 [N]. 湖南日报，2015-05-27（2）.

序，明确个体对家庭、祖宗、后人、国家的责任。"庭训"[1]是日常训诫的典型，是家庭德育生活化的重要体现。

(一) 坚持严慈相济的原则

家庭德育是以血缘关系为依托，从出发点看是利己的，因此，在德育过程中必然包含丰富的情感色彩。"子不教，父之过"，家长的压力也非常大。《颜氏家训》中说"父母威严而有慈，则子女畏慎而生孝矣"，父母在训诫中必须严慈并重，方可引导子女知非改过、成功立业，形成良好的自律意识。

我们需要思考一个问题，《颜氏家训》以及众多家训文本中，都有关于对父母的要求，就是在讲一个"怎么做父母"的问题，具体来说，主要讲的是"怎么做父亲"，在儒家经典中时常将"父亲"置于讨论君臣父子的关系中，而"母亲"则往往在讨论其未婚时候要"男女有别"、已婚时候要"夫妇有别"。为什么儒家德育中特别强调父亲的角色地位呢？为什么这种设定和要求会被广为传颂和默认执行呢？

首先，我们要回答，为什么父子（父母和子女）之前的情感那么深。孔子对这个问题的解读是非常直白的，也是现代生物学、社会学比较认同的观点。孔子在回答学生宰我关于"三年之丧"太久了的问题时这样说："子生三年，然后免于父母之怀，夫三年之丧，天下之通丧也。予也有三年之爱于其父母乎？"[2]一个人出生后，三岁以前都是依靠父母亲的养育才得以存活，父母对与子女具有非常大的恩情，那父母去世以后，子女守丧，吃美味不觉得香甜，听音乐不觉得快乐，住在家里不觉得舒服，所以他们情愿去守丧，这样才安心。父母对与子女的三年，是充满期许的，因为孩子不仅是一个生命体的延续，也是自身人格的延续；子女对父母的三年，是报恩也是情感的缠绵。从这个角度看，父子（父母和子女）之间感情深是比较好理解了。

其次，我们要思考，为什么特别强调要父子情深，早期儒家特别强调父子之间的互为义务的关系，叫"父慈子孝"，这种义务观念在集权制度加强的时期反而变成了子臣的单向义务，这个以后再讨论。这里我们要思

---

[1] 出自《论语·季氏》。记载孔子在庭，其子伯鱼趋而过之，孔子教以学《诗》《礼》。意思是说，孔子在家中庭院对路过的伯鱼进行了一些教导，这种融于生活中更多教育，后称为庭训。

[2] 出自《论语·阳货》。

考，早期儒家为何认可父慈子孝，在先后顺序上是父慈然后子孝？这个问题我们要从两个方面来回答。一是为什么多强调父慈而不是母慈，因为从生物学和社会学的分析，母亲比父亲天然具有对子女的慈爱，这与母亲怀胎产子、长期哺育的经历有直接关系，当然也与父权社会父亲对于众多子女的情感不均有一定联系；二是要回到了我们对于"家"的理解，儒家重视家，而家的稳定在私有制和父权制社会，必然要依靠"父亲"的角色来管理。儒家提出父慈子孝的意义重大，这并非或至少不只是一条道德规范，而是一个家庭和村落的构成规范。它的实际效果是，父慈的家庭必然能够教育出更多优秀、健康的子女，父慈也会令他更有权威、更有正当有效地领导孩子，并在这一过程中，向后代更有效地传递生活经验和生产技能，这对于家族的兴旺来说至关重要。父慈通常也会成为待嫁女性或其父母为女儿择偶的基本标准。这样，父慈也可以超越亲子关系，可以拓展出血缘关系，包括各种收养、领养，甚至是捡来的孩子。

理解了关于对父亲的要求，我们再来看一下，在日常训诫中应如何做到严慈相济。

第一，爱而不教，使沦为不肖。家长疼爱子女，应该教育他们成人的道理，家长对子女的溺爱实际上是造成子女败德的主要原因。司马光在《家范》❶中记载"为人母者，不患不慈，患于知爱而不知教也"，《袁氏世范》❷中也说"盖中人之性，遇强则避，遇弱则肆。父严而子知所畏，则不敢为非；父宽则子玩易，而恣其所行矣"。因此，儒家在家庭德育中特别强调，爱子是家长的责任，不溺爱儿女则是家长的挑战。特别是对待

---

❶ 《家范》：北宋司马光所作，成书时间不详。全书绝大部分的内容引用史实，讲述某一历史人物在此方面足以为楷模的言行，所以与其说"范"是规范，不如说是有模范、典范的含义，想要使研读的人，对这些历史上的人事典范，生起景仰的心、进而仿效。全书包括一序十九篇，具体内容有治家、祖、父、母、子、女、孙、伯叔父、侄、兄、弟、姑姊妹、夫、妻、舅甥、舅姑、妇、妾、乳母等。

❷ 《袁氏世范》：南宋袁采所作。《袁氏世范》是中国家训史上与《颜氏家训》相提并论的一部家训著作。据记载，袁采在任乐清县令时，感慨当年子思在百姓中宣传中庸之道的做法，于是撰写《袁氏世范》一书用来践行伦理教育，美化风俗习惯。《四库全书提要》曰："其书于立身处世之道反复详尽，所以砥砺末俗者极为笃挚，明白切要览者易知易从，固不失为《颜氏家训》之亚也。"《袁氏世范》共三卷，分睦亲、处己、治家三篇。《袁氏世范》传世后，很快便成为私塾学校的训蒙课本。历代士大夫都十分推崇该书。

小孩子，如，《颜氏家训》❶中说，小孩子刚生下来是不懂事的，但家长不可以不教他尊卑长幼之礼。如果他和父母顶嘴、殴打兄弟姐妹，做家长的不但不禁止，还逗笑，那么他就会认为这些是没关系的，慢慢成了习性，等他长大了就会出现"父疾其子，子怨其父，残忍悖逆无所不至"的状态。

第二，严而不苛，必教勿伤。对待任何事物不能走向极端，前面讲了爱而不溺，应当多加管教，但是管教也是有度的，不能过分苛责。中国古代的严教都秉承着"人前教子，背地责妻"的原则，不会在众人面前让家人子女接受训斥和责罚，而是私下进行，给予子女充分的尊重，让他们发自内心地对父母家长产生爱戴之情。

第三，适当的纠偏惩戒也是必不可少的。三国时期王脩在《诫子书》❷中说"父欲令子善，唯不能煞身，其余无惜也"，意思是说，除了要了他的性命，什么责罚都可以用。可见，家庭德育中对严教使用的需要是非常大的，父亲对于儿子的教育是非常重视的。但是，儒家德育中的严教不局限于语言和身体上的严厉，重视严父严母形象的塑造，让子女在内心形成敬畏，也是严教的一种方法。

（二）坚持遇事而教的原则

家庭德育因其生活化的场景与内容，在具体德育中必须掌握情理结合、随时教育的方法。这样的要求也得益于父母比子女具有更多的生活经验，内生于对子女具有更高的人生期待，取决于父母与子女有充足的交往时间。

"遇物而诲，择机而教"，是唐太宗李世民在皇族子弟家庭德育中总结出来的经验，意思是说，对子女的教育不一定要利用专门的场所和教材，

---

❶ 《颜氏家训》：南北朝颜之推所作，成书于隋文帝灭陈国以后，隋炀帝即位之前（约公元6世纪末）。《颜氏家训》是中华民族历史上第一部内容丰富、体系宏大的家训，也是一部国学经典著作。颜之推记述了个人经历、思想、学识以告诫子孙，全书共有七卷、二十篇，分别是序致第一、教子第二、兄弟第三、后娶第四、治家第五、风操第六、慕贤第七、勉学第八、文章第九、名实第十、涉务第十一、省事第十二、止足第十三、诫兵第十四、养心第十五、归心第十六、书证第十七、音辞第十八、杂艺第十九、终制第二十。

❷ 《诫子书》：三国时期王脩撰写的一篇文章，载于唐代欧阳询《艺文类聚·卷二十三·人部七》，全文共百余字，表达了父亲在儿子远行后，对于儿子读书学习、修身做人等的指导未能尽善和对时光流逝的感慨。

如学堂和经典，还可以依靠家长自身的德行与经历，在生活中择机而教，以随处遇到的生活实例为对象，对子女讲述其中的人生哲理和政治哲学。如，《帝范》❶中记载了很多李世民教导儿子李治的故事，常常以物喻理。

大家可能要问了，李世民教导的是不是只有李治？从历史的考察中是这样的，自从立李治为太子后，李世民对李治严加管教。贞观二十二年（648年）正月，李世民将自己御笔撰写的《帝范》十二篇赐给太子李治，并告诫他要以古代的圣者贤王为师。李治是李世民的第九子，在他之前已有太子李承乾，李世民晚年也喜欢魏王李泰，但在最后立太子的时候选择了李治，《资治通鉴》记载，李世民的原话是这样的："我若立泰，则是太子之位可经营而得。自今太子失道，藩王窥伺者，皆两弃之，传诸子孙，永为后法。且泰立，则承乾与治皆不全；治立，则承乾与泰皆无恙矣。"可见，李世民选择李治是政治权宜之计，也得益于李治具备治国的潜能。

在《帝范》一书中，可以看到李世民关于日常生活中很多事物的体会与思考。在序言中他这样说道："擢自维城之居，属以少阳之任，未辨君臣之礼节，不知稼穑之艰难。每思此为忧，未尝不废寝忘食。"李世民对李治的担忧是，你自幼生长在深宫，还不懂得君臣之间的礼节，也不知道百姓生活的疾苦，想到这些，就觉得心绪不宁，所以一定要教导李治体察天下百姓、知晓为政之道。在《审官》篇中，李世民用能工巧匠选木头的原理告诫李治如何选人任官，他说："直者以为辕，曲者以为轮；长者以为栋梁，短者以为拱角。无曲直长短，各有所施。"意思是说，如果是直的木头就让它做车辕，弯曲的木头就做车轮，长的就做栋梁，短的就做拱角，不管曲直长短，总能派上用场。在《去谗》篇中，李世民用专门吃禾苗根部的蟊虫比喻朝廷里混入的谄谀奸佞之徒，告诫李治这些小人只会夺取权势图谋财富，根本不把国家利益放在眼里，对他们就要弃绝。除了这样生活化的比喻，李世民还善于引经据典地教导李治，在《赏罚》篇中，他引用了汉高祖对待项羽的部下丁公不忠项羽的故事，告诫李治赏罚必须要明确；在《阅武》篇中，李世民则引周穆王时期的诸侯徐偃王不重视军事准备，只讲仁义道德，而终因武备松弛被文王所灭的故事告诫李治，加强军队和武器建设对于维护国家稳定的重要性。

---

❶ 《帝范》：唐朝李世民自撰，是关于古代帝王之家教导子女如何为君的论政书，全书包括《君体》《建亲》《求贤》《审官》《纳谏》《去谗》《诫盈》《崇俭》《赏罚》《务农》《阅武》《崇文》共十二篇，每一篇的篇幅都很短小，但言辞优美、富有哲理。

历史上也有很多有名的"母亲教子"的故事，如，孟子的母亲"断机教子"❶，北宋欧阳修的母亲"画荻教子"❷，都是遇事而教的典型。由此可见，家庭德育是就事论事、随机说理的教育，这种具体的、亲身的教育方法能够让子女感受真切、铭记久远。

二、以身作则、奉先追远的榜样教育法

榜样教育法是家庭德育中最直接、生动的教育方式，它将施教者优秀的品质和行为内化为受教者的品质和行为，通过心理认同的方式以求达到同样高尚的精神境界和行为习惯。饮水思源，慎终追远，是中国人的传统民族精神。家庭德育注重崇老和敬亲，家中长辈的威严，一方面来自生活经验的丰富；另一方面来自自身品德的高尚。因此，榜样教育法要求家长在家庭德育中注重自身的修养、家风的营造，通过言传与身教的结合来教育子女，润物无声。家庭德育依赖两类榜样：一是家长或施教者本人，强调施教者自己要身体力行，起到表率和带头作用；二是先祖，在一些家训、家规中，通常会记载家庭德育的施教者通过回忆、缅怀先祖的丰功伟绩、道德风范、格言警语等来教诲家人，为子弟和家人提供更加亲切的、具有说服力的修养目标；使德育规范变得生动。

（一）以身作则

在古代家庭的人际关系中，父母是子女最直接、最重要、最长久的联系人。如，《颜氏家训》中说："同言而信，信其所亲；同名而行，行其所服。"同样是正确的道理，人们更愿意相信亲近的人说出来的；同样的行动，人们更愿意遵循自己信服的人而为。家长因血缘与经历形成的天然权威对子女起着潜移默化的教化作用。

---

❶ 出自《列女传》。孟子之少也，既学而归，孟母方绩，问曰："学何所至矣?"孟子曰："自若也。"孟母以刀断其织。孟子惧而问其故。孟母曰："子之废学，若我断斯织也。夫君子学以立名，问则广知，是以居则安宁，动则远害。今而废之，是不免于斯役，而无以离于祸患也。……"孟子惧，旦夕勤学不息，师事子思，遂成天下之名儒。君子谓孟母知为人母之道矣。

❷ 出自《宋史·欧阳修传》。欧阳公四岁而孤，家贫无资。太夫人以荻画地，教以书字。多诵古人篇章。及其稍长，而家无书读，就闾里士人家借而读之，或因而抄录。以至昼夜忘寝食，惟读书是务。自幼所作诗赋文字，下笔已如成人。"家贫，致以荻画地学书。"

家长对子女来说就是一面镜子，子女不仅会模仿家长的行为，也会按照家长的行为反省自身。因此，在家庭德育中家长要严于律己、不断提高自身修养。《郑氏规范》❶里对家长的言行做了明确的规定："为家长者，当以至诚待下，一言不可妄发，一行不可妄为，庶合古人以身教之意。"意思是说，做家长的必须要以诚心对待家人，话不能随便乱说，行为不可随便乱为，要"谨守礼法，以制其下""专以至公无私为本，不得徇偏"。郑氏在明朝曾被朱元璋赐以"江南第一家"美称，因其孝义治家屡受旌表，是名副其实的大宗族。事实上，郑氏历经宋元明三代，这一家族十五代同居生活，三百年不分家，鼎盛时期郑家三千余人同吃一锅饭（同居共爨），郑义门一百七十三人为官，官位最高者位居礼部尚书，却没有一人因贪墨而遭罢官。这些成就要求家族内部的权威与治理必须非常严格。作为家长，在品德、行为，不论公私，都必须有更高的标准。

提到范仲淹，"先天下之忧而忧，后天下之乐而乐"，一个为官清廉、体恤百姓的形象跃然纸上。其实，范仲淹本人在教育子女的问题上也是颇有建树，自从他开始，整个范氏家族开启了长达八百年之久的兴盛时期，对于中国皇权不断更替的封建社会来说，这是一件十分神奇的事情。范仲淹一生治家甚严，亲定《六十一字族规》和《义庄规矩》，并且专门写《诫诸子书》❷教育自家子弟，教导儿孙后代做人要正心修身、积德行善，教导族人要和睦共处、相扶相助。在《诫诸子书》中有段记载："汝守官处小心，不得欺事，与同官和睦多礼，莫纵乡亲来部下兴贩，自家且一向清心做官，莫营私利。当看老叔自来如何，还曾营私否？自家好，家门各为好事，以光祖宗。"品读这段话，范仲淹叮嘱家中子孙在外做官要小心谨慎，不得有欺骗之事，与同僚要和睦多礼。不要放纵乡亲来你的辖区经商营利。自己做官要坚守清廉秉公之心，不要去谋取私利，一家做得好，家族也深受其利。由此，可看出范仲淹在为官与修身上都树立起了榜样的作用，并对子孙讲述了其中的重要性。范仲淹也是首开义庄先河，在家族

---

❶《郑氏规范》：被朱元璋赐以"江南第一家"美称的郑氏家族所作，浦江孝义门郑氏历经宋、元、明三代十五世，同居共食达350年，最多的时候，有3000人。《郑氏规范》中治家、教子、修身、处世的家规族训，以及极具特色的教化实践，对中国古代家族制度的巩固发展，对中国封建社会后期的稳定和儒家伦理、文化的世俗化，都产生了深远的影响。朱元璋看重郑氏家族孝义治家，耕读为本的家规家法，在明代的法律中引入了不少《郑氏规范》的内容。

❷ 三部家训均为北宋范仲淹亲作，后代依其训导整理形成了《范文正公家训百字铭》。

内部创设,在家族范围内进行慈善救助,这种高尚的道德情操在乎日言行举止中,其表现之一就是"乐善好施",而他本人为官清廉,生活极度节俭,甚至当范仲淹的儿子要给他建宅子养老的时候,他也告诫儿子们要有忧国忧民之心,要求将遗产分给士兵。兴建义庄与《义庄规矩》的成文,都使榜样的力量在范氏家族中得到了很好的继承。

(二) 奉先追远

家庭德育因是一种经验教育或崇老教育,长辈、先祖具有在先的经历,并且给予了子孙后代相对基础的生活资料,这是后代崇敬的前提。所以儒家提倡"孝",不仅对在世的家庭长辈,还包括对已逝去的先祖。以血缘亲情敦促德育,这是儒家家庭德育的重要方法。有两种常见的表现形式。

第一,形式祭奠,也可以理解为仪式,即通过特定的场所、人员、流程来履行相应的活动。《礼记·祭统》中说:"祭者,教之本也。"曾子也提到过"慎终追远,民德归厚"的主张,这说明祭奠先祖、缅怀纪念,不忘先祖之德与养育之恩是激励后人趋善避恶、修身向上、为家族争光的重要举措。如何完成形式祭奠,首要的是建立宗祠、祠堂、家庙等。宗祠制度产生于周代,五代以前,宗庙为天子专有,五代以后,民间也普遍兴建宗祠。宋代朱熹提倡建设家族祠堂,认为每个家族建立一个奉祀高、曾、祖、祢四世神主的祠堂四龛,而祠堂也是族权与神权交织的中心,这样有利于更好地维系家族秩序和对祖先的敬仰之情。

在家训族规的考察中,我们发现大的宗族家庭对于祭奠仪式是非常重视的。《郑氏规范》共一百六十八条,开篇即规定立祠堂与敬奉先世神主的内容,第一条中写道"立祠堂一所,以奉先世神主,出入必告。正至朔望必参,俗节必荐时物。四时祭祀,其仪式并遵《文公家礼》。然各用仲月望日行事,事毕更行会拜之礼"。就是说,家中有重大事务必须先到祠堂禀告祖先,每月初一、十五必须到祠堂举行参拜仪式,每逢传统佳节必须敬奉时节新鲜果品。春夏秋冬四时的祭祀要遵守《文公家礼》(朱熹编制),举行祭祀的日子为每个季节中间月份的十五日,即二月十五日、五月十五日、八月十五日、十一月十五日。《郑氏规范》第二条写明除了四时祭奠之外,不得随意违反规定祭祀求福;第三条则对祠堂事务再作强调,"祠堂所以包本,宗子当严洒扫扃钥之事,所有祭器服不许他用",点名次唐山怀念祖先恩德、溯本追源的场所，所有相关事务必须严肃谨慎对待。还有关于子孙进入祠堂必须衣冠齐整、不能嬉笑、聊天、快步走动，家长率众参谒祠堂前后的程序，祭祀费用来源等，都非常鲜活地记录了郑氏作为大的宗族家族在带领族人祭祀先祖这件事上的具体工作。

第二，内容祭奠，就是讲明祭祀的意义、孝敬的意义，将先祖的德行功绩或教诲指导写入家训、家规等典籍中，供祭祀活动时交流，供日常起居时子女阅读学习。

在历代家规家训中，都有非常鲜活的关于祭祀先祖的教义与规范。再看《郑氏规范》，第四条开门见山写道"祭祀务必在孝经，以尽报本之诚"，第七条"宗子上奉祖考，下壹宗族。家长当竭力教养，若其不肖，当遵横渠张子之说，择次贤者易之"。这就要求家长在家庭教养中，对将来继承家业的宗子进行深刻的孝敬教育，如果不成气候就另择贤者。唐代《柳氏叙训》❶中记载了柳玭对先公柳仲郢生前日常的描述，"先公以礼律身，居家无事，亦端坐拱手。出内斋，未尝不束带。三为大镇，厩无良马，衣不熏香。公退必读书，手不释卷。家法在官不奏祥瑞，不度僧道，不贷赃"，塑造了一个严于律己、宽以待人的形象。唐代的元稹在《诲侄等书》❷中也记载了叔侄的父亲们的道德往事，"以下士之禄持窘绝之家，其间半是乞丐羁游以相给足"，元稹还回忆自己读书时的志向，以此来教育侄子们保持优良的家风，不要辜负先人期望。

形式祭奠与内容祭奠在本质上是一致的，形式承载内容，内容部分表现为形式，这也是儒家德育中以"礼"的方式的重要体现，也是我们常讨论的"仪式"教育，仪式最初的含义就是典礼的秩序与形式，对这些活动的铭记与行为化，不仅在家庭德育中，在其他德育中也有特别实际的效果。

---

❶《柳氏叙训》：唐代柳玭所作，他是唐代柳公绰孙子，柳公权侄孙，官拜御史大夫。在《直隶泸州志》关于柳玭的记载中，第一句话就是"唐柳大夫玭清廉耿介，不以利回家世，得书法盖公权少师之遗妙也……"可见，柳玭在修身为官上有非常优秀的品质。

❷《诲侄等书》：唐代元稹所作，是为教导侄子元伦和元郑而写的。在内容上包括两个方面，一是记录元氏家族的历史，特别是父亲早年生活的艰辛，教导子孙遵从遗训、勤勉上进；二是用自己的亲身经历教导子侄矢志勤学、扬名后代。

三、谕教宜早、督学立本的循序渐进法

循序渐进法是家庭德育早期性、连续性和终身性的直接体现，是指在家庭德育中必须根据子女身心实际发展水平，遵循及早教育、由易到难、实时检查原则的施教方法。人的思想道德认知的形成发展和转化是一个由量变到质变的过程，小农经济的生产方式决定家庭生活覆盖了个体人生中最长的时段，家庭德育也必然经历个体从出生到成人的整个过程，可以有目的、有意识的对个体人生志向与道德品行进行引导。如，西汉太史令司马，谈想让儿子司马迁继承志向写本史书，就从小引导儿子学习古文、历史，令其出游四方，搜集资料，在临终时候对司马迁说：家中的祖先是周朝的太史，我也是太史，很想写部史书，可是没有做成，这是我一生的遗憾，你要是能当上太史，不要忘了父亲想写史书的事情。后来司马迁当上太史，凭借自身的史学基础最终写出《史记》。可见，循序渐进法，不仅是要体察子女认知发展的不同阶段，还是家长有意识地引导子女立志成才的重要手段。

（一）要求谕教宜早，重视德育的及时性

儒家主流认为人性本善、人性皆善，即便有不善的行为也可以通过后天的学习和观察而维持向善的趋势。子女在幼小的时候，接受力是最强的，家庭德育非常重视对子女的教育。

第一，重视子女的胎教。家庭德育特别重视子女的早期教育，最早的阶段始于胎教。《大戴礼记》中记载"太任有妊，目不视恶色，耳不听淫声，口不起恶言，故君子谓太任为能胎教者也"，母亲在妊娠阶段的身心愉悦对胎儿发育具有重要作用。待婴儿出生，乳母的选择也很重要，如，北宋司马光在《居家杂仪》[1]中说"凡子始生，若为之求乳母，必择良家妇人稍温谨者"，乳母的品质也会对婴孩产生影响，乳母不良，非惟败乱家法，兼令所饲之子性行亦类之。可见，儒家家庭德育就已经将生命个体

---

[1] 《居家杂仪》：北宋司马光所作。司马光为人温良谦恭、刚正不阿；做事用功刻苦、勤奋。以"日力不足，继之以夜"自诩，所作家范对父子、祖孙、兄弟、叔侄、夫妇各自的品行德性具有要求。

的品德修养作为重点教化内容，在其能够言语之前就已经开始了品质的熏陶教育。

第二，待其能说能言，则开始道德启蒙教育。康熙在《帝王家训·庭训格言》中记载"人之一生，多有习气而成，盖自孩提一至十余岁，此数年间，浑然天理，知识未判，一习学业，择优近朱近墨之分"。袁采在《袁氏世范·教子当在幼》中也说"幼而示之以均一，则长无争财之患；幼而教之以严谨，则长无悖慢之患；幼而有所分别，则长无为恶之患"，正因为幼儿的思想像白纸一样洁白，家长作为第一任老师，必然有先入为主的优势，而且少成若天性，习惯成自然。《颜氏家训·教子》中说，一旦恶习养成再加管教，即使"捶挞至死而无威，忿怒日隆而增怨，逮于成长，终为败德"。因此，家庭德育必须注重对儿童的早期教育，引导形成符合礼义规范的行为习惯与价值判断。

早期教育是个漫长的过程，古人在家训中都非常详细地记载了儿童居家时应该接受的教育。如，《居家杂仪》中规定"子能食，饲之，教以右手。子能言，教之自名及唱喏、万福、安置。稍有知，则教之以恭敬尊长。有不识尊卑长幼者，则严苛禁之"，等到子女六岁开始学习数与方位，七岁学《孝经》《论语》，八岁才能出入门户、即席饮食，九岁男子开始读《春秋》与经史，女子学习《列女传》及《女诫》，十岁男子才能外出读书、寄宿外地。《郑氏规范》中规定，子孙长到五岁了，每月初一、十五就要到祠堂听书讲学，到了忌日奉祭的时候也要前去学习礼仪规范。子孙到了八岁就要开始学习文字、音韵，十二岁就要外出就学，等等。这些都清晰地记录了古人对于教子的辛苦与持续。

（二）要求将学习的志趣同个体的发展相结合

人非生而圣贤，成贤成圣是后天勤学的结果。家庭德育中非常重视子女的启蒙教育及其对学习志趣的培养，主张把学习与修身、立业、济世联系起来。

第一，有条件的家庭集家族之力兴教育。这里的条件主要是经济条件和社会关系条件。在古代，部分家族会在族内宗祠中开办族学性质的私学，为本族子弟教育所用，也允许周围贫穷子弟就读。这类家族所办的学馆，从设置、经营均由家族承担。这些自童蒙就开始进行儒家经典教育，使不少族人借此逐步进入仕途，为家族获取经济利益以及文化上的权益提供了条件,强化了家族力量。如,魏晋时期的家塾、家馆,《北齐史·景穆十二王上》中记载,北魏的宗室多在家设馆,请大学者、博士等来家教子。通常选址在宗族祠堂或家庙中,由族长和家长掌管,选择通晓经书的人为老师,在农闲时候招募子弟入学,学习的内容也是儒家伦理道德和相关的政策法令,起到推行教化的作用。也有文人家庭,通过自行组织教育。据记载,《陆游家训》共二十六则,陆游从四十多岁开始写,直到八十余岁仍在不断增补,写了一百多首教育儿子的诗,以这种形式传递家风。

第二,没有条件的家庭多依靠传诵民间通俗的蒙学读本,如,《三字经》《弟子规》《增广贤文》等,还有诸如下层文人撰写的《太公家教》❶,以训俗家训为目的《袁氏世范》《朱子治家格言》❷ 等文本。

如《太公家教》记录:"得人一牛,还人一马,往而不来,非成礼也。知恩报恩,风流儒雅,有恩不报,非成人也。事君尽忠,事父尽敬。礼问来学,不问往教。"《袁氏世范》记录:"慈父固多败子,子孝而父或不察。盖中人之性,遇强则避,遇弱则肆。父严而子知所畏,则不敢为非;父宽则子玩易,而恣其所行矣。"《朱子治家格言》有如下语段:"祖宗虽远,祭祀不可不诚;子孙虽愚,经书不可不读。居身务期质朴,教子要有义方。勿贪意外之财,勿饮过量之酒。"直击生活细节,生动活泼。

这样的诵读教育一直延续到子女到了规定的年龄进入蒙学。传统蒙学读本在编写上采用韵语体裁或对偶句式,读起来朗朗上口,听起来铿锵悦耳,儿童也易学易唱,短小精炼,合于韵律。如,明代西昌人程登吉作的《幼学琼林》❸,采用对偶句,句式整齐,寓于音乐美感。《兄弟篇》中写道"天下无不是底父母,世间最难得者兄弟。须贻同气之光,无伤手足之

---

❶ 《太公家教》:这是我国最古老的的治家格言,由于语言通俗,甚少被注意收藏,史志书籍也很少记录,直到清代光绪二十五年在敦煌石窟内发现唐人的写本一卷,后被收入影音。《太公家教》共计 580 句 2160 字,全书四言为主,自始至终贯穿了忠孝、仁爱、修身、勤学的思修,特别强调重视教师、尊重老师。

❷ 《朱子治家格言》:清代朱柏庐所作,又名《朱子治家格言》《朱柏庐治家格言》,是以家庭道德为主的启蒙教材,全文仅 524 字,精辟地阐明了修身治家之道,是一篇家教名著。

❸ 《幼学琼林》:明末程登吉所作,本书最早名为《幼学须知》,因书中对许多的成语出处做了介绍,又称《成语考》《故事寻源》,是中国古代启蒙的儿童读物,全书共四卷三十一篇,包括:天文、地舆、岁时、朝廷、文臣、武职、祖孙父子、兄弟、夫妇、叔侄、师生、朋友宾主、婚姻、妇女、外戚、老幼寿诞、身体、衣服、人事、饮食、宫室、器用、珍宝、贫富、疾病死丧、文事、科第、制作、技艺、讼狱、释道鬼神。

雅";《妇女篇》中写道"男子禀乾之刚,女子配坤之顺。贤后称女中尧舜,烈女称女中丈夫";《人事篇》写道"明珠投暗,大屈才能;入室操戈,自相鱼肉。求教于愚人,是问道于盲;枉道以干主,是衒玉求售"。这些对偶句式朗朗上口,特别适合诵读与记忆。蒙学读物有些还配以图画,以历史故事、民间谚语、典型人物等为内容,贴近生活、浅显易懂、具体形象,充分考虑了儿童的心理特点和认知能力。

四、建庙题楹、择友择邻的环境濡染法

环境濡染法是家庭德育中最具体验性的方法,它将个体"所视之物"与"所交之人"都通过家长的选择布置起来,形成个体德育的外部环境,通过非言语的表达形式,影响子女在修身立业的志向与个体行为上的抉择。环境能够感染人、改造人。这一点在其他的教育方法中多有渗透,是德育中非常典型的方法。环境濡染方法包括物质环境和人文环境两类,就是家庭内部"可视之物"与家庭外部"可交之人"两类环境。

(一)需要加强家庭内部"可视之处"的建设

家庭德育非常重视直观、形象的教育,特别是在子女年幼、认知能力不足的情况,家长在家庭德育中通过建设具体、直观、物态化的环境,将儒家德育内容渗透到个体的思想和行为中。

这样的可视之物有很多,如,家中祠堂、家庙的建设,它们既是祭祖、祭天的场所,也是家中子女读书的场所,还是家中聚会、重大礼仪开展的场所。古代的祠堂基本都有堂号,传达的是家姓、家族起源、家族典故、伦理道德或祖宗名号等,如,"太原堂""三让堂""敦厚堂",如,白居易居香山而得名的"香山堂"等。堂号以金字匾的形式高挂于祠堂正厅,在其左右摆设有家族渊源、历代族人的荣耀与功绩、家中妇女贞洁等匾额,形成严肃、恭敬的氛围,让家中子女产生高山仰止的情感。

再比如,楹联、屏风、家中字画、碑石等的内容设计与选择,都是家长有意识地引导子女观看、阅读的内容。《中国教化楹联精选》[1]中收录了上千条古代楹联,无不渗透着古人治国、治家、修身的思想。如,四川眉

---

[1] 裴国昌:中国教化楹联精选[M].南京:南京师范大学出版社,2015.

山三苏祠联"一门父子三词客,千古文章八大家",浙江杭州西湖岳飞墓联"青山有幸埋忠骨,白铁无辜铸佞臣"等。

(二)需要重视家庭外部"可交之人"的选择

好的邻居和朋友对于个人发展的影响至关重要,古代家庭德育中有很多关于择友、择邻的典故,如,"孟母三迁""芝兰之室""百金买屋、千金买邻"等。孔子说"里仁为美"❶,讲求的就是人的居住环境周围如果都是仁人君子就太美好了。

《颜氏家训》中说:"人在年少,神情未定,所与款狎,熏渍陶染",所以就会造成别人的一言一行,自己虽然无心去学,却也潜移默化地会了,"近朱者赤,近墨者黑"。但是家长又不可能将子女困在家中,只能指导他们谨慎选择。清代张廷玉在《澄怀园语》中更是将择友作为人生第一事,提出"保家莫如择友"的论断。可贵的是,古代家庭德育中虽然指出择友应该选择善良、敦厚、有德行的人,但是对于不善之人也并没有全部赶走,如,《袁氏世范》中就记载了"故善人者,不善人之师;不善人者,善人之资"❷,意思是说善人可以作为恶人们的老师,不善人可以作为善人的借鉴。孔子也曾指出"择其善者而从之,其不善者而改之"❸,都强调了在择友过程中善于看到别人的善行与恶行,从而规范自己,而不至于在自我修养中迷失。

但是,对于很多限于财力、权力,或时间、精力而没能够选择好的邻居的家庭,家长又想要家中子女受到好的熏陶,于是就将子女送到好的环境中去生活。如朱熹,身为官宦之家依然有此问题,他在《与长子受之》中说家里的环境不好,"今遣汝者,恐汝在家汩于俗务,不得专意;又父子之间,不欲昼夜督责;及无朋友闻见;故令汝一行"。这些都表明,良好的人文环境对个体道德修养的重要性。

五、因家制宜、量资予取的因材施教法

因材施教法是家庭德育丰富性的重要体现。以往因材施教方法的研究

---

❶ 出自《论语·里仁》。
❷ 出自《老子·道经·第二十七章》。
❸ 出自《论语·述而》。

多集中于儒家学校教育,讲求老师对学生的教育要因人而异、各因其材。事实上,在古代家庭德育中也非常重视德育的个性化。家长是子女的第一任老师,必然也要根据各自不同的家庭环境和背景,子女不同的资质、人生志向,给予有针对性、具体化的教育。

(一) 讲求因家制宜

家庭德育是儒家德育的重要路径,上至帝王将相、下至普通百姓,不管是名门望族、文人墨客,还是农民、商人、手工业者,都有关于道德礼仪、科举教育、知识技能、女性教育等多方面的德育内容,营造了浓厚的家庭德育氛围。这里简单罗列一些典型的家庭德育的内容与价值取向。

第一,帝王家庭。帝王家训曾经是中国历代皇族童蒙时期的必修课,它不但可以励志、劝勤、勉学、诲戒、明德,而且可以启迪童蒙,矫正孩子们的人生方向。宋太宗对皇子非常重视,时常告诫他们加强修养、掌握治国之道,他在《诫皇属》❶中写道:"即位以来,十三年矣,朕持俭素,外绝游田之乐,内鄙声色之娱,真实之言,固无虚饰。汝等生于富贵,长自深宫,民庶艰难、人之善恶,必是未晓。略说其本,岂尽予怀!夫帝子亲王,先须克己励精,听卑纳诲。每著一衣,则悯蚕妇;每餐一食,则念耕夫。至于听断之间,勿先恣其喜怒。朕每亲临庶政,岂敢惮于焦劳,礼接群臣,无非求于启沃。汝等勿鄙人短,勿恃己长,乃可永守富贵,以保终吉。先贤有言曰:'逆吾者是吾师,顺吾者是吾贼',不可不察也。"宋太宗以自己勤勉政事为例,告诫"生于富贵,长自深宫"的皇属克制自己,珍惜财物,不可奢侈,每穿一件衣服、吃一顿饭,都不要忘记蚕妇农夫的辛勤。在听闻决断的时候,不要先入为主,任凭自己的喜怒,要谦虚、善于听取不同意见,不要因为别人有短处就鄙视他们,也不要因为自己有优点就恃才而骄,要把敢于反对你的人当作老师,把逢迎你的人视为贼子。只有这样才能够永久富贵,贞正吉祥。

第二,富贵、官宦家庭。宋代家颐,饱学之士,对子侄教育非常严苛,在《教子十章》❷中写道:"人家子弟惟可使觌,不可使觌利。富者之教子须是重道,贫者之教子须是守节",意思是说,对于富贵、官宦人家

---

❶《诫皇属》:宋太宗所作,出自《钦定四库全书·宋朝事实·卷三》
❷《教子十章》:宋代家颐所作,全文共10条238字。

的子女可能出现较多的道德问题是骄横跋扈、为富不仁，贪污枉法、贿赂朝野。"子弟之贤不肖系诸人，其贫富贵贱系之天。世人不忧在人忧其在天者，岂非误耶？"因此，需要加强道义方面的教育，做好清正廉洁、勤勉自立等方面的训导。包拯家训十分简洁，家训云："后世子孙仕宦，有犯赃滥者，不得放归本家；亡殁之后，不得葬于大茔之中。不从吾志，非吾子孙。"共三十七字，非常鲜明地表达了对于子孙为官清廉的要求，后代子孙做官的人中，如有犯了贪污财物罪而撤职的人，都不允许放回老家；死了以后，也不允许葬在祖坟里。不顺从我的志愿的，就不是我的子孙后代。

第三，普通百姓家庭。普通百姓家庭中的家训文本主要有两类，一是下层文人所著的百姓家训，如《太公家教》；另一类是以训俗家训为目标而撰写的材料，如《袁氏世范》《朱子治家格言》。这些文本的教育内容涉及生活诸方面，以《朱子治家格言》为例，开篇写到"黎明即起，扫洒庭除，要内外整洁。即昏便息，关锁门户，必亲自检点。一粥一饭，当思来处不易。半丝半缕，恒念物力维艰"，这样具体生活细节的教导，正是普遍意义家庭德育的主要内容。对于家庭贫困人家的子女，担心其因为贫困的问题对他人卑躬屈膝、为虎作伥，还要侧重对自身名节的教育。如，明代温璜在《温氏母训》[①]中说："远邪佞，是富家教子第一义；远耻辱，是贫家教子第一义。至于科第文章，总是二郎自家本身。"除了这样的励志教育，《温氏母训》中还呈现了一个重情义的温氏形象，如"凡亲友急难，切不可闭门坐观""但愿亲戚人人丰足，我只贫自守"，在交友上说"汝与朋友相与，只取其长，勿计其短""如遇刚鲠人，须耐他戾气；遇骏逸之人，须耐他罔气；遇朴厚之人，须耐他滞气；遇倨达之人，须耐他浮气"，可以看出，温氏在教导子女交友上非常开阔是心思。

第四，将门家庭。将门之家会加强子女的爱国主义教育，讲求治军用人。如"岳母刺字""家祭无忘告乃翁""先天下之忧而忧"等，鼓励子女在家中父兄的英雄事迹下，从小培养为君为国的豪迈情感。还有要训诫子孙供职朝廷首先要忠心报国；对上级要敬重有礼、谨言慎行、勤勉尽责；与同僚相处要以诚待人、谦恭平和。《曾国藩家书》中就记录非常多

[①] 《温氏母训》：明末温璜所作，记录母亲陆氏的教诲，包括祖业的守成、家道的维系、女德的训言、子女的教育等。

的关于如何治军用人的主张,"用兵之道,在人不在器""攻杀之要在人而不在兵""带勇之法,用恩莫如用仁,用威莫如用礼","我辈带兵勇,如父兄带子弟一般,无银钱,无保举,尚是小事,切不可使他扰民而坏品行,因嫖赌洋烟而坏身体,个个学好,人人成材"。意思是说,善待士兵比武器本身更重要,要学会如何管理军队、凝聚人心、选才用人。

第五,商贾家庭。商贾家会加强子女的诚信和节俭教育,古代特别是明清商品经济萌芽时期,关于营商启蒙和规约的书目大量出现,如,明末澹漪子所编写的《士商要览》,清代王秉元编写的《生意世事初阶》,吴中孚编写的《商贾便览》等,都传达了经商人应该遵循的基本道德规范,如勤谨、诚实、和谦、通变、俭朴、不忘本等。如,《商贾便览》开篇强调:"习商贾者,其仁、义、礼、智、信,皆当教之焉,则及成自然生财有道矣。苟不教焉,而又纵之其性,必改其心,则不可问矣。虽能生财,断无从道而来,君子不足尚也。"这些士人编写的道德规范,不仅可以成为商贾家庭教育子弟的教材,也可以为普通家庭引导子女经商所用。如,《士商要览》第三卷有《士商十要》篇,讲了十样出外行商的注意事项,凡衣食住行、言谈行止,皆有交代,包括:遵纪守法、防避不测、谨慎小心、少年老成、良善忠厚、勤谨用心、刚柔相济、活动乖巧、笃实至诚、老成君子。《生意世事初阶》是乾隆年间非常畅销的书籍,总结了江南商贾的经营智慧,具体说比如男子志在四方,不应沉迷蝇头小利,要以养家糊口为计;不可以嘴快,多言好辩最令人讨厌;店里有生意时一定要站起来处理,店内经营没有坐着的道理;闲暇时要在柜台内多读书多联系,开卷有益;等等。这些都给我们呈现了非常生动的经商家庭或想要教导子女经商的行为手册。

(二)讲求量资予取

家庭德育也非常尊重子女的个人志趣,能够接受子女在资质上的差异;同时,古代家庭对家中男子、女子的德育内容与方法是不同的。

第一,资质差异。《袁氏世范》中明确指出了人的资质有高下,须平心对待,"若高下相去差近犹可与语;若相远甚,不如勿告,徒费口颊舌尔"。这在家庭德育中是非常开明的态度了。如,唐代诗人杜甫就针对自己两个儿子施加不同的教育。长子宗文资质平庸,所以不在学业上有所苛求,只要身体健康就行。次子宗武,天资聪颖,教以诗文,传授诗艺。同样地，古代家庭注重子承父志、父没三年无改其道，但也有很多案例，父母尊重子女的个人志趣，如，祖冲之弃读《论语》专心天文。

第二，男女差异。这是古代德育中非常普遍的问题，也是儒家文化的一种体现。如，《居家杂仪》中就记载了司马光在教育子女中的区别，六岁开始教给子女数数和方位名称，男孩开始学习写字，女孩开始学习简单的女红。七岁的时候男女不能坐在一个席子上、不在一起吃饭，男孩开始读《孝经》《论语》，女孩也可以读，但不予以过多解释。男孩八岁可以读《尚书》，十岁可以出门求学，女孩不能出中门（古代富贵家庭有大门、中门、闺门之说）。古代的重男轻女倾向，男子可以读书立业，女子是遵守妇道。如，《女诫》❶制定了妇女四种行为标准："贞静清闲，行己有耻：是为妇德；不瞎说霸道，择辞而言，适时而止，是为妇言；穿戴齐整，身不垢辱，是为妇容；专心纺织，不苟言笑，烹调美食，款待嘉宾，是为妇工。"男女教育悬殊。

第四节 儒家家庭德育的自教方法

重视礼义教育，"克己复礼""居仁由义"是儒家自我教育的重要内容。早期儒家主张恢复周礼，目的是维持统治阶级的社会秩序，明确社会等级关系。儒家人性观在这一政治目的的基础上，提出了人性可习、人性善、人性恶等诸多论点，核心观点在于人与动物不同，可以通过后天学习达到或保持善的德性。饮食、男女、钱财都是人的基本需要，但是，要得到这些东西必须有礼义做约束。在家庭德育中，非常重视儒家礼义文化的约束作用，鼓励家庭成员在生活中，通过自我约束与互相监督，来达到自我对德育目标的认可，这就是儒家德育的自我教育方法。

---

❶ 《女诫》：东汉班昭所作，是一篇教导班家女性做人道理的私书，包括卑弱、夫妇、敬慎、妇行、专心、曲从和叔妹七章，论述了女子在"夫家"需要处理好的三大"关系"，即对丈夫的敬顺，对舅姑的曲从和对叔妹的和顺。

一、刻石立铭、对照省思的自我约束法

自我约束法是受教者在对儒家德育内容"知""情"的基础上,依靠"意""行"来实现的自我检查、监督、提升的方法。这里的自我约束同前文施教方法中所提到的建庙题楹不同,前文所说的建庙题楹,是家长通过自己独立一方完成的德育环境的创设,对德育的结果并不确定。自我约束方法是家长在施教后由子女在自我认知中形成的现实反映,是德育施教者和受教者共同作用的结果。

(一)通过阅读、摘抄家中德育文本,进行自我反思

家庭德育的载体是非常丰富的,就像人们喜欢利用竖牌立坊、悬挂匾额、书写条幅,或刻石立铭等方式表彰褒奖、宣扬教化,在家庭德育中也会利用相似的方式,强化德育的效果。为了营造家庭德育的浓厚氛围,增强德育的约束力,家庭德育会将家训、家规、家书等内容制成牌、碑、屏风、匾额、铭文等,或立于庭院,或摆放室内,或悬挂于厅堂,或置于案头,使家人时刻警醒、对照检讨。同时,它们易于保存,可世代相传。这些形式虽然与法条不同,但其约束力同样值得深思。如,清代林纾在《谕儿》中就要求儿子将他信中关于读书做人的训示贴于墙上,说"此书可装潢,悬于书室,用为格言",从而日日省察。欧阳修在《新唐书·房玄龄传》中记载了房玄龄治家的一种方法,就是收集名家家训,并书写于屏风上,待儿子们各取一条,日日照做。王阳明在《书示四侄正思等》中教导侄子把《立志说》抄录一段放在书案上——对照,从而有所启发。

除了刻石立碑,还可以通过每日或定期诵读贤人遗训,手抄家规条例等方式,起到省察的作用。诵读是重要的对照方法,如,《郑氏规范》中规定每天早上,家族所有人洗漱后都要去"有序堂",家中长辈坐在中间,男女分列两侧,然后由未成年的子弟朗诵男训、女训等训诫。这种公开的仪式化诵读,其目的在于让家庭成员时刻谨记家中教诲。通过这种形式,虽然诵读的是未成年子女,但是受教育的却是全体家族成员。

（二）通过具体的工具来实现自我约束

明清时期袁黄的《了凡四训》❶ 中就记载了利用"功过格"来进行自我教育的方法。功过格最初是程朱理学家们用来每天记录自己为善或为恶的言行以自我勉励和反省的表格，后来逐渐推广，成为百姓用来记录行为善恶，并通过相应分数的计算来指导行为的一类善书。具体做法是将功过格的内容分为两列——功格（善行）和过格（恶行），并用加减分来标示。使用功过格的人，每天到了晚上都要对自己的言行进行反思，将行文对照表格中的项目分别记录，做了善行就加分，做了恶事就减分。表格中标注的功与过各五十条格，每一条都有标注应得分或扣分，有一、三、五、十、三十、五十、一百不同的分值。如，不堕胎，不随恶习变化、收养没有依靠的人，埋葬没有人认领的骸骨，救助流民，帮别人辩白冤情等都是"准五十功"的善行，反之即是"准五十过"。表格上只保留分数，不记录具体做了什么，因为原有表格已经记录了认定为善恶的行为。就这样日复一日，每月月底做一次小结，每次的小结整理出来做成一本，留待年终的时候计算。计算的方法很简单，就是功过相抵，直接计算善行多还是恶行多，并将剩余的功或过则自动转入下月或下年，以此为基础对自身修养再作安排。

二、德业相劝、过失相规的家族互助法

家庭德育的一大特色就在于家庭聚会的常规化与仪式化活动。家庭德育除在小家庭范围内家长对子女的教诲与训示，还包括大家庭即家族成员之间的互相监督与互相教育。这实际上是家庭德育走向制度化的表现，古代家族的分布范围相对集中，家规或族规中也多少会有定期集会的方式，对成员的行为进行阶段性总结与检讨。《庞氏家训》❷ 中就规定每月初十、

---

❶《了凡四训》：明代袁了凡所作，是以其亲身经历教诫他的儿子袁天启，认识命运的真相，明辨善恶的标准，改过迁善的故事。全文共四篇，包括立命之学、改过之法、积善之方、谦德之效。

❷《庞氏家训》：明代庞尚鹏所作，他为人生性耿直，《明史》称他"慷慨任事，颇有经济之才""所至搏击豪强，吏民震慑"。全书共十条，包括敦孝悌、睦宗族、力本业、慎交友、和兄弟、训子弟、尚勤俭、戒争讼、朝廷定律例以惩愚顽、禁非为。

二十五两天都要召开家庭会议，家中成员都要参与，并依次汇报半月以来的劳动所得与所思所为。这就是依靠家族成员互相监督和劝诫来实现的德育方法。

（一）家庭集体活动的强制性

家族成员的互助教育将家庭聚会制度化，要求家庭成员主动参与到家族成员的沟通中，在宣讲族训、圣谕以相互规诲的基础上，坦诚地将自己的行为公之于众。许多族规家训中都有宣读族规、通过聚会彰德抑恶，用以互相规劝、教诲的规定。通过家庭聚会的形式进行教育，采用公开化、人性化的方式，有利于个体积极改过自新。

明清时期，一些帝王为了更好地教化百姓，特别是为了在偏远的地区营造教化氛围、维护良好的社会秩序，还会亲自制订"圣谕"，通过地方官员、士绅、家长等群体予以传播，传播的主要路径是宣读。如，明太祖制订的《圣谕六训》，康熙制定的《圣谕十六条》，雍正制定的《圣谕广训》等。这些"圣谕"在教化邻里、亲善族人中具有引领作用，在家族聚会中宣读这些圣谕，有教化族众的功能。如，每年岁暮祭祖以后全族会餐，家长会让年少的孩子朗读家规族训，族中人都要站立听完宣读后按序入座。家中成员如有违反这些规定的，通过众人的批评劝告来帮助其改善。

明代姚舜牧制订的族训《药言》[1]，第十章："由子而孙、而族，皆振振焉，是为一家之祥。语曰：子孙贤，族将大。凡我族人其勉之。"第十二章"凡居家不可无亲友之辅，然正人君子多落落难合，而侧媚小人常倒在人怀，易相亲押。"第二十六章"祖宗积德若干年，然后生我们，叨在衣冠之列。乃或自恃才势，横作妄为，得罪名教，可惜分毫珠玉之积，一朝尽委于粪土中也。"这些论述表明，亲友之间的"互相规诲"与自我教育对于传承家族荣宠的重要意义。

（二）家族成员之间还要互相监督，设置监视掌控行为

家庭生活具有充分的交往，但每个人的生活还有私密性，儒家家庭德

---

[1] 《药言》：明代姚舜牧所作，亦名《姚氏家训》，共三十九章。姚氏重视对日常生活、世俗人情经验的总结，《药言》对中国社会人际交往、理家修身、个人生活原则等方面有一定的指导意义。

育特别注重对个体的道德品行的考察,因此,既有定期举行的家庭会议,也有私下的走访考察,主要是提防子孙故意掩盖自身恶行,错失改过自新的时机。

在一定时期,部分家庭中还设置监视一职,如,《郑氏规范》第十三条记载,"家长总治一家大小之务,凡事令子弟分掌,然须谨守礼法以制其下。其下有事,亦须咨禀而后行,不得私假,不得私与",郑氏家族中要设置"典事"二人、"监事"一人。第二十三条记载:"设典事二人,以助家长行事。必选刚正公明、材堪治家、为众人之表率者为之,并不论长幼、不限年月。凡一家大小之务,无不预焉。每夜须了诸事,方许就寝。违者,家长议罚。"意思是说,设立典事一职由二人担任,以帮助家长处理日常事务。必须挑选刚正公明,能治家、为众人作表率的人才,不论长幼,不限年月。凡一家大小事务,典事都应参加处理,每日晚上必须将一日事料理清楚,方可就寝。违者家长议罚。第二十五条记载:"择端严公明、可以服众者一人,监视诸事。四十以上方可,然必二年一轮。有善公言之,有不善亦公言之。如或知而不言,与言而非实,众告祠堂,鸣鼓声罪,而易置之。"选择为人端正严明、能服众一人,监视家族各类事务。担任监视的人必须年满四十岁,且二年一任。家中有好事及不好事,都由监视在公堂上提出。如知道后不提议,或说得不切实际,家众可告于祠堂,鸣鼓声罪。然后更换并选择新的监视。对家中所有成员,上到长辈家长,下到幼儿孩童,都有监察的责任,将各人的行为记载到劝惩薄中,用以考核家庭成员的道德功过,使家庭成员都时刻提醒自己,保持自身言行符合道德原则。

第五节 儒家家庭德育的评价方法

家庭德育不是一般性的教导过程,包括评价。家庭德育中的评价方法是对家庭中个体行为,是否达到德育的要求进行评价和奖惩的方法。古代家庭是通过血缘宗法关系管理的组织,家庭成员之间"一荣俱荣、一损俱损",家族意识明显,使得家庭成员在对自身的言行是否符合道德要求的问题,渴望有一个明确的评价标准。本研究将家庭德育的方法按照其功能划分了施教、自教与评价方法,这三者是紧密联系的。评价方法是以家庭德育中的自我教育方法为基础,对个体的言行进行最终评价的阶段,有口头表扬、批评和具体实施办法。

一、扬名显祖、褒扬奖励的正评价法

家庭德育的正评价法是对家庭成员符合家庭期望的言行进行表扬与奖励的方法。正评价在德育中实际上相当于对家庭德育内容的再次确认,为家庭成员树立了正确榜样,激励和影响家庭成员提高自身修养。正评价法包括两个方面,评价事项与处理方法。

(一)评价事项,即儒家德育中认可的美德与懿行

第一,读书入仕、建功立业的行为。子女们建功立业,清正廉洁,告慰父母,光大门楣,使后人引以为荣,这是非常值得肯定的。如,《郑氏规范》第八十七条记载"子孙倘有出仕者,当蚤夜切切以报国为务。恍恤下民,实如慈母之保赤子;有申理者,哀矜恳恻,务得其情,毋行苛虐。又不可一毫妄取于民……违者天实临之",出仕为官的子弟务必早晚都要记住如何报答国家,关怀体恤穷困的黎民百姓,对他们应该如慈母爱护自己的儿子一样。对鸣冤求助的百姓要有哀悯恻隐之心,务必访查真情,不要苛刻虐待,否则违者上天会实实在在地将不幸降到他们的头上。

第二,忠孝节烈、安贫受分、扶危济困。如,《余姚江南徐氏宗范》[1]中记载"宗妇不幸少年丧夫,清苦自持,节行凛然,终身无玷者,族长务要会众呈报司府,以闻于朝,旌表其节。或势有不能,亦当征聘名卿硕儒,传于谱,以励奖"。对于丧夫不再嫁、竭尽全力侍奉亲眷的妇女是给予嘉奖的。对于妇女的嘉奖不止于此,宗范中还记载"本宗家介之妇,有能修行内政,辅夫教子,足以仪刑闺阃者,族长会众激扬之"。"家中子侄,或有志趋善,贫不自给,而勉强自守者;或少妇新寡,贫不能存者,族中务要会众量力扶持,以将顺其美。"所以,宗范中对亲友之间的扶危

---

[1] 《余姚江南徐氏宗范》:北宋徐子初所作,是余姚江南徐氏第十一世孙。相较于订立于明初和明中期的家法族规来说,这一宗范的内容更加全面,对违反规范者的惩罚也较为严厉。

济困也是非常赞赏的。清代《孝友堂家训》❶中记载"士大夫教诫子弟,是第一要紧事,子弟不成人,富贵适以益其恶;弟子能自立,贫贱益以固其节,从古圣人君子,多非生而富贵之人,但能安贫守分,便是贤人君子一流人",这就是教导子弟安贫守分,倡导以品格修养为重。

第三,家法族规对男耕女织等诸项生产劳动加以规定,努力耕织的目的是完成国家赋役,对耕织有劳绩者加以奖赏,对懒惰游手好闲者予以惩罚。

(二)奖励方法,包括精神奖励和物质奖励

第一,精神奖励,主要是立传、传谱、嘉奖。在古代德育中,国家对孝子顺孙、节妇贞烈等行为会进行旌表(这一部分在社会德育方法中详述),这样的奖励不仅是个人的成就,也是家族的荣耀。因此,很多家族的族规中会规定对已经被旌表的个人还要进行奖励,以此为榜样引导更多的家庭成员提升自我修养。《袁氏世范·治家》中说"大抵曰贫曰俭,自是美称",意思是说,勤俭本身也是一种赞美,不要因为家里贫穷就感到羞耻。《袁氏世范·睦亲》中记载,家中亲戚中如果有无子女奉养或子女不孝的孤寡妇人,家中其他成员应该收养她,这是值得鼓励和倡导的行为,但是要注意保护自己,以免老人死后其子女指责老人是在自己家中因饥寒受虐而死,或者说老人生前有遗产被自己私吞,导致自己吃了官司。

第二,物质奖励。如,明代休宁范氏《林塘宗规》❷中记载,"凡有孝子顺孙义夫节妇,皆系圣朝作养上司培植所致,大神风化,礼当崇敬。各门尊长查明鸣众,即动支祠银一两备办花红鼓乐,率本宗职官斯文族众登门奖劝",对于有好的品行家中成员,除朝廷奖励外,家中尊长也要在家族或乡里广为宣传这种美好的德行,给予一定的奖励。

二、故违家规、会众诫惩的负评价法

家庭德育的负评价方法主要是对违反家规、族规的个体进行劝诫和惩

---

❶ 《孝友堂家训》:清代孙奇逢所作,是一本家庭教育读物,共一卷,强调家教在端蒙养,以慎所习;读书在明义理,不在取科第;识字在自身体验,实行践履;进业修德在"以文会友,以友辅仁"。思想是非常开明的。

❷ 《林塘宗规》:明代,出自《万历·休宁范氏族谱·普祠·林塘宗规》

罚的方法，它通过公开严肃的家庭聚会方式来完成，能够对家中子弟形成一定的威慑和教育作用。家庭中的惩戒方法是相对封闭的，它之所以能够对家庭成员使用，能够采取这些惩戒措施，其效力来自血缘亲情形成的内部秩序和产生的承嗣关系。从家族的处理办法来看，家法的执行实际上承担了维护家族内部稳定，进而维护和调整了古代社会的稳固秩序。家族中的宗法性、强制性因素，是利用以家罚为核心的家法整合家族秩序、凝聚家族力量的重要依据。家庭德育中保留严肃的处罚方法也是教导子女规范行为、服从社会秩序不可替代的重要支撑。

第一，惩罚的对象和内容。惩罚的对象同奖励的对象正相反，一般是游手好闲、作奸犯科、不孝不悌的人。《余姚江南徐氏宗范》中记载，"其懒惰废农惰业、斗狠犯法、结交匪人者，众共治之"。家法族规中还有很多关于祭祀的礼仪规定，祠堂维护的规定，族学纪律的规定等，对维护家内、族内秩序有一定作用。《郑氏规范》第十七条记载："子孙倘有私置田业、私积货泉，事迹显然彰著，众得言之家长，家长率众告于祠堂，击鼓声罪而榜于壁。更邀其所与亲朋，告语之。所私即便拘纳公堂。有不服者，告官以不孝论。其有立心无私、积劳于家者，优礼遇之，更于《劝惩簿》上明记其绩，以示于后。"第五十九条记载："子孙以理财为务者，若沉迷酒色、妄肆费用以致亏陷，家长覆实罪之，与私置私积者同。"第一百零六条记载："卑幼不得抵抗尊长，一日之长皆是。其有出言不逊、制行悖戾者，姑诲之。诲之不悛者，则重笞之。"在《郑氏规范》中有一条具有先进性的观点，第一百六十三条指出："世人生女，往往多致淹没。纵曰女子难嫁，荆钗布裙有何不可？诸妇违者议罚。"这是对重男轻女思想的抑止，对溺女婴行为也要惩罚。

第二，惩罚的方法。古代家庭是崇尚无讼的，禁止家族成员之间打官司，因为任何一方打官司不论胜负，都有损家族声誉。所以家中如有争端，要先禀告家中族长、家族，在宗祠中辩论是非，责命理屈一方改过自新，或家法处置。但是，若不服判决，会扭送官府，情节严重的会开除宗籍。《余姚江南徐氏宗范》中记载"讼犹兵也，不得已而应之。今刁风日炽、奸告日繁，人多尚气兴词，求以雪耻。而不知辩对之时，受其罗织诉詈之言；跪伏之下，自为卑污苟贱之态。……若果迫于不得已，方许与人奸告；讼后负枉，然后合族出而助之。其或事可含忍，亦须受之"。论述了诉讼对于家庭的影响，与其受各种诬告、辩论之累，不如容忍在家族内

第二章 治国先齐家：家庭德育方法的实效分析

部解决，如果实在不得已了，还是要合族之力共同诉讼的。

其一，家庭内部处罚，有比较系统的处罚规则、场所、职事。如，《郑氏规范》第八十八条记载"子孙出仕，有以赃墨闻者，生则于《谱图》上削去其名，死则不许入祠堂。如被诬指者则不拘此"，子孙在出任官员期间，有因为贪污受贿而臭名远扬让公堂知晓者，生前则在《谱图》上削去其名字，死后则不许入祠堂。如被诬告冤枉者，则不拘于此。唐代的《柳氏家规》是我国古代最早的一部比较系统完整的家法。它不仅规定了家庭中秩序维护的原则和家庭成员的行为规范，还规定要对劝教不听者使用刑罚。《江州陈氏义门家法》❶ 中还专门设立了实施惩罚的场所"刑杖厅"，设置"库司"一职专门执行家法。古代家庭处罚都是公开进行，如，《庞氏家训》中记载，凡是子孙违反家训的，就集合众人将他抓到祖宗祠堂里，让他对着祖宗陈说自己的所作所为；《郑氏规范》记载说，如果子孙私自置办田产，囤积居奇，一旦被发现，就要"家长率众告于祠堂，击鼓声罪而榜于比，更邀其所与亲朋告语之"。

除了抓到祠堂公开供述外，在古代，大多数家法族规中虽有对家庭成员的惩罚，但实质性的惩罚方式还比较少。最常见的就是族谱中除名、不准入祠及答责等数种。如，《家范》中记载"后世子孙仕官，有犯赃者，不得放归本家，死不得葬大茔中。不从吾志，非吾子孙也"，贪赃枉法的子孙不得葬入家族墓穴中。从明代开始，有些家法族规就已将"处死"列为惩罚之列并作出详细说明。诸如明确地规定了对于淫乱妇女要逼令自尽，个别家法族规对不肖子弟的惩罚已十分严厉。由此，诸如劝骂、体罚、罚金、除名、送官、处死等惩罚办法逐渐增多，惩罚力度逐渐增加，家庭在处罚中的威严也不断提升。因此，家庭德育中，家法族规的威慑力还是非常大的，家长不得隐瞒违反家规者，"亲亲相隐"的后果是家长受到指责，还有可能要求其执行"大义灭亲"。

其二，报官处理。对于家族中罪大恶极、损及家国利益的行为，家长会选择报给官府来处理。如，《袁氏世范·治家》中记载"凡有家产，必有税赋"，家中在收成后要预先截流出赋税的部分，因为如果家中出现变故或官场失意，我们举家回了原籍，但因为赋税没有交上，必然还要负罪

---

❶ 《江州陈氏义门家法》：唐代陈崇所作，是家庭教育读物，详尽规定家族的组织、管理条例和日常生活准则等。男耕女织，"推功任能，惩恶劝善"。

受罚，所以就规定了家中人员要按其缴纳赋税，不认真执行的就报官处理。《魏氏宗谱》有"禁拖欠钱粮"的记载，宗谱中说读书人要以忠孝为本分，忠军忠国必然要懂得体谅国君的难处，所以"即已食毛践土，虽称贷亦当早纳"，如果家中有子孙不这样做的，就报送官府。可见，在家庭德育中，这些关于处罚的规定实际上也是儒家思想所要求君子人格的体现。

这里我们需要简要说一下，儒家思想的亲亲相隐与大义灭亲在家庭惩罚手段中的应用。在一家内的惩罚，可以看出，多是不得相隐，家族成员之间是要互相坦白的，如果是家族内与外的差别，亲亲相隐就有了特定的适用范围。

《论语·子路第十三》："叶公语孔子曰：'吾党有直躬者，其父攘羊，而子证之。'孔子曰：'吾党之直者，异於是，父为子隐，子为父隐，直在其中矣。'"《左传》记载，卫国老臣石碏的儿子石厚，帮助卫庄公的第三子州吁杀兄自立，石碏亲自设计杀死了州吁和石厚。对于石碏的行为，孔子称赞道："石碏，纯臣也。恶州吁而厚与焉。大义灭亲，其是之谓乎！""亲亲相隐"和"大义灭亲"都是为孔子所赞誉的品格，这是因为在儒家所认可的家族内部关系上，父为子隐、子为父隐都是非常符合人情伦理的，是爱在发挥作用。但是一旦这种一方的错误行为上升到污蔑尊长和杀人、谋反等重大问题时，受缘坐制度的限制，大义灭亲就更加适用了。

第三章 教化之本在学校：学校德育方法的实效分析

学校是专门培养人才的地方，中国古代的学校类型是非常多样的，既有蒙学、小学、大学，也有专科学校如医学、阴阳学、武学等，还有官学与私学。儒家德育以学校为主要教育途径，也是依赖于学校教育的专业性、组织性、科学性和政治性。在古代社会，官学是由官方直接运作的以教化为目的的场所，能够直接保障儒家德育的有效性；私学因与选官、科举有所关联，实际上也成为儒家德育的重要场所。如果说家庭在人的教化中起着主体作用，那么学校德育在人的思想教化中则占据主导地位，这一时期思想认识和知识水平的发展是决定人一生的重要阶段。学校德育是儒家德育的主要渠道，这是古代建国教民的必然选择，形成了自己的生态系统。

第一节 学校德育是儒家德育组织化的集中体现

学校教育起源很早，《周礼·地官司徒·保氏》中记载"养国子以道，乃教之六艺"，学校最初的教育目的在于培养"劳心者"，即统治阶级的治理人才。春秋时期，私学的兴起为士阶层的崛起和普通民众接受学校教育提供了重要条件。儒家思想也是依靠学校教育扩大了现实影响力，实现了有效掌控力，培养了大批儒生儒士。汉代董仲舒有言，"故养士之大者，莫大太学；太学者，贤士之所关也，教化之本源也"[1]，可见，就培养君子士人来看，学校特别是太学起到了至关重要的作用，学校是教化的重要途

---

[1] 出自《汉书·董仲舒传》。

径,"立大学以教于国,设庠序以化于邑,渐民以仁,摩民以谊,节民以礼,故其刑罚甚轻而禁不犯者,教化行而习俗美"❶,除了太学,各行政层面学校的设置为教化百姓知礼仪、美习俗发挥了重要作用。学校自设立之初,其目的就在于通过养育贤士以实现天下教化。随着选官制度与科举制度的成熟,学校逐渐成为生员入仕的服务途径,其教化功能进一步得到巩固。除却官学,私学特别是魏晋以后兴起的书院、明清兴起的社学,基本上都具备德育组织化的特点。是学校这一特殊载体承担了组织化的德育,其中富含德育的生态要素。传统社会中的读书人是各朝各代发展建立基业不可或缺的力量,可他们从未形成一个政治团体以至左右皇权、政权,他们虽然大多是经过官学教育甚至是中央的二次培育,但始终是一个"公"力量,而不是谁的"私"力量。我们既要看到学校德育的组织化特征,也要观照读书人在儒家德育实效下的主观能动性。

一、学校德育具有组织化的结构和规范化的运行

学校是"教化之本源"。本源,即根本的意思,学校设立的目的是实现教化。《宋史·胡瑗传》有言"致天下之治者在人才,成天下之才者在教化,教化之本者在学校",这里从治理天下的目的出发,揭示了人才、教化、学校之间的内在联系,即天下要想得到好的治理必须依靠人才,好的人才的培育需要依靠教化,而能够承担教化任务的就是学校。可见,学校自其建立之初就是要进行有组织、有计划的德育,就是要为维系天下秩序稳定培养专门人才的。尽管学校在其发展中有官学、私学的差异,但从其自身的构成与运行来看,组织化和规范化是学校德育的突出特点,具体表现为三个方面。

(一)学校管理的规范化保证了优良的学风和教化的正统

学校作为常设机构,在人员选配、机构管理、场所规划等方面都有详细的规定和特别的设置,保证学校整体的风气与权威。

第一,教学人员的专业化是学校德育的核心。古代从中央官学到地方官学都会根据学校级别和在校生人数,定出相应的教学岗位,任用相应的

---

❶ 出自《汉书·董仲舒传》。

第三章 教化之本在学校：学校德育方法的实效分析

教师人员。例如，汉代就沿用了秦朝官学"三老制"❶"博士制"❷"吏师制"❸等人员形式。私学中聘任的老师也都是具有渊博学识和有教化引导作用的名儒、士绅、乡里孝贤等人员，从师资方面保证了学校教导教化的权威性和社会地位。这里我们可以思考的就是，那些受过儒家德育影响的读书人，即便没有做官、进入官学，也向下流动到了乡村，成为具有文化学识和修养的示范人物，在开设私学与谋划宗族事务中的作用也是不可小觑的，这部分在社会德育中还会再进行讨论。

第二，管理人员的制度层级化是学校德育的保障。在官学中，古代学校会设置专门的学官来管理学校日常事务，如，明代的规制是"府设教授，州设学正，县设教谕，各一。俱设训导，府四，州三，县二"❹，教授、学正、教谕、训导，就是这一时期的学官，他们是掌管、教诲、约束、学生及讲说经义文字的官员；此外还责成巡按御史，布、按二司长官及各府、州、县官监督管理学校一应事务，正统以后专设提学官监督学政。作为中央官学的国子监，在清代主要是通过制定和执行相关学规和传授钦定教科书等方式来完成其对生员的德育任务，还设置了学政一职，主管一省的教育和科举。由此可见，通过制度与设官来保证学校管理的规范化，是官学得以有效延续、发展、壮大的重要力量。当然，在私学与书院

---

❶ 《汉书·百官公卿表上》说："大率十里一亭，亭有长；十亭一乡，乡有三老、有秩、啬夫、游徼。三老掌教化；啬夫职听讼，收赋税；游徼徼循禁贼盗。县大率方百里，其民稠则减，稀则旷，乡、亭亦如之。皆秦制也。"这里所说是"三老"是与乡里中的国家官吏序列中的乡属职官"有秩、啬夫、游徼"排列在一起的，而且，当时的乡里中的分工还很明确，即"三老掌教化；啬夫职听讼，收赋税；游徼徼循禁贼盗"。刘邦规定了选任"乡三老""县三老"的两条标准，一是年纪在50岁以上，二是个人德行能作为民众的表率。三老为民师，左右乡党舆论，对"乡举里选"的察举，征辟往往起到关键作用，同时朝廷的政策法令的颁布和施行，都要请示三老。所以，三老既担任地方教化，又起到监督朝廷的作用。三老实际上是地方乡官，能够担任地方官学和地方教化职能。

❷ 《汉书·董仲舒传》谓立"学校之官"，皆指太学之官，主要指博士。《汉书·百官表》谓："博士，秦官，掌通古今"，是乃承秦旧制，无立学教弟子之制。《后汉书·百官志》则谓博士之职有"掌教弟子"的内容，是乃汉代立太学，设博士教弟子制度的记录。可见，博士在汉后期担任太学教学职务。

❸ "以吏为师"是古代中国政治生活中的重要命题，它不仅是一种政治统治方式，也是一种精神控制形式，或者说，它是古代中国特殊的"政教合一"的重要体现。"以吏为师"在西周以"学在官府"的形式存在，春秋战国时期受到私学的冲击，到秦代，又被重新确定为专制制度的重要内容之一。汉朝初年虽废苛法，但"以吏为师"被继承下来，逐步成为专制政治统治的有机部分。

❹ 出自《明史·选举志》。

中也有非常规范化的管理，虽然不是来自官职的设置，但总体维系了学校的严肃与秩序。

第三，教学场所的固定化是学校德育的基础。固定的场所是能够进行有组织、有计划、有目的的教化基本环节，古代的学校德育都有固定场所，如专修的太学。私学在两汉时期的组织形式可分为"蒙学"和"精舍"两种。蒙学属于启蒙教育，主要包括书馆、学馆、村学，所教授的知识在小学水平；精舍属于提升教育，专攻经学，有专门的经馆。到了唐代以后，书院在历史更迭中的沉浮使其也成为官学的重要替代形式。官学在汉代也有比较成熟的体系，汉代的官学分为中央和地方两种，中央的官学包括具有大学性质的太学和一些特殊性质的学校，如，"鸿都门学"，它是设置在皇宫鸿都门内的宫学，是供皇室宗亲子弟和外戚子弟学习的场所，主要研习文学艺术。地方上兴办的官学也有两种：一是大学性质的"郡国学"；二是小学性质的校、庠、序等。《孟子·滕文公上》："夏曰校，殷曰序，周曰庠。"古代的地方学校还是比较丰富的，教学场所相对稳定，给读书人、教书人都提供了安然的环境与氛围，既保证了教学活动的顺利进行，也为移风易俗、推行教化提供了场所。

第四，管理制度的规范化是学校德育的重要依据。古代的学规是书院和学校制定的教学管理规章制度，主要是对学生成长学习的基本要求，包含禁令惩罚的手段、道德劝谕和读书指导内容。学规在中国古代德育中不仅是管理制度，也是劝学、教化的工具。如，岳麓书院学规，就是在节律与内容上都令人倍感亲切的教化材料，它记载："时常省问父母；朔望恭谒圣贤；气习各矫偏处；举止整齐严肃；服食宜从俭素；外事毫不可干；行坐必依齿序；痛戒讦短毁长；损友必须拒绝；不可闲谈废时；日讲经书三起；日看纲目数页；通晓时务物理；参读古文诗赋；读书必须过笔；会课按时蚤完；夜读仍戒晏起；疑误定要力争。"这既是对学生日常学习生活的规定，也为教学内容、教化评价、教学管理提供了依据。

（二）教学内容固定化与教材编修的系统化，保证了学校德育所培养的人才在知识与品行上的完善

进入官方意识形态的儒家思想成为学校德育内容的主体，关于儒家言论的记述、批注与经典文本，自然成为教学内容，并通过各朝修缮成为当时的教化教材。

第一，儒家学校德育的教学内容以儒家经典为主要内容。学校德育重

视礼乐教化的结合,"礼乐射御书术"❶ 是早期儒家要求学生掌握的六项技能。春秋时期孔子开私学也授六艺,但此六艺即儒学六经,谓《易》《书》《诗》《礼》《乐》《春秋》。后世在儒家经典教育上也基本沿用这些内容,特别是汉代以来,《论语》都是历代中央官学中士子们研习的对象,是他们参加考试的必考经典之一。这就使得儒家思想在中国教育史上产生了重大影响,其思想内容、思维方式与价值取向,也在中华民族心理素质的形成过程中打上了深深的烙印。尊崇儒学成为知识分子追求的热门,无论官学私学,均是如此,这自然也是功名利禄之势使然。

第二,学校德育教材的编写与修订是儒家德育与时俱进的体现。儒家经典一方面作为学校德育的主要教材,另一方面也经历了后世不断注疏的过程,呈现出与时俱进的理论品格。唐代孔颖达编订《五经正义》❷,宋代朱熹编订《四书集注》等,都是对儒家经典的注疏与整理。蒙学教育中也编写了很多经典的儿童教材,不仅有识字,还有培养儿童伦理道德规范的诗歌和经文,如《千家诗》《神童诗》《训蒙诗》《童蒙训》《小儿语》《性理字训》等;女子教育中的《女诫》《女儿经》等也在维护封建伦理纲常方面发挥了重要作用。在古代,教育与德育具有高度的融合性。

(三)教学流程的循序渐进,保证了儒家德育的科学性和完整性

不仅在家庭德育中注重循序渐进,在学校教育中也是如此,根据年龄安排不同难度的教学内容,保证教学的效果。

第一,教学程序上循序渐进,对于不同年龄的不同教育内容都有明确

---

❶ 参见《周礼·地官司徒·保氏》。"养国子以道,乃教之六艺:一曰五礼,二曰六乐,三曰五射,四曰五御,五曰六书,六曰九数。"从教学内容上看,"礼",类似于今天的德育教育,包括各种礼节和政治、历史等相关知识;"乐",指音乐、诗歌和舞蹈教育;"射",指射箭的技术;"御",指以驾驶兵车为主的军事技术;"书",指书写、识字和写作;"数",指术数,即阴阳五行生克制化的运动规律。从中我们可以看出,古人不仅要学习文化知识,还要学习很多实用知识,如,练习行军打仗的技巧,随时准备报效国家。

❷ 《五经正义》:唐代孔颖达等奉敕编写的五经义疏著作,成书于唐高宗时期,完成了五经内容上的统一,并在科举考试中作为严格的教科书使用。据皮锡瑞《经学历史·经学统一时代》说:"由唐至宋,明经取士,皆遵此本。""五经"指的是《诗》(《诗经》)、《书》(《尚书》《书经》)、《礼》(《礼记》)、《易》(《周易》)、《春秋》。汉武帝时,朝廷正式将这五部书宣布为经典,故称"五经"。

的规定。不仅官方的《学记》❶ 中有记载，王充在《论衡·自纪》中也说自己八岁就到学馆读书了，那时候学馆里有上百个书童，大家做错了事、不好好练字就会挨打。每天读书有所进益，又不犯错误的话，就可以读《论语》《尚书》了。王充记载的书馆就是当时的蒙学，蒙学除了教子弟识读认字之外，还包含很多教化内容，如劝导他人尽孝、劝学、劝善、遵守律法等。如，明代学者郑纪在自著文集《东园文集·漳州府社学纪》中也记载了学校德育的内容与程序，他说一般子女长到八岁的时候就开始上小学，这是在乡里进行的教育，所学所知都是日用进退、洒扫应对之类的礼节，还有射御书数等收敛品行的活动；十五岁的时候就读大学，这是王官之业，意思是说大学所学是修齐治平的道理，可以进行思辨、参透天地万物的知识，可以用来做官的。可见，学校德育需要遵循不同年龄在认知上的差异，展开阶段性教育。

第二，学校德育有完整的教、学、考、评的流程和明确的量化标准。学校德育在整体教学设计中，通过老师的施教、学生的自学、定期考核、日常考核、毕业考核等方式，将德育内容牢固地浸透在学生的头脑中，也是尊重学生学习规律的一种体现。汉代的太学就非常注重考评，最开始是安排一年一考，通过考评的学生就委以官职，到了东汉的时候改为两年一考，在出题、录取、授官上都有更加明确的要求，不仅督促了学生学习，也为选拔贤才提供了重要的路径。这一部分的内容在学校德育的评价方法中会有详细的论述。

二、学校德育是成风化人的教育

学校是"贤士之所关"。古代学校德育在培养贤士的目的上是非常明确的。《礼记·学记》中说"建国君民，教学为先"，一个国家的建设和民众的教化，首先应该重视教与学。古代学校德育培养出的人才从知识到品行都符合儒家意识形态的需求，因此，尽管不是所有读书人最后都能走上仕途，但其所受的教育与形成的价值观念对家庭、对社会都具有重要的引导与教化作用。王符在《潜夫论·务本》中也论述了学习与治国的关系，

---

❶ 《学记》中对考校的规定，实际上也是对不同阶段学习内容的规定。"一年视离经辨志；三年视敬业乐群；五年视博习亲师；七年视论学取友，谓之小成。九年知类通达，强立而不反，谓之大成。"

指出了不良学风对世人的恶劣影响。他说"凡为治之大体，莫善于抑末而务本，莫不善于离本而饰末。夫为国者以富民为本，以正学为基"❶。点明了学习不仅是个人的事情，还与国家教化息息相关，这也是儒家思想的重要目标。

第一，学校德育以课程的形式传播儒家思想，培育了一批认同儒家政治观、道德观、人生观的人才。如前所述，古代的学校德育，从蒙学到大学，基本上都是以儒家经典为教材，以儒生为教员，在官方建校与民间自觉中实现了儒家思想的下行。特别是汉代以来，尊崇儒学，无论官学私学，都以儒家经典为教学内容，儒学经典成为加强统治、巩固皇权的工具。蒙学教育、女子教育等也在维护封建伦理纲常方面发挥了重要作用。官学的设立，实际上也将教师划分到官员的范围内，其自身的立世之本就在于对儒家思想的认可与掌握。即便在地方学校，诸如宋代的义学、元代的庙学、明清的社学等形式，都是儒家思想教化的重要载体。以义学为例，它最初是由私人集资或民间集资的学校，明清以后成为官府移风易俗的一种手段，义学也被作为宣讲乡约、宣读圣谕、举行乡饮酒礼的场所。与此同时，儒家学校德育在录取人才的时候，其实就已经有了明确的关于学员条件的记载，如，《汉书·儒林传》中就记载了太常招募子弟的规定，年龄要在十八岁以上，样貌端正、仪态严谨。学生具有这样的仪态，并加以品行的修炼，最终更加容易成为百姓效仿、服从的对象。

第二，学校培养的大批儒家人才，成为儒家德育继续下行和改善民风的重要队伍。这一点在第一章中已有论述，即儒家不仅是一种观念的思想力量，而且形成了一种组织力量，那些受过儒家思想熏陶并深度认可的儒生，遍布在国家各个阶层、各个领域中，整体上维护和支持儒家思想和封建社会的等级制度。所以说，儒家德育对人才的重视是儒家德育有效性的重要支撑，从中央到地方各类官学的建立，从实践上保证了儒家人才队伍的充沛性。《明史·选举志》中就记载了明初洪武二年，朱元璋颁诏说"京师虽有太学，而天下学校未兴。宜令郡县皆立学校，延师儒，授生徒，讲论圣道，使人日渐月化，以复先王之旧"，鼓励地方官府兴建学校以施行教化，使儒师、儒生都有更加光明广阔的发展前景。《汉书·循吏传》记载了这样一个故事，西汉初年的景帝时期，出生于今安徽的文翁到成都任蜀郡守，他"见蜀地僻陋，有蛮夷风"，于是决定对其进行改进，节省

---

❶ 出自《潜夫论·务本》。

官府开支支持教育，从郡县中选拔聪敏有才的十余个年轻人，送他们到京师太学中受业于博士，学习律令。待其学成归来便令其担任右职、察举等职务，同时，在蜀地建起学馆招收县以下子弟入学，"由是大化，蜀地学于京师者比齐鲁焉"。特别是明代的王阳明，他本人参透心学以后，明白了圣人教化的重要意义，最喜爱的就是讲学，甚至是将课堂搬到战场，凡所到之处都要抽空进行讲学。由此可见，通过对官员的儒学化教育和对广大年轻学子的儒学教化，使儒家思想深入人心，使儒生责任更加坚定，有利于引导改善地方社会风气，整治地方社会秩序。

第三，学校的学礼学规也是成风化人的重要教育形式和内容。学校本身的教育内容中包括学礼学规。汉代《通典》中记载："汉初，置博士而无弟子，后置弟子五十人，与博士俱共习肆礼仪。"可见，汉武帝兴太学之时就规定，弟子们前往博士官那里学习时，要兼习礼仪，礼仪本身也是学校教育中的重要内容，这种礼仪教育上可追溯至早期的宗教活动，只是随着从天到人的哲学观的变化，学校教育日益淡化了宗教祭奠的色彩，但保留了一些仪式，用以巩固学校教育的神圣性。

在学校教育中，尊师、敬贤、养老虽然在含义上看略有不同，但实质都是一样的。因为那些学识渊博、品德高尚的老者、长者，一般都是贤人，他们被举荐或者考录，成为官员或者人师。所以，在学校教育中，学礼尊师敬贤，自然也包括养老的含义。例如，汉代以来的学校学礼的内容，有学者根据孔子讲学以来的历史经验考据，大致包括束脩之礼、乡饮酒礼、养老之礼、释奠之礼，广义上言，还包括各种学规。

所谓束脩之礼，最早就是指古时候学生捆了十条干肉送给老师，作为老师传道授业的酬礼，后来也包括上下级、亲戚、朋友之间相互馈赠的一种礼物，这种形式到了唐代依然采用，不过礼物的轻重各有不同。《唐六典·国子博士》中记载，唐朝学生初入官学，需要行拜师礼，"其声初入，置束帛一筐、酒一壶、脩一案，号为束脩之礼"。可见，学生呈送的种类已经比最初的含义多了，而且由官方统一规定内容与数量，皇子、国子监学生、州学生、县学生在呈送的内容与数量上也有不同。其实，束脩所得并非老师的主要收入来源，他们本身处于官学中自有其俸禄，束脩只不过是一些补贴，它的意义更在于建立师生之间的情谊。所谓乡饮酒礼，这在社会层面的德育中是广泛使用的，在学校教育中也是重点内容，它原是周朝就流行的宴饮风俗，是为了向国家推举贤才举办的设宴礼，在乡大夫、乡学的活动中运行较多，也是一种尊贤、敬贤，同时在流程设置上敬老尊老的活动。所谓养老之礼,是以尊老敬贤为宗旨,特别适合老者的一种礼仪程序,包括宴饮、游园等。《礼记·王制》中记载了"凡养老"的问题,说到"人君养老有四种:一是养三老、五更;二是子孙为国难死,王养死者父祖;三是养致仕之老;四是引户校年,养庶人之老",我们说的养老之礼,重点就是第四种,它在学校中实行,所以《王制》中说:"五十养与乡,六十养于国,七十养于学,达于诸侯。"这里说的乡、国、学就是乡学、小学、大学。所谓释奠之礼,则是古时候用献酬、牲帛、合乐等方式祭奠孔子的礼仪,后来也包括孟子、孔门七十二贤人,还有仓颉、周敦颐、张载等等。从《礼记》中可以发现,在学校这一场合中举行释奠礼的场合就有六种:一大类是《文王世子》中记载的,"凡始立学者,必释奠于先圣先师",四时皆有释奠,共计五种;二类是《王制》中记载的"师还释奠于学",即天子出征归来。两类共计六种。《隋书·礼仪志》中记载了一段北齐释奠礼的内容,"后齐制,新立学,必释奠礼先圣先师。每岁春秋二仲,常行其礼。每月旦,祭酒领博士已下及国子诸学生已上,太学、四门博士升堂,助教已下、太学诸生阶下,拜孔揖颜。"

可见,学礼的教育意义,简单说就是要见贤思齐。这些礼仪的应用与传承,使学校教育的内容妥善契合了对于天地君亲师的敬重之情,为这些深受儒家思想影响的弟子们进入官场或乡野,都提供了礼仪活动的记忆。

事实上,儒家学校德育所培育的人才,部分进入仕途,部分未进入仕途的、实际上也成为地方乡里具有重要教化影响力的乡绅,其所发挥的教化乡里、整治秩序的功用也不可磨灭,具体内容会在第四章中阐述。

三、学校德育服务于科举入仕

学校是"入仕之渠道"。自古以来,中国士人就热爱思考"学"与"仕"的关系。最初的看法当属《论语》中子夏的一段话:"学而优则仕,仕而优则学。"对这段话的理解有很多,历史上但凡著名的学者或大师大多都是为官者,这样我们理解起来可能更容易一些,对于读书人来说,"学"是目的,"仕"能够助推"学",毕竟担任一定的官职,能够拥有较多的学术资源、社会资源、物质财富,对于传播、推广学术思想具有助力功能,正如处于书院繁盛的科举时代的朱熹,就曾这样说过:"居今之世,使孔子复生，亦不免应举。"❶ 可见，书院作为官学的替代、补充，虽然与入仕具有一定的对立性，但也有统一的一面，大部分的书院是不反对弟子入仕的，虽然明初规定"科举必由书院"，书院失去了存在的空间甚至走向衰落，书院被排斥在科举体系之外，但是北宋以来的书院更是儒学研究和传播的基地。毕竟排斥在科举之外、批评科举取士不等于反对科举制度，而且越是著名的书院，他们的历代院长有科举出身的比例就越高，甚至官学化的书院在选聘书院院长的时候就是将科举作为首选条件。

科举制以前，选拔人才的方式主要依靠察举、九品中正制，入仕的名额少，入仕的机会逐渐掌握在少数贵族手中。科举取士以后，入仕的公平性大大增加，科举的吸引力大大提升，"金榜题名"也成为很多士人毕生追求的目标。陆九渊说过，科举制实行了很多年，"名儒钜公皆由此出"❷，现在的读书人也不能幸免，都会经历科举以建功立业。《劝学诗》《神童诗》《增广贤文》等，都记载了读书做官飞黄腾达、光宗耀祖的言论，"家无读书子，官从何处来"❸。即便当时心学不受统治阶级重视，心学传播本身却十分重视科举的作用。朱熹在《朱子语类·力行》中就说过"居今之世，使孔子复生，亦不免应举"，王阳明也说过"吾非以一第为子荣也，顾吾之学，疑信者半，子之京师，可以发明耳"❹，王阳明就鼓励他的学生去参加科举考试，要把科举考试作为宣扬心学的场所，扩大其学术影响。所以，读书做官论逐渐形成，成为科举时代的主导思想，接受良好的学校教育就成了当时士人阶层的普遍诉求。

那是不是说，在科举制之前，学校服务于入仕的机会就比较低，甚至只局限于贵族、大家族、军人等出身呢？事实上也不是的。以汉代选举制度为例，早期的选举是包括无定期选举，如，大灾大难时皇帝下诏地方推举贤良，包括定期的举孝廉。在汉代一百多个郡，每个郡守的职责或者业绩之一就是要能够推举出孝廉，否则就是政绩不佳或者民风不畅。这样地方推举的孝廉作了郎官，一二十年就形成了稳定的群体，基本都是有太学经历的知识分子，举孝廉逐渐也盖过了无定期选举，汉武帝以后，汉代做官的人基本都是读书出身了。按照汉朝的官员制度，这些年轻人先进入太

---

❶ 出自《朱子语类·力行》。
❷ 出自《陆九渊集·白鹿书堂讲义》。
❸ 出自《增广贤文》。
❹ 出自《名儒学案·浙中王门学案二》。

第三章 教化之本在学校：学校德育方法的实效分析

学读书，然后分配到地方服务，等到有了业绩在经过中央考察、考试进入仕途。所以，也就形成了一个崇尚文治的官员制度。经过学校教育是进入仕途的核心渠道或者正规渠道。

科举的职能只是物色人才，并不能直接培养人才。从两汉到唐宋，所有经过推举、考试的人才还都需要经过各项考察，从小官做起，才能担当大任。而到了明清时期更是如此。到了明朝，科举考试分为两个层面，下层是经过县考秀才、乡试的举人，上层是经过会试的进士、再经过中央学府读书满三年得以进入翰林院的进士。下层是没法当大官的，他们或回归乡野，成为明清时期民间儒学与风俗传播的重要人员，这也是当时私学领域发达的重要因素；而上层也没有做小官的，他们从翰林院出来就可以从事学政工作，担任侍郎。总体而言，明清两代始终把培养人才的机构归放在了考试制度里。

因此，学校德育服务于科举入仕，实际上解答了学校与科举入仕的关系。这种服务性主要表现在两个方面：

第一，学校德育所教授的内容与入仕需求基本一致。学校教育从一开始就是为了培养统治阶级需要的人才，前文已经论述过学校教化职能。科举制度出现以后，学校与入仕的关系更为密切。《旧唐书·儒林传序》中记载了唐太宗时期的规定，"学生能通一大经以上，咸得署吏"，即如果能够精通儒家的《礼记》与《春秋左氏传》[1] 就可以授予官职。两宋时期，程朱理学的传播主要依靠书院讲学，这一新儒家思想并没能够进入统治阶级的意识形态。到了明初，为加强中央集权的目的，在思想上极力提升程朱之学的地位，又将其作为科举考试的主要内容，通过官学与书院教育，予以传播并通过制度建设完善科举考试。《明宣宗实录》中记载，学校德育要"先教之以孝悌忠信礼义廉耻，俾存其心、养其性、语言端谨、容止整肃，次教之以四书本经，熟读玩味，讲解精详，俾义理透彻，徐博之一历代史鉴，究知夫古今治乱之迹，又次教之以律令、算法、兵法、射艺与

---

[1] 唐代科举考试设科繁多，不同时期其科目设立也不尽相同，前后总计不下几十种。其中常设的科目有：秀才、进士、明经、明法、明字、明算、一史、三史、开元礼、童子、道举等。明经科又可细分为五经、三经、二经、学究一经、三礼（《周礼》《仪礼》《礼记》）、三传（《春秋左氏传》《春秋公羊传》《春秋穀梁传》）等。在唐代按经书的分量又把经书分作大、中、小三类：《礼记》与《春秋左氏传》被称为大经；《诗》《周礼》《仪礼》被称为中经；《易》《尚书》《春秋公羊传》《春秋穀梁传》被称为小经。

夫农桑水利等事"❶。当然,学校德育也有与科举考试内容不一致的,比如,唐朝以诗赋为主要考试内容,甚至出现明经科目不通过而以诗歌顶替的现象。但是诗赋并不是官学所能教授的内容,很多读书人便去山野中寻觅诗情,也一定程度上导致了唐代官学的衰落。而明朝开始的八股文,也可以看作一种变相的律诗,弊端也是清晰可见。

第二,学校在一定时期拥有儒家入仕的名额,这里的学校既包括中央到地方的官学,也包括书院在内的私学。唐代将官学养士与科举取士结合起来,学校教育与入仕有着密切的关系,唐代举子中的一部分人就来自唐代中央和地方官学。《新唐书·选举志》中记载,"唐制,取士之科,多因隋制,然其大要有三:由学馆者曰生徒,由州县者曰乡贡……其天子自诏者曰制举",就是说,中央和地方官学出来的读书人才能够成为生徒、乡贡,才能够获得参加科举考试的机会。可见,这一时期,学校成为科举取士的重要途径。经历了五代的混战,两宋的统治阶级亟须知识阶层帮其构建统治阶级的思想体系,通过科举制度选举人才自然离不开学校教育的支持。但国力维艰,只能依靠将书院合法化来完成教育,书院在这一时期成为官学的替代机构,完成教育与应试的准备。到了明代,统治阶级加强中央集权,大力建设包括国子监、府州县学和社学为主的官学体系,学校无论从数量、质量、招生规模等方面都超越了前代,基本能够满足士人读书的需求。于是,明朝统治者就将文教政策的重心放在官学上,将书院排挤在科举体系之外并限制书院发展。《明史·选举志》中记载"科举必由学校",官学最终成为士人通过科举入仕的唯一途径。

综上所述,古代学校教育是科举应试的重要途径,但并不是古代入仕的唯一途径,毕竟还有自上而下的征选。但是,不管是官学还是私学,在培养人才、促进士人入仕的事情上都具有不可比拟的优越性。当然,这里我们也不可回避的问题就是,学校作为科举入仕的重要门路,请托舞弊也时有发生。因为推举的主体不是普通的民众,而是被认为是贤良的地方长官,他们具有绝对的推举权。理论上,地方长官是具有真才实学的贤良,但在实际运行中可能出现另外一番景象。而汉代举孝廉就出现因为各种人情关系、舞弊较多,逼得朝廷在举孝廉之后又增加一番考试,这样原本的推举意义就大为下降。因为如此,学校与考试也在全国层面放开了,不同经济文化水平地区的读书人都有了参与读书入仕的机会,使大一统的局面

---

❶ 出自《明宣宗实录·卷四》。

更好地维系下来。因为读书不是容易的事，受限于家庭条件与社会物质水平，这样在读书入仕的风气影响下，书生贵族自然形成，虽然不是特权却也形成了门第之风，到了魏晋时期，门第成了读书入仕与科考的重要基础。

第二节 儒家学校德育的施教方法

学校德育的施教方法，主要围绕儒家经典与记述中对施教原则与具体方法的把握。学校德育的施教主体是具有教师资格或地位的名儒、官员、地方与乡里名望等人群，施教的对象主要集中在学校读书学习的年轻子弟。施教方法是儒家德育在学校层面得以贯彻的主导方法。

一、以儒家经典为教材的灌输法

灌输法是学校德育中最普遍的方法，尽管古代没有这一概念，却事实上保有这一实践活动。灌输法是施教者有目的、有计划地向受教育者传授儒家的政治理想、道德目标与思想观念，帮助受教育者逐步树立科学的世界观、人生观和道德观，提升其自身的思想觉悟和道德素质的教育方法。以儒家经典为教材的灌输法，通过向学生进行正面宣传、讲解儒家的政治观点和道德要求，从外部向个体内部的"注入"，强调受教者的接受能力的方法。灌输法之所以能够成立，一方面在于掌握儒家德育思想的施教主体在数量上的有限性与知识上的权威性；另一方面在于受教者对儒家德育内容的需求与渴求。古代社会读书入仕是个人成才的重要出路，也是光宗耀祖、提升社会等级的重要踏板，认真研读儒学是个体从认知、情感到意志、行为都会遵循的原则，这就间接地推动了灌输法的实行。

第一，原始的儒家经典是学校德育的教材。先秦时期，儒家官学教育要求学生掌握的六艺，并没有指定学校应该具有哪些标准教材。孔子置办编辑"六经"——《诗经》《尚书》《周礼》《乐经》《周易》《春秋》（其中《乐经》已失传，所以通常称"五经"）是先秦儒家最早的统一修订的教材。汉武帝即位后，为了适应大一统的政治局面和加强中央集权统治，实行了罢黜百家、独尊儒术，设五经博士，从此儒学奠定了唯一的地位，五经也超出了一般典籍的地位，成为古代社会的法定经典。汉武帝时还立五经博士❶，下设博士以研读儒家经书。后来研读经书的流派增多，原有的五家研读五经发展为十四家❷。儒学经典教材也随着各朝取士的需求发生变化，如唐代取"九经"❸，五代时蜀主刻"十一经"❹。南宋朱熹将《大学》《中庸》《论语》《孟子》并列，形成了今天人们所熟知的《四书》，并为官方所认可。至此，儒家的"十三经"的位置确定了，统治阶级之所以推崇儒家十三经，因为可以从儒家思想中找到治国的秘诀，儒家经典中对臣民关系、人际道德、风情民俗都有导引和示范作用。

第二，儒家学校教材中还有后人编修注释的儒家经典。特别是学校与科举制度的关系密切后，官修教材以朱熹修订的"四书五经"最为经典。在朱熹以前，二程已经大力地推崇了儒家的四书，其中《大学》被誉为"初学入德之门"的关键典籍，《中庸》为"孔门传授心法"之书。朱熹将四书集合在一起，并作了注释，其中《大学》《中庸》的注释成为"章句"，《论语》《孟子》的注释因为引用他人的说法较多，所以成为"集注"，最终汇成《四书章句集注》。后由于程朱理学地位的上升，从书院传教进入儒家德育的官方视野中，朱熹过世后，朝廷便将他编订注释的《四书章句集注》认定为官书，并将科举考试的出题范围限制在这本书内，明清八股文考试也都以《四书章句集注》为题库。至此，编修儒学成为重要的儒家经典和每个读书人的必读书目。

明代以后，学校教材的编修更加普遍，儒家学校德育的教学内容以儒家经书为主，但这一时期，对儒学的学习已经不是早期对原典的学习，而是学习那些经过朝廷选择后重新整理出版的书籍，以及其他在编撰中增加

---

❶ 五经博士，学官名。博士源于战国，主要职务是掌管图书、通古今以备顾问。汉武帝设五经博士，博士从此成为专门传授儒家经学的学官。汉初，五经中每经只有一家，所以都设一名博士。后五经的研究者增多，到了西汉末年，研究五经的学者增至十四家，所以也就有了五经十四博士。参见：《汉书·儒林传》："瑕丘江公受《穀梁春秋》及《诗》于鲁申公，传至子孙，为博士。"

❷ 《后汉书·儒林列传》记载："于是立五经博士，各以家法教授，《易》有施、孟、梁丘、京氏，《尚书》欧阳、大、小夏侯，《诗》齐、鲁、韩，《礼》大、小戴，《春秋》严、颜，凡十四博士。"这十四家都属于今文经学，其官学地位一直保持到东汉末年。

❸ 所谓"九经"包括《易》《诗》《书》《周礼》《仪礼》《礼记》《春秋三传》。

❹ 所谓"十一经"是在唐九经的基础上，唐文宗开成年间将"九经"之外，加上《论语》《尔雅》《孝经》，五代时期，排除《孝经》《尔雅》，收入《孟子》而成。

的儒学教材。目的是通过掌握与制定教材来引领士人的思想。具体来说，明代以后的官学教材主要包括五个部分，最主要的是理学家注释的儒家经典和被官方钦定的儒家经典，除了原有的《四书章句集注》，还有《性理大全》《五经大全》《四书大全》等，还有朝廷法律文书，如《大明律》《大诰》；道德说教规范，如《教民榜文》；儒家基本礼仪书目，如《大明集礼》；还有知识类书目，如《家礼仪节》《资治通鉴》。❶

二、以引而不发、学则需疑为原则的启发法

启发法在儒家中的运用是非常灵活的，最典型的莫过于孔子提出的"不愤不启、不悱不发"的论断。实际上，儒家或者从中国古代至今延续地对经典的不断研读，其本身也是启发引导方法的一个重要内容，即引导学生依据给定信息自行发散思考。正如《礼记·学记》中指出，"君子既知教之所由兴，又知教之所由废，然后可以为人师也。故君子之教，喻也：道而弗牵，开而弗达。道而弗牵则和，强而弗抑则易，开而弗达则思。和易以思，可谓善喻也"，老师在施教的过程中，必须准确把握自身定位、精准衡量教学互动的关系，既要知道教育成功的因素，也要知道教育失败的因素，老师的作用在于"引导转化"，对学生的要求在于"积极求知"，最终使学生明白道理。启发法需要经历三个阶段：

（一）努力性启发

努力性启发主张激发受教育者的积极主动性，启发学生自己开动脑筋。孔子提出的"愤启悱发"的论断就是典型。"不愤不启，不悱不发"（《论语·述而》），朱熹解释说"愤者，心求通而未得之意；悱者，口欲言而未能之貌。启，谓开其意；发，谓达其辞"。愤，就是个体心中想要获得但未能得到的样子，悱是个体想要表达却缺乏言辞的样子，二者都是个体内心思考体现于外的表现。孔子表明了这样一个态度，就是如果一个人自觉不发愤求知，我是不会开导他的；如果一个人不是到了自己努力钻研而百思不得其解、深感困惑时，我是不会启发他的。这就是《学记》中说的"道而弗牵，强而弗抑，开而弗达"。《周易·蒙》卦辞上说"初筮

---

❶ 刘静. 走向民间生活的明代儒学教化［M］. 上海：上海教育出版社，2014：34-38.

告,以刚中也。再三渎,渎则不告,读蒙也。",意思是对于那些不肯开动脑筋、反复求问的学生,老师是可以拒绝施教的,以此来迫使他们自我反省,达到自觉主动思考的阶段。

(二) 示范性启发

示范性启发主张通过对某一事件或某类事件的描述,引导德育客体在这一经验的基础上自觉推导相似事件。孔子的"举一隅不以三隅反"和孟子"引而不发"是最好的例证。"举一反三",如果给学生讲了一个内容,他却不能以此发散思维、触类旁通的话,老师就不用再教他了。老师的任务是要启发学生触类旁通,就是要他进行思考与发散,不可以轻易地告诉学生事物缘由或者过多地替学生思考,更不能给学生灌输标准答案。"君子引而不发,跃如也。中道而立,能者从之"(《孟子·尽心上》),孟子也是主张通过引导,调动受教育者的积极性和能动性,使他们独立思考。

(三) 存疑性启发

存疑性启发主张德育主体要善于引导客体进行思考,使其不要过度依赖以往经验,培养客体敢于质疑的品质,从而激发自身积极思考的能力。中国古代哲学也非常注重思辨能力的培养,在学校德育中老师对善于质疑、敢于质疑的读书方法格外垂青。宋代朱熹在《学规类编》中就提出,读书在最初的阶段是不知道有疑问的;等到读的渐渐多了,也就开始有了疑问;待到经历这样的阶段,疑问也会随着读书和思考的增多而逐渐解决,最终"以至融会贯通,都无所疑,方始是学"。北宋张载也有这样的论断,他说"在可疑而不疑者不曾学;学则须疑"[1] "于不疑处有疑,方是进矣"[2]。就是说,深入读书,才能提出问题,刻苦钻研,才能逐渐弄清问题,对所学的知识才算理解。质疑是思的结果,儒家历来强调学与思的结合,"学而不思则罔,思而不学则殆"(《论语·为政》)"诵数以贯之,思索以通之"(《荀子·劝学》),都表明了思考、质疑的重要性。

---

[1] 出自《张载集·经学理窟·学大原下》。
[2] 出自《张载集·经学理窟·义理》。

三、以蒙学、小学、大学为程序的渐进法

渐进法是儒家德育施教方法中的一个动态的、持续的方法的总和。所谓渐进，就是主张应该根据学生的认识水平、接受能力与适应性需求，由浅入深，由少到多地逐步进行教育。人的认知的形成发展和转化是一个由量变到质变的过程。王阳明在《陆澄录》中说过，"教人为学，不可执一偏。初学时心猿意马，拴缚不定，其所思虑，多是人欲一边。故且教之静坐，息思虑。久之，俟其心意稍定。只悬空静守，如槁木死灰，亦无用。须教他省察克治，省察克治之功则无时而可间，如去盗贼，须有个扫除廓清之意"❶，意思是说，学生在初学的时候，老师的态度应该是渐进引导，不要急于求成，因为初学之人的本性就是如此，不可能那么快地进入学习状态，不可能天生地就能够领悟更高层次的道理。当然，也需要学生能够将克己的功夫随时用起来，这样才能在双方配合的基础上更好更快地接受新思想。因此，老师可以根据学生对知识的反应程度，适时修正施教的内容、进度与方法。蒙学、小学、大学并不是完全按照入学年龄来划分，区别在于各自的功能与目标。

（一）"学规矩以养性"的蒙学

蒙学德育是启蒙意义的教育，原则在于学规矩以养性，它注重对儿童进行生活仪礼、尊卑长幼的教育，通过浅显易懂的蒙学教材和简单易行的诵读，使儿童在启蒙阶段就能够识字，培育良好的生活习惯。

第一，蒙学的数量众多，起始的年龄不定。家族设立的族学，家中置办的私塾，明清时代的社学等都可以称为蒙学。蒙学对年龄没有严格要求，《大戴礼记·保傅》称，"古者年八岁而出就外舍，学小艺焉，履小节焉"，《尚书大传·略说》则称"古之帝王者，必立大学、小学……十有三年始入小学"，同篇中还有"十五始入小学，见小节，践小义"的记载。有学者认为蒙学就是针对儿童的特殊教育❷，也有学者认为蒙学实际上是幼儿与少年的教育，幼儿从识字开始到十五岁入大学之前，这一阶段都可

---

❶ 出自《王阳明全集·第一卷·语录》。
❷ 徐梓. 蒙学读物的历史透视 [M]. 武汉：湖北教育出版社，1996：2.

以称为蒙学阶段[1]。

第二,蒙学教育的目标是教导子弟阅读通俗教材,如"三百千"《弟子规》等,阅读的目的是引导孩童认字,并能够逐渐培养书写的能力,养成良好的生活习惯。儿童在学习之初可能不识字,但是反复诵读与记忆有利于培育良好的生活习惯,使其在头脑中先行具备这些道德规范和伦理知识,再经由生活实践反复验证,最终得以巩固。

(二)"学其事以修身"的小学

小学德育是立教明伦的教育,原则是学其事以修身,它注重对学生的引导教育,包括读书、立志、明人伦,通过诵读经书让其尽快记忆,为进入大学阶段的穷理进德教育打下基础。

第一,小学主要的学习内容分成三块,诗文、修身与六艺。所谓诗文,就是教导学生朗读诗文,通过熟读声律达到对韵律的把握,掌握诗文的技巧,比如,把《声律启蒙》《笠翁对韵》背得滚瓜烂熟,这样学生就可以学着诗文中的样子,吟诗创作,通过文字抒发自己的感情。修身主要有三条,洒扫、应对、进退,就是学生要整理好自己的衣着外貌,言语对话要有礼貌,行为举止要得当。做好这三个方面,就基本完成了修身最基础环节。所谓六艺,就是学习各种各样的技艺,集技术与锻炼于一体。

第二,小学的教学原则是"学其事",意思是说在小学阶段,没必要对学生讲解很多礼仪规范,只要告诉他要怎么做、怎么读,利用他天赋的记忆力,让他熟记。少年时候的记忆是最好的,这些都是后续读书做官的基础。

(三)"穷理进德"的大学

大学德育是穷理进德的教育,原则是穷理正心,以修己治人,它的主要任务是教导学生能够参悟儒家经史的道理,明了修齐治平的意义,为将来入仕、治理、管理家业等事务打下基础。

第一,大学德育在内容上是要培养将来的统治人才,学的自然是修己治人之道。"大学之道,在明明德,在亲民,在止于至善",明确表达了大学教育中对于儒家社会政治理想训练的需求。

第二,大学德育突出自我教育的重要性,这符合从童蒙到成年逐渐提

---

[1] 陈汉才. 中国古代幼儿教育史 [M]. 广州:广东高等教育出版社,1996:192.

升的心理认知水平和学习能力,如书院的建设,将自我学习放在更加重要位置。

第三,大学德育相对于蒙学、小学来说,教育对象窄化了。蒙学和小学学习的是基本礼仪和实用的文化知识,它面向的是整个社会,是基础教育。大学则适用于天子、贵族、民间优秀分子,所以它本身的设立就是为了能够培育适合统治阶级需要的人才,以帮助统治阶级实现教化职能。

四、以体先贤之道、关心民间疾苦为基础的示范感染法

示范感染法是儒家德育思想权威性的体现,在家庭中重要,在学校德育中也是非常重要和有效的。具体就是,强调老师要以自身为楷模,给学生以示范和启发,通过以行示人、以行教人、以行感人来实现德育教化。和家庭德育中家长因血缘亲情和经历的优先性形成的感染源不同,学校中老师的感染源主要是其自身的知识、能力与修养的体现。《学记》中有这样一段话,"故师也者,所以学为君也,是故择师不可不慎也",意思是说从师学道,就是要通过学习使自己具有君德。模仿是人类的天性,学生在学习环境中,很容易去选择具备高尚人格的老师作为自身的模仿对象,所以选择老师不可不谨慎。因此,示范感染方法直接规定了学校德育中的老师,要通过提升自我修养、以自身行动教化引导广大的学生,使其在老师的影响下树立起对儒家德育理念的认可,并能够自觉认真践行。而儒生的使命,后世也常以"横渠四句"自勉,即要为天地立心、为生民立命、为往圣继绝学,为万世开太平。因此,儒家学校德育中对老师形象的要求有三个方面。

(一)能够体先贤之道,对学生做到传道、授业、解惑

朱熹在白鹿洞书院办学宗旨中说:"学校之设,所以教天下之人为忠为孝也"[1],具体来说,就是要教导民众普遍接受儒家的人伦道德教育,并且真正内化为个体的主体意识。这样的教育离不开儒师的指导。

第一,老师要担负传道解惑的重任。明代学规中说"为师长者,当体

---

[1] 出自《朱子语类·卷一百九·朱子六》。

先贤之道，竭忠教训，以导愚蒙，勤考其课，抚善惩恶，毋致懈惰"❶，做老师的，就必须要体察先贤的思想，竭尽全力教导学生，帮助他们远离蒙昧，多多考察他们的功课，让他们学会惩恶扬善，不要让他们怠惰下去。明清时期对居于书院最高职位且承担主要讲学任务的院长、山长的选拔极为慎重，所用多是品学兼优的学者大儒。他们自身的责任感、使命感与自律品格都为大学教育的示范性提供了有利条件。

第二，老师要在教学中与学生活动，引导学生认识到教学相长的意义。《礼记·学记》中记载了"学学半""教学相长"的思想，《论语·述而》中讲"三人行，必有我师焉"，《论语·季氏》中说"敏而好学，不耻下问，是以谓之文也"。老师与学生在教学中是共同成长的。因此，施教者在教学中除树立灌输知识的高大形象，还要注意在教学中与学生互动，增加思考、拓宽思路；能够在交往中渗透更多鲜活的教学内容。

第三，老师要掌握灵活多样的教学方法。除了前面所论述的一些方法，书院在培育贤才方面也有重要贡献，其中重大贡献是"升堂讲说""学术会讲"的公开讲学方式，也有规范化的会期、仪式和程序的规定。王阳明与门人弟子会讲，规定"每月以朔、望、初八、二十三为期"，定期会讲❷。明朝后期制定了书院会讲制度，规定每年一大会，每月一小会，还订有会约、会规，互相研讨，进行学术交流。这样灵活的教学方式，有利于老师时刻保持学习状态，将传道、授业、解惑的职责融于一身。

（二）思不出位，思想认识要与统治阶级保持一致

这与儒家所要培养的君子人格是相关的。如果说家庭德育中出于利己的心思，可以只要求子孙在自我修养上做到父为子纲、夫为妻纲，那么在学校德育中，培养政治伦理型的儒生则是最明确的目标。儒师自身的思想要与统治阶级的认识一致，要以培养治国平天下的人才为目标。因此，老师要发扬正学，思不出其位，不要传播异端邪说。

第一，保证自身言行的严谨。天地君亲师，儒家对于老师的地位和权威性是给予非常高的肯定，不管是性善论、性恶论，最终都寄期望于学校与老师来给走入迷途的人指点方向。学校老师们的思想、政论、言行，对于"亲其师，信其道"的学说来说，具有绝对的影响力。

---

❶ 出自《漳平县治·学校》。
❷ 出自《东林书院志·会约仪式》（清光绪七年重刊本）。

第二,保证教学内容的严谨。官学教育中的主导内容是儒学和其他官方认可的学习内容,这对于直接培养人才具有至关重要的意义。因此,其他学说学派,即便已然成熟,也无法进入学校教育的范围。例如,程朱理学最初并不是儒家学校教育和科举考试的内容,只能在书院等相对自由的场所传播,不能进入官学传播领域。这里说到的书院,是魏晋以后逐步兴起的、与官学此消彼长的一种学校模式,它倡导也给予各大学说传播的平台。例如,学校要注重祭祀活动对学生思想德行潜移默化的教育功能,通过仪式化的活动为学生树立楷模、进行精神熏陶,服从统治阶级的天命观。

(三)关心民间疾苦,承担化人使命

儒师如果身居学斋,只知道教诲后生而不关心民间疾苦的话,也是不合格的。他们还要有治国平天下的情怀与实践,在具体的日常事务中始终发挥好儒家士人的精神风貌。

第一,老师要体悟民间疾苦。《明史·萧岐传》中就记载了两名教员面对明太祖问询是否知道民间疾苦的时候,两人回答称"臣职在训士,民事无所与",令明太祖大怒,下令将其流放,并榜谕天下学校,以为教训。明太祖举历史上的儒师的例子,说"宋胡瑗为苏湖教授,其教兼经义、治事。汉贾谊、董仲舒皆起田里,敷陈时务。唐马周不得亲见太宗,且教武臣言事",力证儒师应该像传播儒家思想的火炬,不论在讲堂还是生活中,都要善于启蒙与教化。

第二,老师要承担教化与人的责任。王阳明在《牌行灵山县延师设教》中说:"看得理学不明,人心陷溺,是以士习日偷,风教不振。近该本院久驻南宁,该府及附近各学师生来朝夕听讲,已觉渐有奋发之志;但穷乡僻邑,本院既未暇身至其地,则诸生亦何由耳闻其说,合行委官,遍行训告。"❶ 意思是说,本官驻守南宁的时候看风气不振,于是设堂讲学,周围的子弟官员都来听讲,风气有了很大的改善。但是,像这样的穷乡僻壤有很多,我没有时间都去,我期望你们能够将这样的教化活动推广开。可见,受过儒家教育的官员,实际上也是老师,对于偏僻地方学理不明的现象也深感忧虑,非常重视通过讲学来引导百姓开化,想要将自己的知识分享给他们,鼓励其他官员或行至此地的官员,给他们朝夕讲课。实际上

---

❶ 出自《王阳明全集·第二卷·公移三》。

就是在官学之外开辟了自己力所能及的教化空间，也为自己的弟子和后世子弟树立了以道教民的美好形象。

《学记》中记载"师也者所以学为君也"，理想中的儒师是能够拥有广阔胸怀和视野，心怀百姓、关注社会，能够站在统治者的角度考虑如何治理国家、安定社会的人，这是封建社会"君师并举""政教合一"的具体体现。

五、以随人分限、扬长避短为目的的因材施教法

因材施教法是学校个性化德育的体现。在儒家德育中，孔子虽有因材施教的思想和实践，但他本人并没有提出"因材施教"这个概念。"各因其材"是对儒家因材施教方法的最早的规范化界定，是北宋程颐和南宋朱熹对孔子教育视角和特点的概括。❶ 事实上，孔子时代之所以会提出这样的施教方法与原则，是由特定的历史条件决定的。春秋末期诸侯争霸，求贤若渴，对人才的选拔并没有绝对固定的标准，因此，不同年龄、出身、地域、道德水平等的不同人群都成了儒家施教的对象，这也就是后来孔子提出的"有教无类"的思想。限于春秋时期政治经济状况，以孔子为代表的私学的兴起没有也不可能操办大型的教育，他们所特有的小型学习环境，为儒家因材施教提供了可能性。因材施教法最初的意思是根据德育客体的不同性情、志向等因素给予不同的指导，但随着这一理念的发展，因材施教在具体实施上所要考察的特殊因素也不断地扩展，即在教人的时候，特别注重针对不同的人、不同的问题、不同的时机给予不同的引导与解答。儒家的因材施教，从目的上来说，就是随人分限、扬长避短，人尽其用、事尽其解。因材施教所"因"的"材"有两个对象，一是人，一是事。

第一，就人而言，区别很大，如年龄、性格、才智、品行、身份等，这些在儒家学校德育中，需要老师去认真观察和分析。对学生个体的特殊性的分析，是施教的前提。

其一，认识能力与理解能力的差异。王阳明在儿童教育中提出的"随人分限所及"，恰当地表达了儒家对施教对象的爱护与包容。所谓分限，

---

❶ 程颐在《河南程氏遗书》中评价说："孔子教人，各因其材，有以政事入者，有以言语入者，有以德行入者。"朱熹在《四书章句集注·论语集注》中评价："夫子教人，各因其材。"

就是根据儿童的知识水平和限度。他以走路做比喻,婴儿只能扶墙学习站立、移步,幼童可以在庭院中走、跑、跳、登,成人可以出远门旅行千里。对学生的施教要以其自身的理解与接受能力为依据,不可拔苗助长、贪图速成。

其二,儒家德育对人全面考察,扬长避短。如何把握德育客体的不同特性?"视其所以,观其所由,察其所安"(《论语·为政》),即通过检查客体的所作所为,考察他们行为背后的思想动机,审查他的志趣所在等方式,全面把握他的个性特征。孔子很好地分析了学生的特点,他说"有颜回者好学,不迁怒,不贰过"(《论语·雍也》),"由也果""赐也达"(《论语·雍也》);当然还有缺点,如"柴也愚,参也鲁,师也辟"(《论语·先进》)。王阳明说"圣人教人,不是个束缚他通做一般,只如狂者便从狂处成就他,狷者便从狷处成就他"❶,体现了尊重和扶持个性发展的倾向。那么,这种教法的底线在哪里?王阳明以园中竹子做比喻,说这些竹子只要长成后同枝同节就好了,不能要求高低大小完全一致。"汝辈只要去培养良知。良知同,更不妨有异处"❶,因此,只要能够培养出良知,个性的千差万别并不要紧。

其三,教育方式要灵活多样。《论语·雍也》中也区分出"中人以上""中人以下",这实际就坦诚地说明了人的智慧水平和理解能力是有差别的。《孟子·尽心上》中也说:"君子之所以教者五:有如时雨化之者,有成德者,有达财者,有答问者,有私淑艾者。此五者,君子之所以教也。"只有对客体进行分类,才能做到"才尽其用",提高德育的有效性。特别是对待儿童好动的特点,要力求教学的生动活泼和多样化。王阳明说"今教童子,惟当以孝悌忠信礼义廉耻为专务。其栽培涵养之方,则宜诱之歌诗以发其志意,导之习礼以肃其威仪,讽之读书以开其知觉"❶,对待儿童就要通过诗歌、礼仪、读书的方式来进行教化。王阳明按照考德—背诵—习礼—背诵—诗歌的顺序安排儿童学习的日程,通过分组、汇报等形式使儿童的学习动静结合,有助于保持学习兴趣和提高学习效率。

第二,就事而言,儒家也特别注重根据同一事件做不同的解答,或针对同一事件的不同缘由予以解答。有一次孟武伯问孔子,子路、冉有和公西华这三个人是否做到了"仁"时,孔子回答说:"由(子路)也,千乘之国可使治其赋也,不知其仁也""求(冉有)也,千室之邑,百乘之家

---

❶ 出自《王阳明·第一卷·传习录下》。

可使为之宰也，不知其仁也""赤（公西华）也，束带立于朝，可使与宾客言也，不知其仁也"。（《论语·公冶长》）孔子对三个人能否做到"仁"给予了不同回答，子路性格豪爽，善军事，后来在鲁、卫等国带过军队，指挥过重要的战争；冉有做了季氏的"宰"，帮助季氏治理封邑，改革军赋制度，起了重要作用；公西华善于应对辞令，后来"乘肥马，衣轻裘"，代表鲁国出使齐国。这三个人因其个性不同，导致了所面对的社会问题也不一样，所以"仁"的现实性也就会有差别。

徐爱在《传习录序》中就记载了王阳明对因材施教的一个比喻，他说圣人教育他人，就好像医生对病人用药一样，需要根据病人身体虚实、温凉、阴阳、内外之状酌情用药，用药的目的就是治病，没有什么固定的方子，要因人而异。可见，儒家德育对同一事件的不同解读，也是建立在对不同的人、不同的时间、不同的背景分析的基础上。儒家对因材施教方法的大量记载，实现了德育理念与方法的传承。

第三节 儒家学校德育的自教方法

学校德育中的自我教育方法即学习与修养方法，包括老师直接教授的关于如何学习和修养的方法，学生在自我成长中总结和提炼的修养方法。自我教育是儒家德育在学校层面的补充方法，它强调了学校中老师与学生的互动关系和学生在德育中的主动性、积极性与自觉性，侧面反映了儒家的政治观、道德观、价值观在个人思想层面的影响。

一、博学于文、温故知新的学思结合法

学思结合法是学生自我教育的首要方法。学生在学习中的思考，不仅要在老师或他人的指导下进行，还需要自己独立完成。儒家鼓励弟子们充分发挥自己的独立思考能力，不要一味依赖他人来给予启示。《论语·为政》中说"学而不思则罔，思而不学则殆"。儒家讨论学习问题，实际上是讲通过学习如何使人改变以及变成何种人的问题。儒家强调君子德行的后天性，即君子不是天生的，是通过后天学习而成就的。学思是内在统一

的，学是为了给思考提供资料，思考则保证了学习的质量。二者是有区别的，学是对未知事物的认识，思考是对已学知识的巩固和深化。孔子曾说"诗三百，一言以蔽之，思无邪"，这样的论断，也必是孔子经过了无数日夜思考才得出的结论。学思结合，既要学新知新，也要温故知新。

（一）博学于文，学是思的基础

儒家德育在学习的问题上有非常明确的认识，博学是知新、贯通和选择的基础，只有客体在广泛学习的基础上，才能知善知恶，才能够在没有老师指导的情况下，对善恶是非作出正确的选择。

第一，学校德育要求学生广泛学习，不仅学习儒家的经典文本，还要广泛地学习各种知识和技能。孔子说自己从十五岁就开始学习，一直到六七十岁才能够达到高深的境界。"子入太庙，每事问"（《论语·八佾》），就是孔子到处学习和对祭祀仪式看重的例证。这里需要说明儒家德育所要求学的是儒家的礼仪规范、政治理想，是"识大而非识小"。

第二，学校德育鼓励学生广泛地向各位贤达之士学习，提出"见贤思齐焉，见不贤而内自省"（《论语·里仁》）的论断，指出人在学习的过程中，见到有才德的人就要想着与他齐平。

第三，在学习的过程中保持慎言和阙疑的态度，善于选择，善言善行。《论语·为政》说"多闻阙疑，慎言其余，则寡尤。多见阙殆，慎行其余，则寡悔"。《荀子·劝学》言"君子博学而日参省乎己，则知明而行无过矣"。博学特别注重约的功夫，博而不约则不成系统，博学的内容也不能融会贯通，更不会产生新思想。

（二）温故知新，所学所思在我

学习是一个漫长的过程，是在不断地反复、温故中才知新、贯通的。《近思录》记载了程颐的一段话，"知之必好之，好之必求之，求之必得之。古人此个学是终身事"，"懈意一生，便是自暴自弃"。《论语·季氏》中"孔子曰：'君子有九思：视思明，听思聪，色思温，貌思恭，言思忠，事思敬，疑思问，忿思难，见得思义'"。这九思集中于一个"思"字，可见孔子在教导学生到时候特别注重学生自己思考问题，他认为如果学生没有经过自己的"深思熟虑"，即便记住了也没法获得真正的知识，更无法学以致用。儒家重视学生在学习过程中的自我思考、自我启迪，认为在自我成长和阅历逐渐增多的基础上，温习已经学过的旧知识，就能获取更多的新知识。

二、学贵有用、道行天下的践履笃行法

践履笃行法是学校德育效果的显性体现。它主张学生在学习了儒家的道德规范和政治理想后，要能够在自身修养中，将所学所知落实到实际行动中，做到学以致用，形成良好的道德习惯，做到言行一致。德育既是一个认识问题，也是一个实践问题，践履笃行法很好地解释了儒家德育的知行关系问题。

（一）知行一致是儒家看中的品德

孔子、荀子都曾高度赞扬过那些虽不善言辞，却遵循道德原则、身体力行的君子，而耻于那些言过其实、躬之不逮的人。对"巧言令色"之辈，孔子更是严厉指斥其背离仁德。宋代朱熹认为，知必须体现于行，知道了善的道理却没有善的行为，那么这样的认知是无用的，只有经过行为的考验，人们才会真正认识善本身的合理性，只有做到力行，才是"致知"。明代王守仁从"格物"中进一步提出"知行合一"的论点，一定程度上看到了道德修养中知与行应该是统一的哲学问题。明末清初王夫之就特别强调"行"在道德修养中的重要性，他说古人特别推崇"知之非艰，行之惟艰"[1]的道理，认为践行比认知更加艰难。儒家在知行问题上，不论知先还是行先，总体上都主张知行合一的道理，所学所思只有通过实际活动才能展现出来，也只有实践活动才能够检验个体是否将所学融入头脑和心灵。《中庸》将知行关系进一步提炼为"博学之，审问之，慎思之，明辨之，笃行之"，按照知与行的运行过程，呈现出个体在知情意后践行的必然，这是后代儒家为学的基本原则。

（二）"笃行"是为学的关键阶段

"志于学"需要"行于道"才能得到检验和巩固。第一，"行"不是任性的、冲动的，行要有"耻"，有所约束。"耻"产生于人的内省，它是个体在博学的基础上形成的对善恶是非的选择，是一种情感性的道德约束

---

[1] 出自《尚书·说命中》。

第三章 教化之本在学校：学校德育方法的实效分析

力量，有耻是激发个体改过迁善的直接的心理动力。所以儒家认为，那些能够被称为士的人，都是"行己有耻"（《论语·子路》）的人。《论语·述而》也说"志于道，据于德，依于仁，游于艺"，学校德育对个体的培养要求就是能够培养出齐家、治国、平天下的人才，这就要求学生在为学的基础上能够践行儒家德育要求，这既是儒家德育知行合一的要求，也是学生在实践中自我检验的方式。第二，践履笃行贵在积善，"勿以恶小而为之，勿以善小而不为"❶。儒家德育特别重视义利关系的探讨，也非常明确道德要求与人性中自然恶的部分的冲突，所以，学生在自我修养中要形成持之以恒的行为习惯，并非一件易事，君子道德品质的培养是一个日积月累的过程，它需要长期的磨炼。个人在修身中也要时刻关注自己的行为，经常对自身行为进行省察，始终保持向善的方向。

三、见贤思齐、反求诸己的自我反省法

自我反省是自我教育的核心方法，它强调学生通过学、行之后对自身行为、过失的反思。自我反省本身就蕴含了学生对儒家德育内容的笃定，是对儒家德育充分信仰的基础上的修炼方法，它以能够根据所学进行是非明辨的能力为基础。王阳明在《薛侃录》中说，"种树者必培其根，种德者必养其心。欲树之长，必于始生时删其繁枝。欲德之盛，必于始学时去夫外好。"❷ 意思是说，养树和养德是一样的，必须固定它的根本，人的根本就是心。若要固定这个心，必须在学习之初就摒弃对外物的贪婪，于静处涵养自身的品德。但是"汝若以厌外物之新去求之静，是反养一个骄惰之气了。如若不厌外物，复于静处涵养，却好"❷。儒家对内心的自省修炼最终还是期望通过自我的提升，达到处乱世而能独静笃的境界。

（一）见贤思齐，见不贤而内自省

在学思结合的方法中提到过这一点，要广泛地向他人学习，达到博学境界。当然，《论语·里仁》中讲"见贤思齐焉，见不贤而内自省也"，除了广泛地学习知识，更强调见到品德高尚的人或者有人做出了有道德的行为，自己内心就会产生一种向往，希望自己也成为这样的人；相应地，见

---

❶ 出自《三国志·蜀书·先主传》。
❷ 出自《王阳明全集·第一卷·语录》。

到品质低劣的人或有人做出不道德的行为,就要反省一下自己是否也经常这样。总之,重视内省,就是加强内在的道德自律。《论语》中就记载,曾子提出过"吾日三省吾身"的观点,荀子在《劝学》中也说"君子日参省乎己,则知明而行无过矣",这一点是儒家特别重视的自我教育和提升的方法。自我修炼重在日常,儒家通过日省的方式实际上也强调了德行修炼的过程性、艰巨性和反复性。

(二)反求诸己,内自讼

"君子求诸己,小人求诸人。"(《论语·卫灵公》)儒家在自我修养的问题上,主张凡事要反思自己,从自身找问题。孔子强调这是区分君子和小人的重要标准。《论语·公冶长》中说"吾未见能见其过而内自讼者也",意思是说,我没有见过那些常常能够自反省的人出现过过错,他们能够自省,所以成就了美好的德行。《近思录》中记载,张载说的一段话:"为学大益,在自求变化气质。不尔皆为人之弊,卒无所发明,不得见圣人之奥。"学习的目的在于改变自己的气质,使自己从一个普通的人修炼成圣贤人。所以自求变化就是要通过学习圣人之道,让自己的品德气质发生根本变化。自求,就是不能指望他人,是靠自己的努力。如何自省呢?孔子提出了九思的方法。"视思明,听思聪,色思温,貌思恭,言思忠,事思敬,疑思问,忿思难,见得思义"(《论语·季氏》),对于所见、所听、面色、形貌、言语、所为、所疑惑、所愤懑、所得到的,都要善于反思,不仅强调思,更突出对于自我的反思,查看是否有不符合德性要求的,对自我进行检讨。可见,这九个自我反思的内容与目标,将自省具体化、具事化,为学生的自我修炼提供了重要参考。

四、明荣知耻、严己宽人的克己慎独法

克己慎独是自我约束的方法,是学生在复杂的社会环境中依然能够保持自身品行的端正、内心的平静、坚守君子之道的方法。自我修养中最难的一点就是慎独,能够在没有人观察的环境中保持自身行为的道德性。《大学》中说"所谓诚其意者,毋自欺也",诚其意首先就是要毋自欺,对于恶的东西自然而然地厌恶,对于美好的东西自然而然地喜欢,达到这种本能反应的境界才是真正的毋自欺,由此而产生的愉悦感也真正为学习者

自己占有。诚其意的基础是毋自欺，其所得在于自谦，就是说学习者的用功方式必须是自我的、独自进行的，不可能让别人来督促、帮助自己，必须要慎独。

（一）明荣知耻，养心寡欲

克己首先是能够克制自己对物质欲望的渴求，逐渐建立对善的事物的认可，对恶的事物的摒除。

第一，在修养中辨识荣辱。作为受教者，学生要有对于善的事物的辨别能力，对善性要始终如一的坚持，对恶的羞耻的事物要坚决抵制，有羞恶之心。"行己有耻，使于四方，不辱君命，可谓士矣"（《论语·子路》），只有在内心有明确的荣辱观，才能够指导行为的向善。"道之以德，齐之以礼"就是要民众知荣明耻，心甘情愿地服从礼法，诚心从善，这样知荣明耻就将个人、民族、国家的命运联系起来了。

第二，养心莫善于寡欲。儒家在个体修养的问题上特别重视自我克制，认为修养心性最好的办法就是减少对物质生活的欲求。在减少欲求的过程中，即便会失去一些善性，也不会失去很多；欲求过多的话，即便能保存一些善性，也只有很少。所以，儒家认为个体只有严格要求自己，才能够保有先天的善端。当然，儒家所要求的寡欲并不是禁欲，而是要节欲。节欲最有效的方法就是"以公义胜私欲"。在儒家思想中，"礼"是最高层次的道德原则，就是公义。公义与私欲的对抗，实际上就是个体在社会中处理个人利益与社会共同利益之间的关系。个人利益或者私欲，不一定就是恶，只是个体和群体在物质需求上的矛盾关系，他们代表的是道德的不同层次。这种思想的突出代表就是荀子。

（二）严己宽人，慎独自律

儒家德育的修养过程经历格物、致知、诚意、正心，每一个环节的最终指向都是自己，修养是一个艰苦的过程，需要修炼者时刻约束自己。

第一，严己宽人，是孔子的忠恕之道。孔子主张"己所不欲，勿施于人"（《论语·卫灵公》）"己欲立而立人，己欲达而达人"（《论语·雍也》），儒家主张在人际关系中按照忠恕的要求，将心比心，推己及人。韩愈提出"古之君子，其责己也重以周，其待人也轻以约。重以周，故不息；轻以约，故人乐为善"❶，古代君子的处世之道，都认为能够严己宽人是修炼君子人格的必然选择。所谓"恕"，就是懂得"容人之过"，"己所不欲，勿施于人"，但儒家并不主张并无原则的妥协，容忍也不是不讲斗争。对于他人之"过"，要分清是非，对于无伤大雅、无意之过，可以容忍；对于恶意之为不能容忍。"容人之过"实质是容人而不容"过"，这也是儒家思想对人性的把握，人犯了错误可以改正，同样的错误不再犯就是了。人非圣贤孰能无过，儒家倡导学生在交往中应大力提倡宽以待人，谅解他人，以此为契机对自我品格进行再次磨炼和提升。

第二，慎独自律，是儒家自我修养的最高境界。坚持严己自律，必然要自觉做到"慎独"，就是不管有没有人在场，不管别人是看到看不到、听见听不见，都能警惕自己，依据自己内心的原则，小心做事。"慎独"之所以是自我修养的最高境界，因为它已经能够完全不靠外部的监督，靠的是内心高度自觉。儒家非常赞赏慎独的状态，但是慎独不是不在乎别人如何看待自己，而是时常反求诸己，不管是在与别人发生矛盾和冲突，还是对别人的友善行为得不到理解或回应时，他们首先做的就是反省自身，是否有过错。宋代的范仲淹有一个很著名的故事，就是每晚就寝前，必"自计一日食饮奉养之费及所为之事"，他会把一天所有的事情都在头脑中思考一遍，如果自己这一天做了好的事情，就没有浪费这一天的饭食，可以睡个好觉了；如果这一天做了不对的事情，"则终夕不能安眠，明日必求所以称之者"。范仲淹在自我省察中还会利用"功过格"，对自己做的事情一一记载，用于省察。

第四节　儒家学校德育的评价方法

学校德育是施教、自教与评价的统一。德育作为一种精神——实践活动，具有将观念与行动结果相统一的属性，有助于实现德育评价的合理性和恰当性。评价的目的在于激励，究其本质也是一种管理手段，既是对前一阶段德育的总结，又是决策和实施下一阶段德育的重要依据。评价与奖惩联系在一起，考核是评价的重要方法，它是通过对特定人群的特定行为

---

❶ 出自《原毁》。

进行的结果式反馈,目的在于将符合考核要求的人员筛选下来。评价方法是学校德育教学后的检验和反馈的方法,目的是保证学校德育的效果和质量,是评价与管理的统一。学校范围评价涉及老师和学生两大主体,以对学生的评价为主。对学生的评价是对老师施教效果的检验,对老师的评价是对德育过程有效性的保障。

一、评价标准是知识、能力与德性的统一

明确的评价标准是评价活动得以顺利展开的依据。学校德育对学生和老师的评价包括对其知识、修德能力、教学能力、德行的考察,是儒家德育君子人格的具体体现。学校德育的目的是培养具有修齐治平能力、符合统治阶级需求的君子,在评价上也必然坚持这样的原则。

第一,就知识标准来说,对学生的考核和对老师的考核同样严格。对学生的考核内容包括射策、帖经、问义、策问、策试、口试等。

所谓射策,最初是射箭技能的考察,在唐代以后是射箭技能与知识考察的结合,就是将考题按照难度绑在高低不同的木牌上,应试者射中哪个就要回答哪个。射策最早创设于汉武帝开设五经博士取官,后一直沿用。所谓帖经,就是考官在儒学经典中选取一页,然后选择其中一列,并将两侧遮住,由考生写出并读出本页应当的内容。在古代,凡"明经""进士""明法""明书""明算"各科均须帖经。帖经所考的是对经书的记忆。所谓问义,就是笔答有关经义或对其注疏的考试,是理解型题目。所谓策问,是由考官出题目,它比帖经、问义的难度要高,考察的是应试者思想的深度,要求应试者当场对考试中出现的现实问题提出建议,而且论述得越充分越好。董仲舒的天人三策实际上就是汉代举孝廉、策贤良的结果。所谓策试,就是应试者快速回答主考官的题目,这些题目是由考官从儒家教材中抽取出来的,考察的是应试者的熟悉程度,回答得越快越准确成绩越好。所谓口试,在西汉时又叫"试诵说",它主要考查学生对儒家思想的掌握程度和口头表达能力,口齿清楚、条理分明就是上等的成绩。对于老师来说,知识的考察自然是老师要能够体先贤之道,准确系统地掌握儒家思想。

第二,就能力标准来说,学校评价的标准对学生来说就是能够知礼,对老师的标准是教学与管理的能力。

其一，对学生的评价。《学记》中说的"比年入学，中年考校"，就是我们今天所说的学生学年考试制度。具体来说，学校每年会定期招收学生，考试每隔一年举行一次，考查学生的学习结果。第一年考查学生分析文本的能力，看其是否有志于读书；第三年考查学生专业基础，看其学习成果是否扎实，同窗之间能否互相提携、互相帮助；第五年考查学生所习知识是否全面渊博，是否敬畏知识，是否敬爱老师；第七年考查学生的学术研讨能力和辨友识人的本领，合格了的就是达到了"小成"；第九年考查学生在学习上能否做到触类旁通，合格了的就是达到了"大成"。这隔年的考核看似是规定了考试的内容和读书的目标，实际上是能力考核的标准，即能够独立读书、友爱同窗、尊师敬长、学思结合、触类旁通，只有具备了这些能力，才能够在离校离师后不堕落。

其二，对老师的评价，具体要通过学生的课业水平来衡量。《学记》中记载："学者有四失，教者必知之。人之学业，或失则多，或失则寡，或失则易，或失则止。此四者，心之莫同也。知其心，然后能救其失业。教也者，长善而救失者也。善歌者，使人继其声。善教者，使人继其志。"身为老师，必须清楚地掌握学生的学习心理。《学记》中反复强调，一名优秀的老师要能够把握教学的规律和方法，具有教学必须具备的能力要求，即"善喻""善言""善问"，就是善于启发学生，通过平实精练的语言与贴近生活的事例来教育学生，并要善于提问和回答学生的问题，这些都是老师教学能力的要求。

第三，就德性标准来说，学校评价的标准是一个德。书院德育重视对学生品行的培育，这一点在历代的书院学规中都有体现。如，吕祖谦所作的《丽泽书院学规》里规定，凡是在我书院学习的，必须要以孝、悌、忠、信作为为人的根本，如果有人对父母不恭顺，对兄弟不友爱，与宗族相处不和睦，与朋友交往不讲信用，言行不一，还用漂亮的言辞掩盖自己的龌龊之举，那么就请离开书院。朱熹的《白鹿书院揭示》也将"父子有亲、君臣有义、夫妇有别、长幼有序、朋友有信"作为教学目标，并说明古往今来，圣贤办学教人的目的也无非是要向他们讲明义理，教导他们修炼自身，从而能够推己及人、福泽他人。

学校德育评价中除了有对学生有德的名目要求，还包括对非德的内容规定。同家庭德育中所不齿的行为相似，学校德育中对于赌博、酗酒、游手好闲、逃学等行为不检点的学生，都会予以记过并在公开场合对其进行批评教育，举师生之力实现监督之实；对于那些情况恶劣的学生，学校还会施加一定的惩罚，如扫洒、抄写经文等，还有可能将其行为告知家中父老；对于那些执迷不悟不知悔改的学生，学校通常的做法是开除学籍，情节特别严重又不服劝导的学生，学校有权把他们送交官府处理。

对于老师来说，德行为先。官学中的老师也属于官员，从汉代开始，监察制度就已经初具雏形。到了唐代，监察制度进一步升级，设置御史台，它是三省六部中的一台，是一个独立机构。唐德宗时，尚书六部，每部设有御史监察一人。这些派出去进行监察的官员名义上是巡察使、观察使，实际上是中央官员。在大学教育巡察中，当地的学官都要受其指挥，听其训导。《新唐书·百官志》中说，"流内之官，叙以四善。一曰德义有闻，二曰清慎明著，三曰公平可称，四曰恪勤匪懈"，这就要求校长和老师必须是德高望重的名师。宋朝特别重视教师的思想道德素质，规定教师必须是科举出身，并建立了招考教师的"教官试"制度，同时对地方学校的教师也提出了严格的职业道德要求。明代规定国学校长必须"整饬威仪，严立规矩，表率属官，模范后进"❶，对学校中的老师和管理人员都有明确的道德要求。

二、评价途径是师、生、友之间的自评与互评

评价有很多类型，评价方法一般是德育的施教者和施教机构，对受教者所进行以教育效果为中心的评价手段和路径，受教者也渴望及时知道施教者对自己的评价，并且也能够对自身进行评价。根据评价对象的不同，德育评价可以分为对他人的评价和自我评价。所谓对他人的评价，是指对自身以外的所有主体所进行的评价。所谓自我评价，是指人们按照一定的评估标准主动地对自身所进行的评价，包括老师与学生各自对自己的评价。这种评价实际上是在个体参与的社会活动和社会交往中逐步产生和发展出来的。对他人的评价体现了社会舆论对维护社会道德风尚的强大作用，自我评价体现了个体的道德自觉性。二者相互影响，相互作用。

（一）自我评价

儒家特别强调自我评价，在学校德育中，儒师对自己的评价实际上是

---

❶ 出自《明会典·国子监》。

对学生施加影响的一种方式,是身教示范的一种方法。自我评价强调将自身的问题与优点通过自己的言说展现在他人面前,对他人来说是非常容易接受的德育指导,有则改之,无则加勉,使受教者自愿融入学校德育的氛围中来。孔子本人经常自我评估,他说"君子道者三,我无能焉;仁者不忧,知者不惑,勇者不惧"(《论语·宪问》)"吾有知乎哉?无知也。有鄙夫问于我,空空如也,我叩其两端而竭焉"(《论语·子罕》)。孟子也常常进行自我评估,他说"吾未能有行焉,乃所愿,则学孔子也"(《孟子·公孙丑上》)。荀子评价自己的时候说"知者自知,仁者自爱""吾尝终日而思矣,不如须臾之所学也。吾尝跂而望矣,不如登高之博见也"(《荀子·劝学》)。可见,儒家德育对自我评价的应用是非常广泛的。孔子也要求学生加强自我评估,提出"躬自厚而薄责于人"(《论语·卫灵公》)"见贤思齐,见不贤而内自省也"(《论语·里仁》),以此鼓励学生在日常生活中时刻对自身的言行予以检查。

(二)老师对学生的评价

老师对学生的评价,是施教者在德育的正式与非正式过程中都易于使用的方法,它的目的是通过对学生德行品性的评价,激励学生修身向上。儒家人性观说人无完人,在德育过程中,施教者要善于发现和指出受教者在德性上的闪光点,这也是德育的一种方法。孔子经常对学生进行公开的道德评价,他说"由也好勇过我,无所取材"(《论语·公冶长》),对冉雍的评价是"雍也可使南面"(《论语·雍也》),对颜回的评价是"贤哉回也"(《论语·雍也》)。通过道德评价,孔子鲜明地表达了自己的道德观点和价值取向,激励学生发扬美德,促使学生克服缺点,为他们有针对性地提高自己的道德素质,指明了前进的方向。

(三)朋友互评

儒家学校德育中对朋友互评的讲解,主要在于儒家德育主体有意识地引导德育客体选择贤友、良友。"有朋自远方来,不亦乐乎"(《论语·学而》),儒家特别重视朋友之间的相互影响。孔子从"性相近、习相远"的性习论观点出发,提出环境对人的品行具有重要影响。他有一段很有名的话,"日与善人居,如入芝兰之室,久而不闻其香,即与之化矣;与不善人居,如入鲍鱼之肆,久而不闻其臭,亦与之化矣。丹之所藏者赤,漆之所藏者黑。是以君子必慎其所处者焉"❶。意思是说，我们每天所交往的人，你大概不会去注意和他们在一起的改变，但是时间久了，你和有善德的人在一起，就会流露出同样的美德，而与不善的人在一起久了，就会流露出君子所厌恶的气息。所以，孔子这句话实际上就是肯定了朋友对人的影响，旨在指导客体善于选择朋友，能够对朋友作出评价。朱子曰："心有怨于人，而外与之交，则为匿怨。若朋友之不善，情意自是当疏，但疏之以渐。若无大故，则不必峻绝之。所谓亲者毋失其为亲，故者毋失其为故者也。"❷朱子的这番话实际上是在教导学生在对待不好的朋友时应采取的态度。"五伦"中一条是朋友有信，这是朋友相处的基本原则。儒家德育评价中强调，不论是施教者还是受教者都要与朋友之间的互评，实际上是鼓励人们理性地选择交友对象，良友要广泛交往、认真维持，恶友应尽早断绝关系。

三、对学生的具体评价方法：听言观行、定期考校

对学生的具体评价是蕴含在学生的学习生活中的，包括正式与非正式的评价。对待学生的考核，一方面表现在日常生活中的言行中，另一方面表现为学校教育中的连续性和阶段性、定期与不定期的考试中。

（一）听言观行的日常测试法

日常测试法主要是通过听其言、观其行的方式，在日常各种人生境地中考察德育客体对儒家品德的遵守与应用。

《吕氏春秋》中提出了以"八观"的方法来考察人的才能与品性，就是"通则观其所礼，贵则观其所进，富则观其所养，听则观其所行，止则观其所好，习则观其所言，穷则观其所不受，拣择观其所不为"❸，意思是说，我们评价一个人如何，要看这个客体身处顺境时，家中接待的都是什么人；当身处高位时，自己会向朝廷推荐什么人；当生活富裕时，家中所豢养的门客都是什么人；当他接受别人给予的建议后，会采取什么样的行动来执行；当他平日无所事事的时候，看他喜爱做些什么；当他用功读书

---

❶ 出自《孔子家语·六本》。
❷ 出自《朱子语类·卷十三·学七》。
❸ 出自《吕氏春秋·论人》。

时，听他会读哪些书目；当他所处位置困窘时，看他能够拒绝的利诱是什么；当他生活贫穷时，看他坚持不会去做的事情是什么。只有这样，才能够在课堂教学之外真实地把握学生的知识储备与道德修养。《孔子家语》中有一段话，讲孔子对观察方法的应用。他说"不知其子，视其父；不知其人，视其友；不知其害，视其所使；不知其地，视其草木"❶，意思是说，施教者对受教者的评价要看他所处的家庭，所交的朋友；同样地，受教者也要谨慎选择所处的环境与所交往的朋友。

学校的学规通过设立功过簿来记录学生的功过，对于行为不善的学生处罚前文已有记载。相应地，对于行为善的学生，学校会对他进行表彰，实际上是榜样教育方法的运用。对于那些刻苦学习、遵守纪律的学生，学校还会奖励笔墨纸砚给他们，用以敦促学生再接再厉。值得注意的是，受过奖励的好学生如果犯错了，学校也会因其善行而给予一定的减免。

（二）定期考校的学年、月度考试法

前文已经记载了《学记》中说的"比年入学，中年考校"的学生学年考试制度。除此以外，古代社会还有很多关于年内日常化的定期考试制度，如，唐代就制定了包括旬试、月试、季试、岁试、毕业考试五种考试制度，试图通过严格的、阶段性的考试制度来加强对学生的学习管理和生活管理。同时，考试的结果对于学校和学生来说都是至关重要的标准，学校会依据学生的考试成绩实行严格的奖惩制度，对考试成绩优异的学生会给予物质奖励和精神奖励。例如，唐代学校会对日常考试中成绩优异的学生给予奖励，将这些平时奖励与年终岁试的奖励结合在一起，通过累积算法，多者益多，平时获得奖励多的学生，在年终也能够获得更多的奖励，这样的推进方法能够有效地督促学生平日里好好读书。对那些在各类考试中不及格的学生，会给予严厉的处罚。包括：岁试不合格的，可以再复习考一到两次，如果依然考不过，就不能考第三次了，也就面临被开除的风险。

（三）五经课试法和积分制等灵活的考试方法

除了上面说的观察法和定期的考试方法，古代社会的学校德育中还有很多灵活的考核学生儒学知识与品行的方式。

---

❶ 出自《孔子家语·六本》。

第一,东汉的"五经课试法"。这一考试是以儒家五经为考试内容,它规定太学的学生可以根据自己的学习能力与兴趣选择考试科目,就是每学习满两年就可以参加一经的考试,能考过两经,就是读书至少要满四年,就可以出仕做官了。当然,通两经自然官阶就低,所以,学校允许学生考过两经后可以选择不出仕,继续学习然后通过更多的经考,选择去做更大的官。这种考试方法所考察的内容就是对儒家五经的通识,属于单科考试方法。

第二,明清的"积分制"法。这种方法是同"五经课试法"和之前评价标准中说到将平时的学习奖励与年终奖励相结合的方法,都有类似之处,非常适合没有固定上课时间或上课场所的对象。这种方法是从宋代王安石创立"三舍法"开始的,他把太学分为外舍、内舍、上舍三等,规定官员家庭出身的子弟可以免试入学,平民子弟要经过考试才能入学,要根据学生自身的素质决定他的学习内容与考试方式。从侧面反映了古代家庭德育在官僚家庭、名门望族与普通百姓家庭之间的差异,家庭德育要推行还是需要一定的社会条件和文化条件的。到元、明时这种理念就发展成了比较完备的积分制。据《新元史·选举志·学校》记载,汉人与蒙古、色目等人在各自的考试中,会按照成绩的高低给予一分、半分的奖励。待到年终将每月考试的分数加和,八分以上就可以成为高级生员,可以参加年终的贡举考试。积分制要求学生在每月的考试中都认真准备,不仅可以较全面地评价学生学业及操行,以免出现作弊或投机行为;又能给学生提供自由学习的氛围,提高教学效果。

四、对老师的具体评价方法:以生评师、通经考课

学校德育对老师的评价方法主要是考察老师在教学中的能力与自身品德状况。在前文已经论述过,因古代学校的官私之分,老师的性质也不同。官学中的老师本身也是官员的一种,所以对其评价主要依靠的是考课和日常考试制度,考核结果对其职位与俸禄的影响很大。对私学老师的评价是以学生的成绩和老师自身的德性与影响力来评价。

(一)以生评师的方法

这种方法实际上是对老师的教学能力与教学效果的检验,指明了教学

不是一个完成课程就完结的主观行为，而是要有所成效，需要主客体共同完成。唐初建立了定期的日常考试制度，来检验学生的成果和老师的教学效果，以此督促老师必须认真授课，积极备课，重视考试对自身地位与财力的影响。归崇敬在《辟雍议》中提到考试时曾说，"旬省月试，时考岁贡。以生徒及第多少，为博士考课上下"❶，学生考得越好，考上的学生越多，老师的考评就越高，一荣俱荣。明清两代也是如此，官府也会对义学中的地方官、学官或地方乡绅进行定期或不定期的考核，根据其成绩的高低决定职务的升降与俸额的增减。教学效果好的老师可以免除差役，给予升职奖励与表彰；教学效果差或行为不端的老师，要面临遣退和降低俸禄的处罚，对于行为恶劣的要上报官府。

（二）通经考课的方法

这是对老师自身儒家经典把握程度与教学能力的考核，这种方法对官学与私学的老师是不一样的。官学老师通过考课的方式完成对其知识与能力的考核，私学的老师主要依靠所在学校自身的考察途径进行。西汉以前，学校中的老师多是通过推荐的方式产生的，他们的来源多是地方乡绅、官员或德高望重的人士，不需要通过从业考试就可以直接讲学。但随着学校教育的发展和饱学士的增多，到东汉时，我国古代出现了教师"资格考试"，儒生要想成为太学博士，就必须通过太常主持的考试。这些考试中包括学识的考察，对教师个人的教学经历和年龄都有相应的规定，如要求教师具有教学经验，至少教授过五十名以上的学生，还要求教师不小于五十岁，具备丰富的人生经历。到了隋唐时期，中国形成了完备的官学从业制度，对教师从业资格和教学能力都有一套完善的考核办法。官学老师同官员一样要考课，一般每年一小考，三至五年一大考。老师既然是官员系列，考核的内容自然也不外乎业务、品德，还要有教学能力与效果的考察，如，清代徐松编写的《登科记考》中记载，"诸博士、助教，皆计当年讲授多少以为考课等级"，老师的授课量也成为考察老师教学能力的关键指标。

---

❶ 转引自：杨雅文. 中国古代学校的考试类别与方法 [J]. 教学与管理, 1998（12）：85-88.

第四章　变风易俗以致太平：社会德育方法的实效分析

相对于家庭德育的生活化和亲密性、学校德育的组织性和规范性，社会层面的德育方法更加注重制度化特征。社会德育所面对的对象更加广泛，彼此之间的联系更加单薄，社会德育就是要通过具体的、仪式化、规范化的方式，使普通民众通过感受和习得来理解儒家思想，追随儒家德育的内容与精神，实现德育入脑、入心、入生活。《礼记·乐记》中讲："故乐行而伦清；耳目聪明；血气和平；移风易俗；天下皆宁。"社会层面的德育方法实际上是要造就儒家德育的"主流"景象，使其影响像空气一样，无处不在无时不有。

第一节　社会德育是儒家德育制度化的集中体现

社会德育的特殊性是其权威与对象的特殊。社会德育的权威来自权力、知识与制度，其所面对的对象是血缘、亲缘、学缘关系之外的广大民众，他们是因为共同生活在同一地区或国家而约定俗成地服从一定权威的群体，这一群体之间的关系相较于家庭与学校而言非常松散，社会德育必须充分发挥其自身的权威性，才能够形成稳定的社会秩序。

一、社会德育是儒家思想与权力制度融合的产物

儒家社会德育的实现是儒家思想与统治阶级政权相融合、相匹配的结果。"当权力、知识与制度三者共同运作于德育时，制度化的德育即得以

形成。"❶ 所谓制度，制即节制、限制，度即尺度、标准。制度的字面意思就是节制人们行动的尺度，是自由与纪律的统一，是自由行动与服从一定管理的统一，是可为与不可为的统一。从广义上说，制度不仅包括正式的、理性的、诉诸文字的规范，也包括非正式的、非理性的、不成文的规定，如道德、习俗、习惯等。在中国古代社会，以儒家思想为权威内容，以封建专制政权为支撑，以选拔制度、设官制度、奖惩制度为辅佐，我国古代制度化德育得以形成并强化。因此，所谓的儒家德育制度化是指，以儒家德育思想为主要理论内容的德育运作体系，它以规范化的方式综合运用行政、法律、经济、风俗等多种手段，将教化落实，并对民众精神世界和行为方式产生影响。由此可以推断，儒家德育制度化本身也蕴含了制度的德育化，这些制度从本质上来说是符合德育基本要求的。如前所述，儒家不仅在理论上发展到了适应大一统秩序、助推君权至上的地位，而且在实践上，也推动了汉代以来的官僚制度的运行。

我们也要注意到，权力在一个特定社会或时期中，是多元而复杂的，不是单纯的支配与被支配，按照马克思恩格斯关于历史合力的观念看，历史的发展是多元主体互动的产物。从更广阔的意义看，权力是人际关系中的一种文化现象。马克思主义强调，人的本质是他的社会性，人们在社会生活中，是通过一定的人际关系来构建自己的主体地位，以此来表达或扩张自身的权力。那么，不同社会阶层或政治地位的人群在表达或印证自己的地位时，总要通过一定的权力来表现，这种权力又不是完全以强制力或制度规定来表达的，它渗透于社会生活的各个方面，如礼仪风俗、乡规民约、兴学重教等社会事务中。因此，这里需要特别关注的是支配关系中的文化因素，儒家思想在官方与民间的适应性与超越性。

第一，罢黜百家、独尊儒术是德育制度化的内容基础。只有当儒家思想占据或在政治上被赋予主导地位后，成为整个社会秩序的解释依据后，才能构成儒家德育制度化的内容基础，它直接规定了从中央到地方、从官方到民间，人们在头脑和生活中需要普遍认可和接受的政治理想、道德目标和社会关系模式。汉代将儒家思想提升到官方思想的地位，使其成为整个封建社会施行德育的基本内容，后代尽管在原有的儒家五经六艺的基础

---

❶ 蒋红斌. 权力、知识与制度共生息：我国古代制度化德育的历史考察 [J]. 现代大学教育, 2009 (6): 65.

上，又修整出了四书五经、十三经、各类章句和集注，儒家思想尽管在自身发展中分化出了各种流派、成立了宋明理学和陆王心学，在发展中与释、道家反复融合，但儒家思想的核心没有改变，在君子士人生活中的深刻影响没有减弱，整个封建社会的伦理秩序和道德理想也没有发生改变，整个古代社会德育的内容根基没有动摇，它与个体人生发展机遇与职业理想追求之间始终具有密切关系。

这里需要我们特别关注的是，两汉以后的儒家思想不只是作为现实政治正当化的工具，也提供给了统治者、儒学士人构建维系政治秩序的创造性的来源。儒家学说特别是文本在历朝历代都会有不同的解释与注释，儒生、士大夫、统治阶级如何解读儒家学说，就会在实际生活中如何落实儒家学说。比如，《论语》中对"孝"有诸多解读，最为熟悉与权威的是学而篇中"孝弟也者，其为仁之本与"。汉代《孝经》开篇就强调"夫孝，德之本也，教之所由生也"，然后《孝经》首次将孝与忠联系起来，认为"忠"是"孝"的发展和扩大，并把"孝"的社会作用推而广之，认为"孝悌之至"就能够"通于神明，光于四海，无所不通"，描述了五种不同身份人群——天子、诸侯、卿大夫、士阶层、庶民——各自执行孝所应有的行动。这就将儒家早期的学术观点进行了二次阐发，这样的事例在历史中是普遍存在的。因此，当我们认定儒家思想占主导地位时，既要肯定儒家早期思想与现实政治秩序的契合性，也要关注儒家思想的后世解读及其正当性，这是儒家思想能够稳定、希望被稳定的重要方面。

第二，封建专制政权是德育制度化的权力基础。皇权的权力是需要通过制度化的传播才能得到社会认可，这其中的权力、传播中所蕴含的文化理念，必须是被民众认为有利于他们自身的社会生活，这就引发了从社会到家国的思考。古代德育对民众的影响，很大程度上体现在它与民众自身社会地位与社会财富密切相关，这又是基于普遍人性的思考，这种普遍的人性又是长久的文化理念和思维方式的产物。例如，两汉以来，旌孝与举孝廉，兴学与选士，设三老与兴教化，科举制与社会地位等一系列社会政策的推行与落实，极大地促进了社会阶层的流动，中央集权与意识形态高度统一的刚性要求下，儒家德育对普通民众来说具有了向上的吸引力，成为民众必须要适应的上升理念。而这些由专制政权直接推动的社会教育政策和政治政策，又成为儒家德育制度化的重要保障。相对来说，先秦时期，孔子兴礼乐以恢复西周的社会秩序，西周时期的美好自然也来源于其对社会教化的重视，但是，单纯地依靠学校，特别是官学来培养仅占少数统治阶级的知识阶层，对整个社会教化的吸引力不足，号召力不够。

第三，选贤、设官、奖惩、礼仪等制度是德育制度化的重要支柱。在第三章学校德育的特点和功能中，我们已经论述过了学校与科举制的关系。古代社会经历汉代的察举制、魏晋南北朝的九品中正制和隋唐的科举制，将儒家思想确立为选贤的核心指标，并将儒家思想作为考试与考察的依据，实际上确立了儒家思想的意识形态化。而设官执掌教化更是将儒家德育的落实贯彻到地方，通过地方官员的推进、循吏的监督、地方士绅的支持，保证了儒家德育的持续下行。古代社会确立了明确的、公开的奖惩制度，既包括对普通民众的奖惩，也包括对官员的奖惩，树立了以德性为核心的社会评价体系。礼仪制度，特别是关于人生之礼与社会风俗的设置，将儒家思想具体化、形象化、通俗化、仪式化，即便不识字的百姓也能够对儒家思想有基本的了解，能够在自身经历与体验中形成对儒家思想的认可，在实践中予以执行，在观念中予以强化与固化。因此，这些制度都是儒家德育制度化的重要支柱。

二、社会德育是关于移风易俗的教化

所谓风俗，是一定地域内人们的共同心理素质的积淀，具有可变性。它是通过人们的习惯来实现对社会的引领，通过习惯来规范人们的思想和行为。在中国古代社会，没有一个王朝不强调重视移风易俗作用的，自汉代开始就设置了风俗吏，他们的工作就是常年在各地观察记录风俗变化。清代儒生黄中坚在《蓄斋集》中对风俗有如下论述，"天下之事，有视之无关于轻重，而实为安危存亡之所寄者，风俗是也"❶，意思是说，纵观天下，如果有看起来无关轻重却又关系家国存亡的，就是风俗了，即观风俗知得失。《论语·颜渊》中也说"君子之德风；小人之德草；草上之风；必偃"，君子的德性就像风，百姓的德性就像草，风向哪边吹，草就跟着向哪边倒，引申出来就是社会的风气如何，百姓就会有何种趋附的行为，好的风气会带来好的行为，坏的风气自然导致坏的行为。同样地，好的社会风俗就会引领百姓习得好的德行，不好的风俗会败坏德行。移风易俗作

---

❶ 出自《蓄斋集·卷五》。

为统治阶级的一种治理手段，它"施于朝廷、通于天下、贯于人心、关乎气运"[1]，是通过有目的、有意识地组织一些有利于改善百姓风俗活动，也被纳入了地方官员的考课中来，以实现其社会干预的目的，整治社会风气。

礼仪风俗的盛行与执行极大地依靠儒生士人，特别是进入政治权力范围内的士大夫的支持与喜爱。礼仪风俗的执行事实上给士人阶层以极大的荣誉感，礼仪风俗本身具有一定的社会文化符号特性，是特定身份的彰显，这背后即是一种权力的支撑。这些礼仪风俗所蕴含的社会文化符号可以表现为很多方面，比如，服装、仪态、宫殿、住宅、车马、语言、舞乐等，这些极具社会化的符号也只有在社会化的生活中，才能显现出它自身的权力地位，一旦丧失相应的社会环境基础，便不再具有权力的意义。因此，可以说，儒家德育社会化层面进行的移风易俗，既是统治阶级进行社会治理的一种方式，也是普遍的士大夫阶层实现自我满足与权力践行的一种路径，这种自我满足与权力践行激发了他们内在的能动性，使移风易俗从中央到地方都能够有序有效地落实与维系。

《礼记》中讲："乐者，天地之和也；礼者，天地之序也。和，故万物皆化；序，故群物皆别。""礼"作为天地阴阳秩序之整肃，作用是非常突出的，而"乐"作为天地阴阳之调和，在移风易俗中的影响力也是值得关注的，即使在今天，"乐"的调和差异、凝聚力量、统一思想的作用也不应该低估。在历朝历代，除了自制音乐，还广泛采风搜集各类民间音乐，孔子时代如此，汉代以后更是如此，如，汉武帝时就广泛采集不同的胡乐人乐。在历史发展中，乐的形式与内容是不断发生变化的，但是乐与政治的紧密关系相对稳定。

第一，移风易俗的价值是社会政治理想的体现，其目的是树立美风纯俗，引导社会重视风俗的善恶对社会秩序稳定的意义。从思想政治教育学科看，礼仪风俗与社会风气都属于德育的文化环境要素，具有熏陶感染的德育效应。中国古代儒家德育最重要的一个特点就是"化"。化字古字为"匕"，《说文解字》中记载"匕，变也"，甲骨文的"化"字从二人，象二人相倒背之形，一正一反，以示变化。《说文解字》中又有记载"化，教行也"，《荀子·七法篇》中说"渐也，顺也，靡也，久也，服也，羽

---

[1] 出自《策学·卷二》。

也，谓之化"。"化"如春风化雨，如草上之风，通过行为习惯、日用仪式与社会期望等诸多因素，实现对人们的思想和行为的教化。王符在《潜夫论》中就说"王者统世，观民设教，乃能变风易俗，以致太平"❶，意思是说，只有重视教化才能形成良风美俗，才能实现天下太平；风俗败坏是乱政薄化的结果，是天下暴乱的缘由。

《周礼·地官司徒》对古代社会教民内容作了详尽的记载，即十二教，基本上概括了我国古代社会教化的实施情况。包括：以祭祀之礼教百姓敬畏天地，那么百姓就不会苟且；以乡饮酒礼教导百姓礼让，那么百姓就不会相争；以婚姻之礼教导百姓相亲相爱，那么百姓就不会互有怨言；以乐教教导百姓平和，那么百姓就不会乖离；以礼仪教导百姓辨识等级，那么百姓就不会越级而动；以风俗教导百姓安己，百姓就不会偷盗；以刑罚教导百姓自我约束，百姓就不会做荒唐事；以君王誓言体恤百姓，百姓就不会不恭敬；以节制教导百姓，百姓就会懂得知足；以技艺教导百姓，百姓就不会失去谋生的手段；以贤人担任官职，百姓就会仰望并且自我修养；以功绩定俸禄，那么百姓就会愿意去立功。❷ 如此，在十二教中，祀礼、阳礼（乡饮酒礼）、阴礼（婚礼）、仪辨、俗教（习俗）、世事（世间技艺）都是从民俗、礼仪方面对百姓进行教化；乐教、刑教、誓教、以贤制爵、以庸制禄都是从政治自上而下的教化所形成社会风气的角度展开的。这两方面的教化看似形式化，实际上都直接渗透到了百姓的生活和理念中，近乎完美地将社会需求与个体生活融为一体，实现了个体与全体、自我行为与心理需求、个人利益与国家利益之间的平衡关系，有效避免了各种矛盾与冲突。

第二，移风易俗在原则上坚持统一与灵活的结合，通过政策推动与礼乐教化的方式，构建相似的风俗，并尊重地域的差异性，"百里不同风，千里不同俗"。《汉书·食货志》中记载"上之所化为风，下之所化为俗"，意思是说，自上而下地教化叫作风，遍布四方；民间人人所习的叫

---

❶ 出自《潜夫论·浮侈》。
❷ 参见《周礼·地官司徒》。"一曰以祀礼教敬，则民不苟。二曰以阳礼教让，则民不争。三曰以阴礼教亲，则民不怨。四曰以乐礼教和，和民不乖。五曰以仪辨等，则民不越。六曰以俗教安，则民不偷。七曰以刑教中，则民不虣。八曰以誓教恤，则民不怠。九曰以度教节，则民知足。十曰以世事教能，则民不失职。十有一曰以贤制爵，则民慎德。十有二曰以庸制禄，则民兴功。"

作俗，深入生活。社会风气的优化需要自上而下地感召与示范，百姓习俗的构建需要从百姓生活中挖掘仪式的意义与效用。儒家德育对社会风俗的统一，也是在遵循风俗产生的自然因素与社会因素的基础上决定的，但总体上要求是一定区域内的百姓在风俗与风气上的一致。

如何来实现移风易俗？第一，政策推动，这是推行美风良俗的主要手段。风俗的变迁离不开统治阶级自上而下地引导，这种引导可以是行为价值观。古代社会通过重学、重德、重教和奖善惩恶等方法，凭借君王的德性和君权的强制力在整个社会形成了仰上顺政的道德风貌。同样人们也乐于效法君王、有德性的人。第二，礼乐教化。汉初对秦经两世而覆亡的历史教训进行深刻反思，指明强法不得民心，因此，贾谊十分看重教化对于改良风俗、敦厚人心的作用。他以德教与法令对民风的不同作用作说明，并扬言如果今天还要说礼仪不如法令有效，教化不如刑罚有效，人们难道不会拿秦朝灭亡的事情来指责吗？因此，儒家在社会风气的制导上，主要采用的是礼和乐两种手段。荀子曾经说"论礼乐，正身行，广教化，美风俗"❶，董仲舒在前秦儒家思想的基础上，深化了礼乐教化的价值，将礼乐看作古代社会长治久安的核心要素，指明古代社会中圣王的后代，能够守成家业的主要原因都是礼乐在民心、民风、国风中的渗透作用。礼乐教化思路下的移风易俗，主要是通过百姓喜闻乐见、耳熟能详的方式引导民心向善，以礼分秩序、以乐和人心，帮助人们认识善恶、判断是非、明辨美丑，从而推进现实生活中"坏"的风俗向"好"的风俗转化，最终达到各安其位、和谐相处的良好社会局面。可见，礼乐教化在移风易俗、风俗继承中的重要意义。

三、社会德育重视官方与民间的互动

所谓官方与民间的活动，是指在社会德育过程中，德育的施教主体主要是通过政策性手段，将儒家德育的内容施加到百姓身上，在这个过程中，施教主体与百姓之间不是零交流的、一厢情愿的强制关系，施教主体通过多方路径促进了上层决策与百姓之间的信息沟通。这不仅有中央官员与地方官员的沟通，地方官员与闾阎百姓的沟通，还有乡野与中央的沟

---

❶ 出自《荀子·王制》。

通。如古代设置专司教化的官员，在地方设置三老等，他们不仅是官方政策的传达者，还可以将民情直接传递给官方；如古代设置的监察与巡吏，最大限度地无障碍地掌握民情；如设立旌表制度，奖励忠孝节烈等，都是儒家德育在社会层面实现官民互动的有效举措。

官方与民间的互动是儒家社会德育的典型特征，官民关系不是空洞的命令与服从关系。《易传·系辞下》也讲"君子安而不忘危，治而不忘乱，是以身安而国家可保也"，以孔、孟、荀为代表的先秦儒家继承和发展了早期的重民意识，重新对君民关系进行思考，提出了"民贵君轻""尊君爱民"等朴素的民本思想。儒家对君民、官民关系的认识是儒家德育的重要导引，尽管在封建专制政权中，统治阶级与被统治阶级是截然对立的两个阶级，但社会是其共同生产的环境与载体，官方与民间在政治理想、道德理想和日常生活秩序的构建中，彼此是相互支持和依赖的。这也就是为什么在中国古代的官制中特别重视巡查、监察官员的选拔与任用，它们既是官方权力自动优化与约束的体现，也是掌握民情、悉听民意的中介与桥梁。

官方与民间的互动主要体现为百姓对统治阶级德育目标的认可。社会德育作为制度化德育，它通过强制力与健全的制度来实现其自身的政治目标，但是只依靠强制力是很难持久的，历史上有很多教训，如"焚书坑儒"。社会德育有效性的一个显著特点，是它所倡导和营造的德育氛围成为普通民众广泛认可的需求，这种需求也是民众群体和个体自身发展的需要，它在价值观与人生观上互相匹配，形成了古代专制政权下百姓对统治阶级德育接受的关键因素。

第二节　儒家社会德育的施教方法

社会德育的施教方法，主要是通过处于权力顶端的君王和官宦来实现，包括君王自身的美德建设与"为政以德"的政治理念，官员体系中的职务任命与监督和通过重学、重教、选贤与能等措施，实现社会阶层的部分流动，构建重德的社会风气。

一、为民表率、为政以德的示范法

为民表率、为政以德的示范法主要是指君王在自身美德与治世理念中形成影响力的德育方法。君王之所以能够在古代社会成为万民敬仰的对象，核心在于儒家人性观与政治观中对圣王与天子的美化与渴求。董仲舒在天人三策中提出"君权神授"的观点，更加坐实了君王具有先天的美德和道德示范作用。政者正也，政教以"正君臣德行"来"正万民德行"。贾谊提出"君能为善，则吏必能为善；吏能为善，则民必能为善矣。故民之不善，吏之罪也；吏之不善，君之过也"[1]。意思是说，君王有好的德行就能够引导官吏也如此；官吏有好的德行，就能引导百姓也如此，反之也是这样。上行下效是儒家社会教化风俗的重要原则与理念。君王有所作为，一个是"作"自我修养的示范作用；另一个是"作"发布政令的训导引领作用，以自我修养与为政之道昭示民众。

（一）显德于民，近者视而仿之，远者望而效之

君王是古代社会的最高统治者，在儒家世界观中，君王是人间的主宰，其权力的合法性来源于天。早在先秦时期就有"夏服天命""皇天宏厌厥德，配我有周"的论断；董仲舒提出"天人三策"之后，天人感应、君权神授的理念更加稳固，君王作为天之子的权威和示范作用也越来越强大。因此，君王的一举一动都深深地影响着民众的心理与活动，直接关系社会风俗的走势。在古代社会，君王自身的品质与行为也成为一种教化百姓的资源。君王亲身践行儒家的道德行为准则，或尊师重学，或亲耕养殖，或祭祀天地，都直截了当地对百姓的日常行为和心理活动产生积极影响；君王贪图享乐、好逸恶劳、贪恋征战、鱼肉百姓，自然在百姓心中产生消极的影响，或追风，或厌恶，造成整体风气堕落。

《大学》中记载"及周之衰，贤圣之君不作，学校政不修，教化陵夷，风俗颓败，时则有若孔子之圣，而不得君师之位以行其政教，于是独取先王之法，诵而传旨以诏后世"，意思是说，如果没有贤圣之君担任百姓的君师，那么即使后来有孔子这样的圣人出现，但上天没有任命他当百姓的

---

[1] 出自《新书·大政上》。

君师,不在其位无法谋其政,于是天下人就没有机会恢复本性,隆礼美俗的事情也不可能出现。所以,我们可以理解西汉儒家独尊后,皇子的教化都交给师儒,儒学通过帝王之师来影响国之储君,既保持了儒家与皇权的联系,又为世人塑造和培育了具有高尚品德的君王。但其中也不免有不尽人意的结果。

(二)为政以德,民乐而歌之,从上之意不待使之

颁行诏令是君王制导社会风气的重要方法,诏令的下达实际上就是将百姓与君王所关切的问题具体化、聚焦化、放大化,以引起全社会的关注。两汉时期的统治者通过发布一系列诏令,包括尊老携友、体恤鳏寡孤独、劝勉农桑、鼓励孝悌力田、重廉、节俭等来倡导社会教化。历史上不少帝王还亲自撰写教导针对皇子、大臣、百姓的各类通俗读物,用以表明敦风化俗的决心,在家庭德育中已经有所论述,如李世民撰写的《帝范》、武则天撰写的《臣范》、明仁孝文皇后撰写《劝善书》等,均引嘉言善行,颁行天下,以示训诫,实际上也是君王德治的一种表现。君王在社会奖励和自身修养中的优秀做法,使得百姓乐于服从,这种服从发自百姓内心、并能够在自我社会生活中认真落实君王的理念,它比强制力更加具有持久性。

但是,历史上不是每个朝代整体上都有勤勉治学、修身立德的皇帝。我们通常说的封建专制,在明清时期最为厉害,而明朝出现的内阁制、太监干政等,都是皇帝自身降低要求造成的政治混乱。例如,明代最初因宰相造反废掉了宰相制度设置内阁,但是大明近三百年里,最初是皇帝与内阁共议,后来有些皇帝就不爱去了,变成了内阁条拟旨票等皇帝批,甚至有几个皇帝长期不与内阁见面,二者中间多出了个太监来做沟通与交涉,造成太监成了真皇帝的黑暗局面。

二、设官教民、可进可谏的沟通法

所谓沟通法,是古代社会德育信息公开、决策公正、权力制约的重要方法,它既规定了社会德育中所要依赖的官员类别,也提出了对官员特别是言官的职责义务的要求。官者贤也,《礼记·王制》说"官者管也,以管领为名",《说文解字》说"官,吏事君也"。所以,官是组织和管理民

众的人，是公共权力的掌握者和执行者，也是为君做事的人。地方政治一向是中国政治史上最大的问题。毕竟国家大，地方行政好坏，关系深重。明末清初的顾炎武在《日知录》中曾写道，天下太平，则小官多，大官少；天下之乱，则必然是大官多而小官少。总之，地方官员政治清明，天下就太平，否则天下大乱。因此，重视官德是古代政治与行政文化的突出特点，朝廷以德才兼备选拔人才，有利于激励民众向善向上的决心。设官教民掌教化。儒家德育的机构设置不是从来就有的，都是在具体的社会问题出现后，君王根据具体情况酌情设立并延续下来的。

（一）在中央设置专司教化的官职，在地方重用三老等乡官里吏

古代社会德育非常重视利用官员来执掌教化，所选派承担教化责任的官员，不仅经过了精心的选拔，还要自行监察，以保证德育的顺利进行。

第一，古代中央官职的设置中，有专门职掌教化职务的官员，他们主要负责的内容是礼仪祭祀等。例如，秦汉时期设置三公九卿，其中一卿"奉常"（后改为太常）所司职务即掌管宗庙礼仪。隋唐时期的三省六部制，设立礼部，职掌全国礼仪、祭祀、教育、科举等职务。隋唐时期还开设五监，其中"将作监"就是掌握皇室宗庙建设的机构。

第二，在地方重用三老等地方官员，如，汉承秦制保留了郡县制，也在乡里设置三老以掌教化。《后汉书·百官志》中说"三老掌教化"，三老的人选是乡里年龄在五十岁以上有德行、能统帅乡民的长者，他们的职责是职掌当地的教化事业，把良民善行，诸如孝子贤孙、让财救患等好人好事上报给朝廷，汇报地方教化之事，给予乡民挂匾、加官、晋爵等奖励，三老由此也成为君王值得信赖的教化主力。古代还设立孝悌、力田、里正、伍长等官职，共同推行教化。

第三，在设官的同时，还增设了监察职务。例如，汉代设置御史台一职，是中国历史上最早正式出现的、以权力监督为职务的、最高级别的监察机关。据记载，汉武帝时将全国划分为十三个监察区，名曰州部，每个州部设一名御史，直属御史台，他们可以对三公以外的朝廷官员进行监察和弹劾。为了保障监察活动的顺利进行，确保御史监察中绝对权威和执行力，汉武帝还亲自制定了《刺史六条》，由刺史代表皇帝对地方进行监察，其中的重点监察对象就是地方豪强，特别是郡守级别的官吏及其子孙。魏晋以后，监察权进一步扩大，原来的三公也划入监察范围，除太子，各级

官员都要被监察，地方固定人员监察制度也改为巡查制度，以防权力包庇。这种监察实际上有助于铲除地方官员的专断与独裁，特别是地方官员在教化中可以进言的权力，监察有利于将教化和举荐透明化。唐代的时候，皇帝任用宰相，宰相任用谏官，在这里，他们的职责只是专门谏诤皇帝的得失，不同于御史台监察百官。唐代的谏官更类似于宰相的喉舌，到了宋代，谏官由皇帝亲擢，不再为宰相所举荐。但是，明朝后期开始，监察职能虚化也是造成官民矛盾的重要因素。

（二）设置巡吏以随时掌握地方民情，鼓励言官谏言，匡正薄俗

古代统治者非常重视风俗问题，常常派出巡吏到各地观风俗，以察举贤俊、宣扬德化、存问耆老鳏寡、赈灾救困、访查冤狱等。如前所述，汉代就建立了中央派遣风俗巡查使者制度，其人员配置中以博士、大夫为多，给予其绝对权力，作为皇帝的代表和耳目，观览地方风俗，监察地方吏治。谏官是古代监察各级管理的耳目，谏官是对君王的过失直言规劝并使其改正的管理，二者统称为言官。他们矫正不良风气的努力不仅见诸行动，还多诉诸笔端，使得对各种不良社会风气的批判，成为社会政务和著书立说的重要内容。

儒家讲求君君臣臣的名分，君为臣纲，从正面规定了臣要服从君，君要示范于臣；儒家也讲求臣对君的修正，重视谏臣的作用。"谏臣"即规谏君过之臣、劝谏天子过失之官。《孔子家语·子路初见》有"为人君而无谏臣则失正"的名论，《荀子·臣道》篇中也有记录，君王在做一些决定的时候，可能出现危害国家安全、动摇社稷根本的错误，"大臣、父兄有能进言于君，用则可，不用则去，谓之谏；有能进言于君，用则可，不用则死，谓之诤"。因此，群臣对不良社会风气的纠偏，实际上就是对当朝不良社会风气或者坏政的一种监督与改善。历史上比较有名的群臣匡正社会风气的事例比比皆是。《汉书·严安传》中记载了武帝时严安上书批判奢靡之风的言论，他说"今天下人民用财侈靡，车马衣裘宫室皆竞修饰，调五声使有节族，杂五色使有文章，重五味方丈于前，以观欲天下"，这是因为在汉代一部分守礼遵道之人看来，奢靡的社会风气是与社会生产和积累的水平不相适应的，且违背了崇尚节俭素朴的正统观念和宫室有度的王者之法，因此应加以禁止。

三、兴学重教、选贤与能的引导法

引导法就是通过中央政策的执行以形成特定的社会氛围，进而影响和引导百姓在自身发展中的选择。古代社会德育的引导法，主要表现为对社会学风与人才发展方向的引导，它将百姓引领到儒家经典的学习活动中，并让他们知晓读书做官是自身发展与家族发展的重要选择和抓手。这里的引导，有思想上和现实利益的引导。如果说，汉代的举孝廉是在封建贵族中放开政权，让更多读书人进入仕途的一条路，那么到了唐代的科举考试、公开竞选，就是对汉末以来的门第阶层中开放政权的一条路，而且唐代比汉代更加开放、自由、广阔，这是唐代政治的进步，当时的科举录取虽然有名额限制，但是报考的限制确实是极大降低了，进一步来看，读书人多了，科举考试的多了，但是最终得到官位的还是很少，政府无法完成安插，他们中的多数人还是回到了乡土，实际上扩大了政府的组织范围与控制力，引导民间才智成为学者、大官，当然流弊也较大，导致政治臃肿，一定程度上也限制了工商业的发展与制度的革新。而宋代鼓励科举，从社会背景上看，经历五代长期的黑暗，人们普遍不爱读书，这个时期朝廷刻意奖励读书、重视科举，使得社会风气又活跃了起来。

第一，兴学重教，古代统治者在置学堂、兴教育、崇儒家的事情上，做了很多贡献，对于优化学风、推广教化付出了很多努力。在古代社会，学校是传播儒学的重要场所，是封建王朝敦厚社会风气、移风易俗的重要途径。一方面，学校特别是官学的建设离不开封建帝王对教授儒学和学习儒学的重视。北宋真宗写过《劝学诗》，"富家不用买良田，书中自有千钟粟。安居不用架高堂，书中自有黄金屋。出门莫恨无随人，书中车马多如簇。娶妻莫恨无良媒，书中自有颜如玉。男儿欲遂平生志，五经勤向窗前读"。这首诗反映了当时社会对读书的重视，并鼓励年轻人要积极读书做官。官府、达官贵人对官学、书院等的财力支持，百姓砸锅卖铁也要交学费让子女上学，都是古代社会重学的重要体现和现实影响。当然，这首诗也片面强调了读书"实用论"，对读书人读书求取功名造成了不好的影响。另一方面，如何使学校建设兴隆，符合主流意识形态的需要和读书人的选择，对于教学的内容、教师的选派、人才的选拔等方面，也必须做到严格把关。

第二，选贤以能，古代社会通过多种选举、推荐、考试制度选拔人才。如前文所述，官是事君者，非贤良不可得。古代社会在人才选拔与考核方面也作出了很多制度性的规定，对于人才发展方向起到了很好的引导。《左传·桓公二年》中记载，"国家之弊，由官邪也；官之失德，宠赂章也"，意思是说，国家的衰败是由于官吏邪恶所致；而官吏邪恶，是因为受宠的官员受贿公然成风。官员德行的好坏，不仅影响对百姓的教化效果，而且直接传达了统治阶级的治理理念。古代的选官制度直观地传递了统治阶级所期待的社会风气。例如，汉代选官的主要途径是察举制，其标准为四科取士和光禄四行。所谓四科取士，即四个标准，一是要有高尚的道德品行；二是博学多识；三是知法懂法；四是意志刚毅，足智多谋。光禄四行就是良好的品行，即质朴、敦厚、逊让、节俭。❶越是具体的选官标准越能够对民众形成引导作用。例如，科举制度的兴起，以儒家经典为主要考试内容，实际上是对儒家仁义礼智道德规范的认可与传播。科举制的创立，使不论士、庶都可以经由科举入仕，确立了入仕机会平等的原则，"上品无寒门"的旧传统被打破，社会流动加强，积极的入仕心态有利于维护统治秩序。当然，这样的风气并不是在各朝代都如此，当名门望族或其他替代性考试渠道获得更多的入仕名额与科考机会时，以科举实现选官的廉洁与效能都会大打折扣。

第三，严格考核，古代社会特别重视对官吏的考核，重视官员自身职业能力与道德素质的建设。官吏在古代社会有"父母官"这样的期待，对他们进行严格考核，既是保证政治稳定、政策有效执行，也是加强民众对官吏任用、地方治理、中央集权制度等的信赖与依存。古代统治者和思想家，在德治实践中深切体会到，道德教育和法律制度对官德建设的促进作用，提出德主刑辅、德法兼用的思想，都自觉或不自觉地把选用制度作为官德建设的支撑和辅助手段，建立了日益完善的监督约束机制，坚持自律和他律并重，实现自我修养和制度约束的相互促进、相辅相成，从而构建了官员的从政道德。关于对官吏的考核，在内容上，儒家主要从三个方面给予考察：一是对官吏能否承担儒家思想在社会职能中的作用进行考察；二是对官吏自身的道德修养与政治觉悟的考察；三是对官吏政绩的考察。具体来说，对官吏的考核包括如下途径：

---

❶ 出自《后汉书·百官志》。

其一,任前考核,即在科举考试以后,还会有一项关于考生能否担任官职的考核,以此剔除年老病重、综合能力较差的人。例如,唐朝"释褐试"(即考试合格后,可脱去粗布衣服换上官服),只有考试合格的才能授予官职。考试内容有四个方面:身(体格面貌)、言(语言表达)、书(楷书书法)、判(批审公文)。四项皆合格,谓之"注官"。然后所有合格者聚集起来,当众点名授职,谓之"唱官"。而落选的,可以到节度使那里充当幕僚,再求升职。至此,很多人想到影视剧中的宰相"刘罗锅",他的形体并不符合考试的初选要求,然而,历史上的刘墉是否真是个罗锅,并无确凿史据可考。

其二,任前官箴教育。任前官箴教育相当于我们现在说的上岗培训。古代官员大多是通过考举进入仕途的。在做官前,受到的教育多为儒家教导如何做人的道理;做官后,身份和地位变了,所担任的管理国家的职责自然也提出了新的道德要求,所以如何对官员德性进行教育和培养便是统治阶层要解决的问题。古代很多思想家、官员等提出了很多具有远见的治国安民良策,总结自身为官从政的经验教训,并编撰成书以教育后人,这类书目即官箴。汉代开官箴书风气的先河,唐代武则天认为百官应该有一部指导自己言行的戒规,就组织人编写了《臣轨》一书,将作为贡举之士必学的材料之一。宋元时,官箴书有一定发展,吕坤、张养浩等人不仅是名臣而且是循良之吏的典范,对官德非常重视,结合自己的经验编写官箴书[1]。历史上,《孝经》一书,可以说是官箴教育的典型,不止于任前,从内容上看,《孝经》首次将孝与忠联系起来,认为"忠"是"孝"的发展和扩大,并针对不同身份的五类人群进行了"孝"的不同内容:天子之"孝"要求"爱敬尽于其事亲,而德教加于百姓,刑于四海";诸侯之"孝"要求"在上不骄,高而不危,制节谨度,满而不溢";卿大夫之"孝"要求"非法不言,非道不行,口无择言,身无择行";士阶层的"孝"要求"忠顺事上,保禄位,守祭祀";庶人之"孝"要求"用天之道,分地之利,谨身节用,以养父母"。[2] 其中对于诸侯、卿大夫的要求,

---

[1] 参考吕坤编写的《实政录》。它辑录了吕坤在地方和中央任职期间颁布的一些告谕和约令,分明职、民务、乡甲约、风宪约、狱政五个部分,关于官德的主要集中于明职部分。张养浩编写的《三事忠告》,包括《牧民忠告》《风宪忠告》《庙堂忠告》三篇,分别辑录了张养浩担任县令、御史、中书省参议三个职务中对做官经验的一些记载。

[2] 参考《孝经》。

也可以看作官箴的一项内容。

其三，任中考课。考核在古代也称为考绩、考课、考校或考功，是统治阶级对官吏政绩和功过的考察与督导。奖惩，是根据考课结果对忠勤贤能官吏的奖励和对奸佞低劣官吏的惩罚。这是激励官吏奋发向上的有效措施，也是提高行政效率的有利杠杆。宋代苏洵《嘉佑集》第九卷中说，"夫有官必有课，有课必有赏罚。有官而无课，是无官也；有课而无赏罚，是无课也"，考官是官员制度实行的保障。《后汉书·百官志》中记载，"秋冬岁尽，各计县户口垦田，钱谷入出，盗贼多少，上去集薄"，记录了汉代官员考课的内容，包括土地、财政、治安等。唐朝时对流内官和流外官分别考核，流内官按照四善和二十七最来考察，四善是德义有闻、清慎明著、公平可称、恪勤匪懈，就是德慎公勤。二十七最是各个不同的官职所设置不同的考核要求，例如，对近侍官的考核标准是，能不能向皇帝提出意见，以及意见的水平、分量如何；如司法官的考核标准是诚实调查、执法公平。这样的规定简明扼要、恰当明白，具有可操作性❶。

总体来说，考试考核的观念，在中国古代社会中是一直普遍存在的。《舜典》中记载"敷奏以言，明试以功""三载考绩，三考黜陟幽明"。儒家在用人问题上，是主张先考核他的书写表达能力，后让他做事情，再对所做的事情进行考核，明确这个人能不能够胜任官职，为一方百姓谋利。所以，不管是兴学养人育人、入校在校出校考核，还是选举制度科举考试、为官期间考核考校，都是中华传统考核考试观念的延续，也在实践层面上，彰显了儒家思想与封建制度在用人、将思想的力量转化为组织的力

---

❶ 出自《唐六典·卷二·尚书吏部》。二十七最是将所有官职的性质，分为二十七类，每一类再进一步提出一种具体的考核标准来。具体内容是"一曰献替可否，拾遗补阙，为近侍之最；二曰铨衡人物，擢尽才良，为选司之最；三曰扬清激浊，褒贬必当，为考校之最；四曰礼制仪式，动合经典，为礼官之最；五曰音律克谐，不失节奏，为乐官之最；六曰决断不滞，与夺合理，为判事之最；七曰部统有方，警守无失，为宿卫之最；八曰兵士调习，戎装充备，为督领之最；九曰推鞫得情，处断平允，为法官之最；十曰雠校精审，明于刊定，为校正之最；十一曰承旨敷奏，吐纳明敏，为宣纳之最；十二曰训导有方，生徒充业，为学官之最；十三曰赏罚严明，攻战必胜，为将帅之最；十四曰礼义兴行，肃清所部，为政教之最；十五曰详录典正，词理兼举，为文史之最；十六曰访察精审，弹举必当，为纠正之最；十七曰明于勘覆，稽失无隐，为句检之最；十八曰职事修理，供承强济，为监掌之最；十九曰功课皆充，丁匠无怨，为役使之最；二十曰耕耨以时，收获剩课，为屯官之最；二十一曰谨于盖藏，明于出纳，为仓库之最；二十二曰推步盈虚，究理精密，为历官之最；二十三曰占候医卜，效验居多，为方术之最；二十四曰讥察有方，行旅无壅，为关津之最；二十五曰市廛不扰，奸滥不行，为市肆之最；二十六曰牧养肥硕，蕃息孳多，为牧官之最；二十七曰边境肃清，城隍修理，为镇防之最"。

量方面,所作出的巨大贡献。

四、出礼入刑、明刑弼教的评价法

法本身也是文化的一部分,具有民族性和明确的社会期待。考察中国古代社会的有效组织与运行,特别是儒家德育理念的主张与落地,离不开对法制的思考。在中国古代思想流派中,儒家是最重视礼的,可以说是"出礼入刑""明刑弼教"。儒家认为"道之以政,齐之以刑,民免而无耻;道之以德,齐之以礼,有耻且格",德与礼是王道之本,如果人人能够自动遵礼而行,那么可以不用刑罚。所以孔子说"听讼吾犹人也,必也使无讼乎",这可以说是儒家最高的社会理想。但是,在现实中,国家社会的运行不可能无法,也不能将刑罚至于不用,所以我们可以看到,儒家在德育中也有"出礼入刑"的主张,使法律为道德所用。《大戴礼记·礼察篇》记载:"礼者,禁于将然之前;而法者,禁于已然之后。"《后汉书·陈宠传》:"礼之所去,刑之所取,失礼则入刑,相为表里者也。"意思是说,一个人的行为在礼与刑的约束下是无法逃脱于天地之间的。礼与刑互为表里、相互补充,是中国古代社会国家秩序维系的重要依靠。即便是后世刑法、律法发展起来了,都没有改变这一面貌。如,《唐律疏议·名例律》中说:"德礼为政教之本,刑罚为政教之用,犹昏晓阳秋相须而成者也。"从手段上看,德礼的施教与影响主要依赖官学私学等教育事业的教导,引导民众修身向善;政刑的施用,主要依靠中央颁布成文法典,以建立社会秩序。礼法主要涵盖给人的行为,而刑律则涵盖国家社会秩序的维系,两者并用是一种由个人到社会的全局性、立体式的思维方式。我们可以发现,儒家德育是承认刑罚作用的,但其目的还是"明刑弼教"。自汉代后,法家衰落儒家强盛,礼刑合二为一,刑之所禁必为礼之所不容,礼之所许,则必为刑之所不禁。

在古代社会中,法的形式也是多元的,有令、典、律等不同朝代不同称谓的使用,法本身的内容也有规范性、预防性、惩罚性等不同的规定。例如,对于科举制度、选人制度的规定,对于官职的设置与管束的规定,大多是规范性的;对于日常生活中善行恶行的奖惩,多是预防性兼具奖惩性,故我们在研究时不能局限于只有惩罚性才是法,要综合看待儒家在律法的运用中所体现的道与术。前面三个方面的论述多少涉及了法的规定,本部分更加强调运用法特别是实现礼法统一的过程中，儒家思想的具体表现。

《说文解字》说："灋，刑也，平之如水，从水；廌，所以触不直者去之，从去"。法字本身包含了公平的价值原则，正直的价值观念，以及实施刑罚、惩恶扬善的行为导向。而古代社会的法制也有其独立的发展历史，与其所处朝代具有重要联系。从儒家德育的视角审视法制的建设，重点要看刑罚本身在实现礼的道德义务上的现实性。礼教之本在于人伦，礼是一种道德实践，刑罚法制的建设是要实现这一义务，古代的法制建设基本上是义务本位的。那么，整个国家社会的运行就需要制定相应的强制性的义务规范来维系道德伦理上的秩序。如，选贤举能需要规范的人事法规，民间生活秩序的维系需要刑事诉讼等法规，家族内部需要丰富的民事法规，即便是男女婚姻之事也有婚姻制度作为保障，更遑论社会运行还要有赋税、财货、土地等与国计民生相关相随的法律制度。

基于中国古代社会浓厚的家族观念与民本思想，儒家德育中运用刑罚法制也有其自身的一些特点，既要保持和尊重家族作为基本社会组织的影响力，也要秉持抑强扶弱、保卫社会安宁的原则。正如《孔子家语·五刑解》中所言："圣人之设防也，贵其不用也；制五刑而不用，所以为至治。"可见，刑罚与丰富的法制为儒家德育所用时，不要对错误行为加以报复，而是渗透浓厚的教育理念保护国家社会的安宁。例如，古代的"容隐"制度与大义灭亲的法制践行，都是重要例证。在社会生活领域中，儒家德育发挥其制度性特征，离不开法制刑罚在惩恶扬善中的评价作用，这主要表现在运行的理念上。从对象上看，法制刑罚对于国家组织、人事任免、婚姻家庭、刑事等方面都有涉及。

第一，明确恶刑但崇尚仁恕，对于老耄、幼弱、愚蠢犯罪、知悔愿改的，或免刑或减刑或赦其罪，重在引导。法家的思想虽然兴起于战国时期，但是后世受儒家思想影响较多，中华文化本来就是重视礼，所以法本身也融入了礼的成分。除了刑律外，大部分的法都与礼有相通之处，特别是民事问题的准绳，基本都有礼的成分，只是突出通过"成文"的规范、规定、规则的方式，将这些内容固定与传承。在古代法制建设中，成文的主要有"律""令""典"三种形式，具有命令性质的典型文本就是"敕"，还有"例""比""科"等不同朝代出现的典籍。文本形式的丰富与内容的增加，都是儒家文化中重视明晰善恶礼法秩序的重要体现。

第四章 变风易俗以致太平：社会德育方法的实效分析

法制的应用自然会崇尚仁恕之道，除了极其残酷的罪名需要刑罚来惩治，大部分还在于通过教育引导来完成，使礼的观念、仁爱的观念在事务中得以延续与教化。比如，刑罚的适用上如何量刑，也有"罪而不刑"的理念。《礼记·曲礼》中记载："八十九十曰耄，七十曰悼，悼与耄，虽有罪不加刑焉。"儒家在德育中是本着这样的原则，更加强调"劝"的功用。还有一个比较有意思的就是对于囚犯与犯错误的人的悯恤。唐代在律法中就明确提到，凡是囚犯应该在衣物、饮食、医治、药品上给予帮助而不给的，凡是应该允许家人探视而不让进入的，凡是应该脱去枷锁服刑而不给脱的，都要杖责六十，因为以上各种原因导致囚犯死亡的，还要坐一年的牢，等等。还有诸如保持牢房狱所清洁、男女异室等方面的要求，都是对待囚徒的人性化举措，既防止酷吏为非作歹，也为囚犯重回生活留下一丝尊严与生机。

历代的容隐制度就是非常好的说明，在家庭德育中已经有一些涉及。《论语·子路》中讲："叶公语孔子曰：'吾党有直躬者，其父攘羊，而子证之。'孔子曰：'吾党之直者，异于是，父为子隐，子为父隐，直在其中矣。'"《左传》又说卫国老臣石碏的儿子石厚，帮助卫庄公的第三子州吁杀兄自立，石碏亲自设计杀死了州吁和石厚。对于石碏的行为，孔子称赞道："石碏，纯臣也。恶州吁而厚与焉。大义灭亲，其是之谓乎！""亲亲相隐"和"大义灭亲"都是为孔子所赞誉的品格。也有学者指出，这种告亲之举并非单纯"忠高于孝"的价值导向，更多是缘坐制度下一种自我脱罪的手段。而自首制度的介入又消解了卑幼告亲的价值空间，通过将"大义灭亲"转化为"大义救亲"，实现了亲情与公义在伦理体系及法律体系中的共赢。[1]

但是，即便仁恕，在国家治理中特别是儒家秩序理念中也有罪大恶极的行为。一类是叛逆动摇国本的行为，比如，谋反、篡权、卖国等；另一类是背弃伦理、大逆不道的行为，如，谋杀父母、乱伦不敬、不孝不义等。一类处罚是为了维护社稷稳定，另一类是树立人伦典范。这在历朝历代都是比较稳定的，甚至从北齐开始流传的十恶之罪，也不外乎这些内容。所谓十恶，一曰反逆，二曰大逆，三曰叛，四曰降，五曰恶逆，六曰

---

[1] 景风华. 亲情与公义的共赢：中国传统家族法规视野下的隐亲、告亲与救亲 [J]. 人大法律评论，2018，(1)：59-74.

不道，七曰不敬，八曰不孝，九曰不义，十曰内乱。犯此类罪行的，都必须严惩，以起到警示和规范作用。官员犯错与百姓犯错，在惩罚上也不同，官员有错厉行重典，也是为了禁官邪而养廉洁，更好维护社会秩序。

第二，厘清讼狱但减轻累讼，对于能够在家族内部进行调解的案件不再动用地方官府的行政力，充分尊重乡老里正的权威地位，无形中营造无讼的局面。厘清讼狱最主要的表现是对律令的不断完善与发展。

在中国古代社会中，向来是家族本位的，儒家思想与文化也在极力维系它的稳定性，这也是造成有人认为个人地位与积极性在传统社会中不够彰显，而家族观念、整体观念具有优先地位的原因。儒家学说除了极力维系家族制度外，还积极鼓励家族制度发挥其效用，使它成为治国立政的重要方针。《易传》"家人"卦中记载："家人，女正位乎内，男正位乎外，男女正，天地之大义也；家人有严君焉，父母之谓也，父父，子子，兄兄，弟弟，夫夫，妇妇而家道正，正家而天下正矣。"《大学》中也将家齐然后国治，国治然后天下平。可见，家族制度本身在儒家秩序维系中发挥重要作用，这在家庭德育中已经有一些论述。当从刑罚、民事、婚姻关系中再次看待家族制度的时候，我们可以在具体实践活动中把握儒家无讼局面的形成与所作的努力。

在历代地方的讼狱中，他们的审判机关自上而下有两类，一类是乡老里正，他们对于一乡一里的婚姻、田土方面的诉讼具有调解能力，这奠基于乡土社会中乡老里正的社会地位与活动能力，在调解方面深受信赖。从汉代开始，百家为里，里有里魁，民有什伍，当有什么善事恶事的时候都会公开相告；十里为亭，亭有亭长，主要负责抓捕盗贼；十亭为乡，有乡老啬夫及乡佐等人员，他们分管乡里的教化工作，负责听讼和赋税一类的事情。里、亭、乡在后世的组织方式和人员数量有一些变化，特别是明清时期还出现了保甲，又推选了甲长、保正等人员，都是为了更好或者更集中地实现乡里自治，使民自化。事实上，秦汉以后只有十里一亭、十亭一乡的乡亭制度了，东晋南渡以后，户口版籍完全丧失，乡土社会中的农村组织根本上被推翻了。后来的元魏、北齐、隋唐虽然也曾采用过乡亭，但基本都是为了使用它的征收赋税和执行法律的功能，不再依靠它进行乡里治理了。一直到宋代乡约组织的发展，乡治的局面再次蓬勃起来。治家之道，前面已经论述过，有家约、家法、家规、家范、家训等不同形式，以养成良好的家风、门风、族风。乡老里正等在处理民事关系上作用是非常突出的，主要表现在亲属关系、婚姻关系、继承关系等方面。

但是对于乡老里正、乡约也无法调解的具有极其恶劣性质的事件，依然要依托第二类审判机关，即地方长吏，但总体是起到辅助作用。事实上，在古代普通诉讼的运行中，一般都是由下级先审理，渐次到上级审，其中最高的上级就是中央，三级审理是比较常见的。在汉代，民事是由乡老里正审理后到县令到郡守再到州刺史，刑事由乡老里正到县令到郡守再到廷尉，乡老里正多为调解，所要达到的目标基本是无讼的状态。当然，这是在理想的状态下运行，历朝历代都有越级诉讼的情况，对于地方无法解决或解决不当的问题，直接越级进行诉讼，唐宋以来的鸣击登闻鼓就是典型的方式。

第三节 儒家社会德育的自教方法

社会德育中的自我教育方法，主要是指地方组织和人群在德育中的自觉性与制度化的体现，它依靠地方官吏与乡绅、名门望族在地方管理中的共同合作，对良风美俗的推广更加具体、直接。在古代，地方官员和士绅都经过儒学教化，所以他们不仅是权力的象征，也是知识与品德的表率，在乡土社会中，百姓尊重他们，他们自然就担负起更多的教化百姓、敦厚风俗的重任。

一、制定乡规民约

乡规民约是生活在同一地区中的社会成员共同制订的一种社会行为规范。中国传统的乡村社会是一个熟人社会，大家聚村成屯而居，彼此之间交往频繁，人与人之间都非常熟悉。最早记载中国礼仪规范的《周礼》中就有乡里敬老、睦邻的约定性习俗的记载。彼此密切的交往决定了每个人的言行都在他人的视线中，彼此互相监督、订立共同约定的行为规范就具有了现实的可能性。在传统的熟人社会中，个体要实现自身的目标，必须与他人共同来维持以道德规范为准则的社会关系网络的和谐。所以，也正因为彼此熟悉与共同生活，共同的规约成为增进彼此信任与互相监督约束的基础。

  乡规民约究其性质来说不仅是道德规范，也是政治规范，对于维护乡村的社会秩序具有重要作用。从辞源上来看，"规"即规则、准则、法度，《说文解字》说"规，有法度也，从夫，从见"；"约"即约束、束缚，《说文解字》说"约，缠束也"。乡民之间的规约就是共同生活的人们，在共同心理基础和利益的前提下，设计的关于人与人之间相处的道德规则，不仅用通俗的语言规定了乡里之间交往的基本准则，还规定了乡民修身、齐家、置业、交游等活动中的具体规范与礼仪习俗，对百姓的生活具有重要的指导意义。古代乡规民约所规定的内容并不脱离对儒家思想的崇拜，其所规定的内容、所求的社会秩序本质上也是统治阶级的社会理想。乡规民约除了规定了应该做什么，不应该做什么，对乡民的行为具有一定惩罚和约束的效力。

  乡规民约的构建离不开乡绅的支持。乡绅是活跃在中国古代乡村社会中的一个特殊阶层，这种特殊性包括内外两方面的因素。就内部而言，乡绅一般出身于有足够的财力或时间按照儒家文化进行修养的家族中，从小能够接受良好的教育，在知识储备、道德修养、乡村公益和入仕等方面都有超越一般家庭的优势。很多经过科举考试没有获取官职的读书人返回乡村后，承担着这类重要的文化职能。正因为如此，他们在乡村就有较高的知名度，自身的良好修养能够在乡民之间形成信任与信服。就外部而言，乡绅在古代社会是地方官员与乡民互动的中介，在国家权力控制较弱的基层，乡绅相比于流动性的官员，具有更好的群众基础、社会威望、话语权与执行能力。因此，为了维护乡村社会的稳定，统治阶级与地方官员也会赋予乡绅一定的特权。基于内外两方面的因素，在乡民自我管理、互相监督的过程中，乡绅对于构建乡规民约具有非常大的支持力和推动力，连乡绅都一致通过的乡规民约对乡民来说更加具有实效性和执行力。

二、创新乡约组织

  乡约不同于乡规民约，它是一种社会组织，是乡村社会中以教化为目的、以整治秩序为直接目标的社会基层组织形式。在国家政权只延伸到县一级的古代社会，乡约的设立对整合和维护社会秩序起到了重要作用。据考察，"乡约盖渊源于周礼读法之典，州长、党正、族师咸以时属民而读邦法；其滥觞于北宋蓝田吕氏兄弟，以《吕氏乡约》为后世作则，大张于里甲毁坏、社学失修、统治出现危机的明代中后期"❶。这里不仅明确了乡约最初始的读法功能，还申明乡约繁荣的社会契机，即社会出现治理不畅的情况下，官学、公权力呈下降趋势时，乡约作为地方自治组织的作用愈加凸显，呈此起彼伏之状。

从思想上看，《吕氏乡约》的产生离不开宋代陕西蓝田的关学与礼学，其中对儒家思想特别是横渠理学的继承也是吕氏兄弟能够创立乡约制度的重要渊源。吕氏乡约从思想流派上看不是当时理学的正宗，因为那时的理学主流是讲性理，而关学更关注的是礼仪与实践，关注横渠学问，即"以易为宗，以中庸为的，以礼为本，以孔孟为极"❷。而吕氏兄弟本身是关中礼学的典型代表，读书做官在当地很有名望，他们一家所创设的乡约在当时当地能够起到民治的作用，是儒家文化与乡土社会的必然产物。

从功能上看，乡约是中国古代基层社会中的一种组织形式，能够有效地实现地方教化。乡约的形成与发展经历了一个漫长的过程，最早的有记载的乡约是北宋理学家吕大钧创立的，史称《吕氏乡约》，这是后世乡约的蓝本。在以往的研究中，我们多关注于吕氏乡约中关于道德规范的内容，却忽视了乡约本身的组织形式。乡约最初是由士绅自主发起的，由乡里百姓自愿参与而形成的民间组织，其目的在于形成良好的乡里秩序，实现儒家教化的地方化。

从流程上看，乡约的运行不是独立的，乡约中的权力一方面来自乡绅的威望，另一方面来自官方的认可。乡绅与地方官员之间的关系，本质上就是绅权与皇权的关系，二者相互统一、互相利用，又互相矛盾。但是在大多数情况下，二者有共同的利益和目的，能够相互配合、利益共沾。乡约不仅对乡人进行道德教育，还往往涉及地方社会秩序的问题，所以它的运行非常需要地方官的支持和官方的认可，获得人际关系管理中的绝对权威和执行力。吕氏乡约中提出了乡约的基本目标，即"德业相劝、过失相规、礼俗相交、患难相恤"，同时乡约还有关于恶的行为的惩罚措施。但乡约本身并不在法的层面上，特别是乡约不同于宗族内的家法族规，可以依靠家中绝对的权威予以施加惩罚；它作为一种基层组织形式，必须依靠

---

❶ 曹国庆. 明代乡约推行的特点 [J]. 中国文化研究，1997（1）：17.
❷ 出自《宋学元案·卷十七》。

官办、官督民办或民办官认的途径来获得官方不同程度的支持或认可，从而获得某种合法性的授权以具有准法律的性质，这是乡约约束力的合法性来源和依据。虽然需要依靠政府，但士绅最初组建乡约的目的并不是利用强制力来实现自我认知中的理想乡村图景，而是基于自身对儒家社会秩序的理解，在乡村实现教化的使命。因此，地方官员给予乡约充足的法律保障与制度保障，有利于推动乡里社会治理。同时，地方官员还可以为乡约的组织建设、场馆建设、人员队伍提供必要的财力支持。

乡约具体的运作模式，以《吕氏乡约》为例。乡约作为一种固定的组织，有明确的聚会方式、主事人员、财务往来、入约规定。其一，聚会方式。乡约采取定期聚会方式，每月一小聚、每季一大聚；聚会中会有聚餐活动，举行乡饮酒礼，费用皆由当期主事人员自理。因此，乡约的主事人员不可能是普通的百姓，否则从组织调动与财力支出方面都无力负担。聚会均有固定的场所，多在乡里的祠堂或宗庙中举行，既具有仪式感，也是古代公共活动的唯一选择。其二，人员安排。乡约设"主事"负责管理相关的事务，分为"约正"和"直月"两种。"约正"有一到两人，他们是乡约中的最高管理者，具有赏罚决断的权力，由推举产生，都是能够秉公执约、刚正不阿的人士。"直月"有一人，负责约中杂事，每个月都会替换，选举的原则是"不以高下，依长少输次为之"，是说进入乡约的百姓都有机会当直月，以此来使乡约组织透明化、公开化。其三，财务往来。前面已经说了，乡约中的主事不仅德高望重，还需要有一定的财力，因为乡约中所有的聚会花费都由他们来承担。聚会时对乡里百姓的善恶记录中也有对作恶行为的惩罚，其中处罚的罚金也可用于乡约的运行。比如犯义之过，罚五百钱，程度较轻的可减至三百至四百钱。不修之过和犯约之过，均罚一百钱，程度重的可罚两百至三百钱。等等。《南赣乡约》中罚钱的规范只有一处，即无故不赴聚会的，罚银一两充公。这些罚金既是惩罚的手段，也是乡约运行的重要补充资金。其四，入约规定。乡约虽以乡里百姓为对象，但并不是强制要求加入，而是自愿参与，坚持"来者不拒、去者不追"的原则。

乡约的德育功能以道德教化为核心，以惩戒处罚为保障，树立共同道德标准、礼俗标准，使个人行为有所遵守，不至于超过标准范围外，是"躬行礼义"的典型。具体表现是《吕氏乡约》的十六字目标——"德业相劝、患难相恤、礼俗相交、过失相规"。通过正反两方面的内容，以约

第四章 变风易俗以致太平：社会德育方法的实效分析

文这一成文法则对日常生活进行规范。其一，德业相劝、患难相恤。乡约中有非常明确的关于善行与良业的规定，并且指出有好的德行必然会在聚会中提出表扬，并以文字的形式记录下来。具体的德业要求实际上是为乡民自我修养提供了蓝本，诸如能齐家、事父兄、教子弟，能广施恩惠、救患难，能受人寄托、解斗争。凡是读书、治家、营生等，都算作为良业。其二，礼俗相交。乡约中有关于乡里婚姻、庆贺、吊丧、祭祀等事宜的规定，指出礼俗是人际交往的内容，包括如何行礼、馈赠名目与数额，要求在礼俗中要能够助力他人，当别人因为丧葬缺乏劳动力时，主动帮忙出力；当他们因为婚嫁缺少器具时，要主动出借。其三，过失相规。《吕氏乡约》中提出了过失包括犯义的错误六条，犯约的错误四条，犯不修的错误五条，其中约的错误是十六字目标的反面，犯义的错误包括酗酒、斗殴、诉讼；作恶生事端；辱詈有德行的长辈，说人长短；陷害他人、不守信用；恶语伤人、诬告、写匿名信；钱财上过于自私、贪便宜等。不修的错误包括交了品行坏的朋友，贪玩怠惰，进退没有礼仪，遇事逃脱，奢侈浪费。《南赣乡约》中还有关于军民人等暗通贼情、官军下乡索要财务等恶行，都是乡约中要求惩处的。惩处的方法也相对集中，《吕氏乡约》多是罚钱，《南赣乡约》中规定处罚的具体形式为先聚会劝导，再书面纠正，最后再采取执送官府的行动。当然，南赣乡约中还有一条很宝贵，就是对于犯过错误的乡民，也要认真对待，因为"人虽至愚，责人则明；虽有聪明，责己则昏"，并指出"人之所赖于邻里乡党者，犹身有手足，家有兄弟，善恶利害，皆与之同，不可一日无之"，❶ 则是希望父老乡亲不要因为他人有过恶行就不再与他交好，也不要自恃为良民，就不修炼自身，更是认定了邻里社会、乡党社会是一个整体，最大限度地团结乡邻，才能实现共生共存、保证基层稳定。

在研究中，我们经常看到的乡约主要是《吕氏乡约》和《南赣乡约》，从二者的性质上来看，有很大差异的。如，《吕氏乡约》是乡土社会中人们自己主持修订的，依据的是约言，而《南赣乡约》是由政府提倡，依据的是圣训。王阳明巡抚南赣的时候，正值兵荒马乱时期，他所推动的《南赣乡约》也是寓教化于保甲法中，以维持地方的治安，但是受实际事务的牵制，没能与地方的保甲、社学等融为一体，以至于更像是一种精神性的

---

❶ 出自《王阳明全集·第二卷·南赣乡约》。

存在,这种由官府提倡的乡约实际效力并不更好。当然了,《吕氏乡约》是一种自愿形式,在适用上也没有强迫全员参与,至于这一时一地的乡约,推广起来,也是困难重重。事实上,这种区别是时代的产物。南宋以后,乡约逐渐消失了。元朝入主中原以后,一方面谋休养生息,减轻地方赋税;另一方面谋团结,组织村社,他们将劝课农桑、惩戒游惰、组织社学等囊括在一起,但是没有再使用乡约。到了明朝,整个村社组织又不复存在,但是其中的内容大多保留了。明太祖虽然也重视农村的礼教,但是依然没有再启用乡约的制度,太祖的《大诰》三篇❶以及各种教民榜文、申明三纲五常等,宣扬圣谕变得常态化,特别是还要求乡里建设的申明亭子、旌善亭子,一个惩恶一个扬善,都是提倡孝悌忠信、邻里和睦、教育子孙、无做非为的,是对乡村治理的重要举措。由此,我们再看王阳明提倡的《南赣乡约》与《吕氏乡约》的种种不同,就不难理解了。到了清代,随着中央集权和对乡村控制需要的增加,圣谕形式的乡约更加突出,但是这种乡约缺少了儒生与学士的魅力,变成了单纯地利用皇帝、官吏的权威去行事,企图让百姓心悦诚服地加以改造,效果自然非常低。我们可以借此理解到,乡村的治理在中国古代社会中很难由皇权直接制衡,而更多地期待儒家思想与乡土社会的自治伦理来完成。

三、传承礼仪风俗

礼仪风俗是人们在日常交往中,形成的用以阐释礼义规范、规约人们情感的形式,它所关涉的内容直接影响百姓的日常生活与情感世界,兼具自然与人文的二重性,是一种最普遍化的生活形式,它对民众生活具有直接的人文教化意义。仪式是由文化传统规定的具有象征性和表演性的行为方式,既可以是神圣的活动,也可以是凡俗的活动。礼仪风俗不是空洞的仪式,而是要通过百姓的日常生活和交往活动来表达,儒家在论礼讲义的活动中,就特别重视人们交往中情感的真实性。《礼记·礼运》中说,"人情者,圣王之田也,修礼以耕之,陈义以种之,讲学以耨之,本仁以聚之,播乐以安之",把人情比作一块田地,把圣王比作土地的主人,圣王

---

❶ 《大诰》是朱元璋亲手编写的别于大明律的一套律法,著于洪武十八年(1385)到洪武二十年(1387)。《大诰》总共四篇,《大诰》《大诰续编》《大诰三编》《大诰武臣》。

用礼来耕耘,用义理来播种,用教学来除草,把仁爱当作果实,置办酒席音乐当作对自己的犒赏。这整个从耕种到收获的喜悦,充分说明了儒家对礼仪中人性的喜爱。

古代礼仪风俗教化的显著特点,是它能够彻底融入生活而不易被人察觉,它看似平淡却被赋予很深刻的内容和很厚重的期待。人们行礼或按照风俗习惯开展活动的时候,不仅本人受到了教育,旁观者也受到了熏陶,如春风化雨,人们在不知不觉中已经感受到了儒家仁义德行的浸润。这些仪式的普及性很高,或由地方官员组织,或由乡绅、名门望族来组织,参与度与执行力都特别高,百姓经常参与这些礼仪,能够在不自觉的状态下养成尊礼、守礼的习惯,能够自觉地服从礼义的规约。如,《荀子·礼论》中记载了丧礼的仪式,"齐衰、苴杖、居庐、食粥、席薪、枕块,所以为至痛饰也",儒家通过具体的丧礼,也是为了表达人们在丧失亲友时的痛苦,通过丧礼的仪式给予人们缅怀和思念的方式,使这种自然的人情更加持久、坚韧。正如《礼记·经解》中说,"故礼之教化也微,其止邪也于未形",古代礼仪教化虽然轻如细雨,但是它的能量还是很大的,能止住那些看起来强大的歪风邪气。

礼仪风俗的传承既依赖于统治阶级的重视与认可,也有赖于百姓认真遵守。礼仪风俗的传承离不开人,它本身是儒家德育思想仪式化的表现形式。以乡饮酒礼为例,它最早出现在周朝,那个时候它只不过是一种乡人之间的聚会方式,后来,儒家在饮酒中注入了"尊贤养老"的精神内涵,使人们在习惯和喜爱的饮酒中感受儒家教化的魅力。周人饮酒,按照年龄高低、德行大小来排定座位,这种安排本身就是对德性和尊贤的尊重,《周礼》中记载,"三年则大比,考其德行、道艺而兴贤者、能者。乡老及乡大夫,帅其吏与其众寡,以礼礼宾之",举行乡饮酒礼的目的是"使民岁时燕会,习礼读律,期于申明朝廷之法,敦叙长幼之节"❶。所以,乡饮酒礼中行礼的环节一般要以年龄长幼为顺序,先要给长者、德高望重的人行礼,这样的规定其目的是使人们懂得长幼有序、德行为先的道理,在自我的修养中逐渐养成尊老敬老、谦逊无争的品格。秦汉后,乡饮酒礼长期为历代士大夫所遵用,乡绅们极力将其推广到民间,以图教化。明代开始再次下及百姓。明代规定乡饮酒礼行于学校,由知府、知县主持,被邀请

---

❶ 出自《大明会典·卷八十一》。

者都是从士绅中挑选出来的，还有少量耆民，即平民中年高有德者。由此，乡饮酒礼已经从最初的家族、乡里的活动，经过学校和官学的组织，如今成为宗法与基层教化的结合，既是鼓励人们忠君孝友，通过儒学的纲常名教化百姓，促进了现有社会秩序的稳定，又加强了中央对百姓的掌握与统治。

第四节　儒家社会德育的评价方法

社会德育的评价方法是社会正常运行的重要激励手段，这种评价离不开政权的权威支持和民众的自愿参与。一方面，在中国古代社会，人们是倾向于服从权威的。从政治而言，普通民众服从地方官员、中央官员、天子；从家族而言，普通民众服从家长、族长；从社会而言，普通民众会服从君子、圣贤。因此，就促进了具有权威支持的社会评价方法的有效运行。另一方面，熟人社会的差序格局，使人们害怕受到周遭舆论的指责和家族的抛弃，从而遵守既定的民风并努力光宗耀祖。孔子在教化手段上也是主张德主刑辅，指出如果政策太宽松了，百姓就会怠慢，怠慢了之后再去纠偏就要花费很大力气；如果使用苛刻手段，百姓利益就会受到损害，就会又回到施行宽松的政策上来，这样就构成了"宽以济猛，猛以济宽，政是以和"[1]的局面。《唐律·名例律》说，"德礼为政教之本，刑罚为政教之用"，它们俩好像黄昏与初晓一样相互依赖成为昼夜，好像春阳秋阴一样互相依赖成为一年。因此，儒家德育评价方法巧妙地设计了赏罚两种机制，其根本目的是个体与社会的共同发展。

一、德性是社会德育的评价标准

中国古代社会有非常鲜明的重德传统。美好的德性既是个人的重要评价标准，也是官员的评价标准。通过赞扬、褒奖或批评、谴责等方式，来对自己和他人的言行进行评价，实际是传达了善恶、荣辱、正当或不正当

---

[1] 出自《左传·昭公二十年》。

第四章 变风易俗以致太平：社会德育方法的实效分析

等道德价值，是激励人们扬善弃恶的重要途径。所谓以德性作为社会德育的评价标准，是指以人们在日常生活中的言行作为善恶评价的道德准则，特别是官员在行使权力中的善恶问题。古代德育重德，有德性的个体是遵循社会规则、维护社会秩序的重要力量，只有以德性作为德育评价标准，从道德层面规范个体的活动，才能以更加温和的方式实现统治阶级的政治理想。

德性是个人的重要评价标准。先秦儒家在构建德育体系时，大都遵循天人合一的整体思维模式，要求以天道启人道、人道遵循天道。在先秦时期，天对人的影响是无处不在的，人们深信天与人之间有内在的德性联系。天不仅以德赋人，而且以德择人。对于人性是怎么样的、如何通过思想道德教育来有效地改造人性等问题，儒家从天人关系出发寻找答案。孔子根据天道无亲、唯德是辅的天命观，认为德育应该有教无类，天地对万物都是平等的，人能否上达天命，关键在于人是否有德。《孟子·告子上》中说"有天爵者，有人爵者。仁义忠信，乐善不倦，此天爵也；公卿大夫，此人爵也"，孟子公开宣布天爵就是仁义忠信等抽象的义理或道德规范的代名词。这些道德规范因为来自至高无上的天，而高居于人们的思想意识上、甚至高居于社会政治制度上，获得了无上的崇高性和权威性，并根据"诚者，天之道也"而提出"反身而诚"。"诚"是孟子思想的核心范畴之一，他说"是故诚者，天之道也。思诚者，人之道也"（《孟子·离娄上》），诚是天之道，思诚是人之道，诚是沟通天人的重要通道。因此，人民要合乎天道，养成天爵，就务必要诚，这就是个人德性。

德性是君王的评价标准。孟子要求统治者施行仁政，提出"以力服人者，非心服也，力不赡也；以德服人者，中心悦而诚服也，如七十子之服孔子也"（《孟子·公孙丑上》），意思是说，以势力压人，不能使人心服口服；只有以德服人，才能真正使人心悦诚服。"三代之得天下也以仁，其失天下也以不仁。国之所以废兴存亡者亦然"（《孟子·离娄上》），所以儒家思想在统治阶级施政中也呼吁统治者能够兴学重教，施行儒家仁义礼智的思想，以自身的良好德性引导整个社会的风气。当然，孟子主张施行仁政的基础在理论上，还要结合他所论述的性善论与民本观来看待，在经济层面依赖于有效运用自然规律进行生产，尊重民众私人财产和轻徭薄赋等财税政策。

德性也是官员的评价标准。早在西周时期统治阶级就有"以德配天"

的理论，将官德作为统治阶级的权威和合法性的来源，没有官德配合的统治是不稳固的。孔子提出"为政以德"就是呼吁为官者爱民、养民、安民，强调官员自身的身教示范作用。两汉以后，官员受儒家思想影响更加深远，特别是董仲舒提出的三纲五常之道，都主张运用儒家的德来教化百姓，特别是举孝廉制度的设立，德性作为官员入仕的核心标准就确定下来了。唐宋以来，德性越来越成为官员评价的重要指标，不仅确立了官德学习与考察的方法，还规定了官员要用圣人之德来要求自己，找到差距、奋发修行。

二、旌善奖贤的正向激励方法

正向激励方法是德育评价的重要方面，它通过激励、奖励的方式，实现对德育客体行为的肯定，从而为他人进行榜样教育和示范作用。社会德育中的正向激励方法，主要包括对普通民众的旌表法和对官员的奖贤法。

所谓旌表，就是古代统治阶级提倡的一种奖励德行的方式。自秦、汉以来，历代王朝对所谓义夫、节妇、孝子、累世同居、贤人、隐逸等大加推崇。评价的方式一般是由地方官申报朝廷，经获准后由朝廷赐以匾额，或由官府为之造石坊，或赏赐银两、米、绢，以标榜其德行，彰显皇家恩典。因此，旌表所奖励的德行必然符合社会主流的价值观，这种价值观与统治阶级的需求相匹配，是统治阶级意识形态的表达和渗透方式。旌表意在引导民意，实现天下归心。旌表是寻求基层思想引领与掌控的一种礼制，是为政以德的一种具体化的形式，要通过皇权和法条来维护其绝对权威。旌表制度中也以免除差役等经济利益作为奖励，使其更加具有吸引力。

例如，旌表累世同居。郑氏家族是一个历经宋、元、明三代的封建大家族，所有的家族成员共同生活在一个大院中，家族中的所有成员都同灶同食，这样的累世同居在古代社会也受到旌表的奖励。累世同居之所以受旌表，原因有两个：一是累世同居是儒家孝文化的体现；二是因为累世同居帮助维持了乡里秩序，对统治阶级的社会治理起到推进作用。好的秩序依赖于有效的管理，累世同居对家长的要求很高，对累世同居的旌表主要是对家长治家能力的赞赏。同样地，旌表的对象本身也成为百姓争相模仿的榜样，成为引导百姓向善的手段。旌表还有很多内容，如，西汉时期昭帝下令赏赐郡国中有品节者五十匹布,对于有孝悌美德的个人,会在正月里赏赐酒水。魏晋时期的李密,因父亡母改嫁,与祖母相依为命,面对晋武帝邀请他做太子老师的诏书,他写出《陈情表》,痛陈孝养祖母之状而难以赴任。武帝感其忠孝,不仅嘉奖了他,还赐了两个奴婢给他,要求郡县帮助养老。

所谓奖贤,主要是对官员进行的德行评价。在古代社会,官员任用后,为了保障官员能够有效地开展工作,推行教化,历代的官员都要进行考核。古代社会的考官制度在官员设置之初就已经产生了。例如,汉代的考官制度主要考核官员的德、勤两项,考评的结果也与自身的升降相联系。唐代考核包括官员的品质、道德修养、对君主的忠信笃敬的状况。官德的标准是四善,即德、慎、公、勤,具体来说就是有良好的德性、为官办事清正廉明、秉公执法不偏私、勤勤恳恳。古代官员考核的标准非常具体,前文提到的唐代就有"二十七最"表达了二十七种不同官职所应该具有的不同的考核德行标准。古代的考课与奖惩结合,保证了考课目的的实现。贤者留,否者黜。《旧唐书·职官志》中说:"较之优劣而定期留放,所以正权衡,明予夺,抑贪冒,进贤能。"奖励的形式有口头褒奖、行文褒奖、增加俸禄、赏赐黄金、升官、赐爵封侯。古代对官德评价的论著是非常丰富的,特别是在很多官箴书目中,虽然它本身是关于为政经验的总结,是初入官场的新人们的学习读本,但其中蕴含了丰富的关于官德评价的资源。

三、惩恶罚愚的反面预防方法

所谓反面预防方法,既是对已经出现恶行的惩罚,以儆效尤;同时也是对广大民众的预防教育,明确告知人们哪些行为是善,哪些行为是恶。《礼记·典礼上》中说,人如果不懂得礼仪的话,就算拥有语言表达能力,也不能阻止其内心依然是一个禽兽。人如果没有礼仪,就如同动物。德主刑辅是儒家德育在评价方法方面的重要思想,董仲舒认为,只有道德教化才能培养人的是非荣辱心,从而使其为善,教化就像防止人犯罪的堤防,"故教化立而奸邪止者,其堤防完也";相反,"教化废而奸邪并出,刑罚不能胜者，其堤防坏也"❶。因此，惩恶罚愚的反面预防方法是古代社会法律等的应用，它充分体现了古代社会德育的制度化。

第一，社会德育中的惩恶罚愚主要表现在对科举士人和官员的惩罚上。科举士人可以说是潜在的官员，他们同官员一样是统治阶级权力的执行者，他们在权力、品德中的过错在社会中会有放大效应。因此，惩恶罚愚首先要对这些"国家机器"入手。

其一，科举应试中作弊行为的处罚。在科举社会中，唐代正值我国封建社会的鼎盛时期，也是考试作弊的高峰期。官府在处理考试作弊人员上，也倒逼而形成了丰富的制度。例如，五代及宋元时期的"殿举""殿罚"，明清时期的"罚科"，都是对在科举考试中出现的违规行为、作弊行为和出现严重的理论纰漏，却依然出现在考场人士的一种停考下一场或多场的处罚方法，如此，乡试中作弊的会罚停会试，会试中作弊的会罚停殿试，根据所犯错误的轻重决定停考科目的数量。《明史》中记载说，考生如果身上裹挟了小抄、文字或者银两，并越过自己的考区同他人交换答案的，只要发现就发配充军边疆，满三年后还原为民；如果是官吏帮忙作弊，那就直接贬为庶民。《金史》中还有"解发袒衣，索及耳鼻"的规定，可见，古代对于作弊行为是非常警惕的，对潜在的官员的处罚非常严厉。

其二，对古代官员来说，处罚主要来自其自身政绩的优劣与品德的好坏。历朝历代中，被问责的案例并不鲜见。在古代社会，官员犯罪比普通民众犯法所要承担的处罚要猛烈，那些占据了社会资源却侵犯国家政权、破坏伦理道德的犯罪被视为重罪。一般性的处罚方法包括申诫、鞭杖、罚金、降序、降职、罢官、判刑、抄家等。相对于奖贤中对官吏"四德"和"二十七最"的规定，历史上还有关于官吏"十恶"重罪的记载，即"谋反、谋大逆、谋叛、恶逆、不道、大不敬、不孝、不睦、不义、内乱"十条，官吏但凡犯了其中任意一条，都会被处罚为死刑并株连九族。这样严苛的处罚方式，是对官员这一特殊群体的专门方法，他们作为君王权力的直接执行者，是君王与百姓之间的沟通桥梁，这样的职位要求他们必须严于律己、忠信为国、一心为民。

在刑罚使用上，儒家继承了三代时期的"刑不上大夫，礼不下庶人"

---

❶ 出自《春秋繁露·度制》。

观点，即对于八类特殊的人群❶是不适用的。汉朝律法中亲亲互隐，也是以此为依据。汉宣帝曾颁诏书说，父子之间的亲情、夫妇之间的情谊，这都是天性使然。任何一方有过失灾祸，另一方宁可蒙混过去也不想让他去死，这是仁爱之心，不要去违背，所以"自今子首匿父母，妻匿夫，孙匿大父母，皆勿坐；其父母匿子，夫匿妻，大父母匿孙，罪殊死，皆上请廷尉以闻"❷。这种亲亲相隐虽有不当之处，但最终是符合中国古代家国相通，忠孝相连的传统观念。

第二，社会德育中的惩恶罚愚还表现为对普通民众的惩罚上。例如，在乡约中，对乡民不符合德行的行为进行批评，通过公开的、聚众宣读的方式进行，对当事人造成羞辱，对其他乡民形成警示影响。《南赣乡约》中就有约众参与，组织者与约众相互呼应的读约仪式，它通过更为简化、生动的仪式突出乡饮酒礼，以宣讲圣谕为首要任务。组织者读约之时还和约众一起宣讲善恶，对与会者在会上说什么、做什么都有更为详细的规定。《南赣乡约》利用民族心理进行申戒，具体有戒论、读约、彰善、纠过、申戒、宣言等多种教化仪式。

---

❶ 参见《礼记·曲礼》。"礼不下庶人，刑不上大夫。东汉郑玄注云：刑不上大夫，不与贤者犯法，其犯法，则在八议轻重，不在刑书。"这八议人包括：议亲，皇亲国戚；议故，皇帝的故旧；议贤，依封建标准德高望重的人；议能，统治才能出众的人；议功，对封建国家有大功勋者；议贵，上层贵族官僚；议勤，为国家服务勤劳有大贡献的人；议宾，前朝的贵族及其后代。

❷ 出自《汉书·宣帝纪》。

第五章 儒家德育方法实效的历史评价

推动中华优秀传统文化时代化,是习近平总书记自党的十八大以来提出的重要号召。习近平总书记强调,不忘本来才能开辟未来,善于继承才能更好创新。儒家德育方法是在中国古代社会特定历史条件下形成的,蕴含了先人传承下来的方法理念和价值规范,承载了中华民族的独特文化传统、社会条件和历史命运,对整个社会秩序的维护和统治阶级实现阶级统治起到了重要作用,对培育适合古代社会的价值观具有非常显著的成效。可以说,儒家德育方法在历史流变中的丰富、发展和变迁,本身也是创造性转化的过程。当前,国家意识形态的宣传教育,特别是社会主义核心价值观的宣传教育,要真正实现落地生根,内化于广大人民群众的心、外化于行,不仅要求德育重视理论的研究、阐述、创新,而且对德育方式方法的运用和创新提出了更高的要求。对此,我们要关注当前、展望未来,追溯过去,向历史求解。

第一节 儒家德育方法的历史功用与生态条件

德育方法是儒家德育有效性的中介,保证了儒家思想的主导地位,实现了儒家思想在民众中的共践共享;为培养统治阶级所需要的人才发挥了重要作用;是统治阶级敦化风俗的重要手段。这些是儒家德育方法在当前研究中受到重视的重要原因。当然,德育方法能够在古代社会发挥作用,有其特殊的历史条件。儒家德育方法具有深厚的底蕴,但当前社会条件发生了变化,传统与现代之间出现了诸多不适应,只有全面考察方法运行的主客观条件,才能够为当前吸收借鉴儒家德育方法资源开辟道路。

一、儒家德育方法的历史功用

方法在本质上是联系主客体的工具，儒家德育方法实现了儒家德育施教者与受教者的良性互动，将德育内容有目的、有意识地灌输到百姓的物质生活与精神生活之中，从总体上实现了儒家德育的目标，培育了大批统治阶级需要的能够教化百姓的人才，也孕育了向上、向善的良好风俗，维护并巩固了统治阶级的社会秩序。儒家德育方法从历史作用来说，成为推动整个古代社会运行的重要力量。

第一，儒家德育方法通过道德与政治相结合的方式，巩固了统治阶级的思想基础和阶级基础，维护了统治阶级的社会秩序。政治伦理化与伦理政治化是古代社会的典型特征，特别是两汉以后，董仲舒将"君权神授""天人关系"的理念植入统治阶级的政治权威和百姓的思想观念中，统治阶级本身的道德性、统治手段的道德性，都成为百姓仰视与注视的对象。儒家德育方法将儒家德育思想所要求的政治纲领，通过培育"君子人格"的方式，引导百姓按照统治阶级的需求，不断提升自我修养，实现自我发展与社会发展相统一，自觉认识到个人的成长能够在社会发展中获得的现实利益，自觉认识到个人的发展对家国的重要性，从而能够理解和顺从统治阶级的政治需求。儒家德育方法依存于中国古代"家国一体"的思想观念，通过家庭、学校、社会层层相扣的教育，将个体培育成了在主观愿望和现实利益面前都能够臣服于统治阶级的人，并培育了一批具有使命与担当的统治阶级需要的人才，从根本上巩固了统治阶级的阶级基础。

第二，儒家德育方法从总体上实现了德育思想的人伦日用与代代相承，将儒家思想渗透到了百姓的日常生活中，成为日常生活的重要内容，保证了百姓在道德生活与政治生活中的自觉性和社会图景的稳定性。"人伦日用"是中国古代社会的典型表征，中国数千年的文化传统之所以能够传承延续，不仅仅取决于小农经济造成的社会稳定性，也不完全依赖于统治阶级对社会的控制，其更为深刻的意蕴在于这种文化传统就是百姓日常的生活模式，百姓喜闻乐见、日用不知。这种稳定的模式，实际上是儒家德育方法实现了将儒家德育思想渗透到百姓的日常生活中，百姓的举手投足、衣食住行、节日庆典、风俗文化等，都蕴含了儒家倡导的政治理性与道德要求。正是这样稳定的生活模式，造就了中国古代社会独特的超稳定型的社会结构,它最突出的体现就是,这种稳定的生活习惯不会因为朝代更替或战乱和平而消解或丧失,反而在代际相承中呈现出无限魅力,成为后人追逐向往的乐土。

第三,儒家德育方法按照修齐治平与循序渐进的成长路径,实现了个体对自身价值、使命担当的认可与接受,在培育具有良好德行的个体的同时,也为儒家德育的推进培育了具有成风化人能力的施教者。儒家德育方法的一个典型特征就是将个人目标与社会目标结合在一起,强调通过德育完成对受教者自身人性中善端的发掘与扩充,引导他们通过自我学习和修养,坚信自己能够达到君子人格,并在自我修养中不断克制自我、教化自我。只有经过修身才能够实现齐家、治国、平天下。在儒家德育方法研究中我们发现,无论是家庭、学校还是社会德育,儒家都不乏施教者。有些施教者本身并不一定都经历过完整的、正规的德育,但其对儒家政治理想与道德要求的认可是其能够成为儒家德育施教者的内在因素。这种内在因素来源于人生理想、政治抱负、物质利益、现实需求,总之,他们能够依靠社会中各式各样的文本、活动或组织,来教育各自对象如何看待儒家思想,直接地维护了统治阶级的社会秩序。

总体来说,儒家德育方法的成功在于完成了儒家价值观的塑造,这种价值观以道德品行的培育为表征,实际是关于思想性和政治性的教育,它是儒家士人在对人自身充分把握的基础上,通过传统社会的群体观念和天人关系,完成对人们行为的指导,引导个体追求君子人格和卓越。实现了从观念到组织的改变,这种价值观的效用最终体现为社会个体与群体对统治阶级社会秩序的认可、对自身社会地位的肯定和对自身德性不断提升的喜悦。

二、儒家德育方法的生态条件

方法只有紧跟时代步伐、贴近社会实际,才可能发挥其实际效用。儒家德育方法之所以在儒家德育过程中发挥如此大的作用,也与整个古代社会的现实因素紧密相关。

第一,政治或权力实际:两汉以后,儒家思想成为官方的指导思想,对德育方法的推广与运用起到重要保障作用。理论需要的程度,取决于社会需要的程度,一种学说传播得是否成功,还要看它的社会普及程度和在社会实践中被执行的广度。在中国古代社会，儒家思想的传播或者儒家德育的推行，很大程度上取决于统治阶级的权力，即依靠权力的强制性和绝对性实现社会控制与管理。倘若儒家思想不是官方指导思想，如，在先秦诸子百家争鸣时期，以孔子为代表的早期儒家，尽管渴望恢复周礼、重建奴隶主贵族的统治秩序与权威，但各国统治者并不欢迎他们。原因是当时处于争霸时期，孔子的仁义道德仅在纯粹的政治理想层面受欢迎，并没有具体的手段来实现那些大家公认的政治理想原则。所以孔子的思想虽然伟大，但如果没有与时代相结合，没能够满足统治阶级的需求，那么很难获得国家权力的支持与推动。

西汉初年，刚刚经历秦朝覆亡的教训并接手社会治理，经济萧条不堪，阶级矛盾尖锐。为此，统治阶级实行以无为而治为特征的"黄老之学"来缓和这一社会现状，并治疗朝代更替中的战争创伤，安抚百姓的情绪，恢复和发展社会生产，安定社会秩序。但弊端也日渐凸显，无为之治在休养生息上的优势，并不符合统治阶级进行中央集权的统治和开疆扩土的政治需求。因此，汉朝思想家紧接着扶持儒学并顺应了历史的发展、吸收了其他学派的有益成分，在得到统治者的推行和提倡下，通过建立儒学教化体系，如，广兴学校、举孝廉、设官职、掌教化、重视家庭忠孝节烈等，使儒学浸润到社会每一个角落。统治者不仅身体力行儒学思想，还将儒经作为儒学教化的制定教材，将儒家理念作为选官用人的标准，推广儒家礼仪文化，儒学的价值观逐渐成为当时社会的主流思想。后世统治阶级基本都将儒学作为统治阶级的指导思想，不管在民众认可、权力推动与制度保障等方面，儒家德育思想都拥有雄厚的支持，德育方法就更容易开展。

第二，思想实际。生产力决定传统文化中的家庭观念浓厚，集体利益与家长权威在儒家德育中占据重要地位。这里的家长权威包括"家"和"国"两类。就"家"而言，在第二章已经谈过了，古代的小农经济决定了家庭成为儒家德育最基本的社会单位，相对于西方的早期商业社会所带来的流动性，古代中国的家庭基本就固守在土地上，经验社会与熟人社会决定了家长在家庭中的权威地位。家庭内部有等级、有尊卑，长辈和晚辈不是完全平等的关系，在古代这样一个系统在某种程度上是统治阶级的一个工具，每个家族有个家长，管理着以家庭为基础的社会单位。对于统治阶级来讲，这个是很好地保持社会结构稳定的一个方式。儒家所倡导的"君子人格""三纲五常"是家庭秩序建构的理念基础，通过对儒学的学习,而进入仕途的人也比比皆是,对子女从小就加强启蒙教育和学校教育,于家族、个人都是得利的活动。儒家德育最核心的部分就是尊尊、亲亲,家庭的血缘关系是儒家德育方法的基础。

就"国"而言,"国"是放大了的"家",是在"家"的理念中推演出来的更高意义的"家",也有自身的利益与权威性的家长。从周代起就有敬天保民思想,君主应该爱护管辖下的人民,"乐只君子,民之父母"(《诗·小雅》),好的官吏是百姓的父母,他们会像爱护子女一样爱护百姓。《尚书·洪范》中说,"天子作民父母,以为天下王",那么天子就必然通晓礼乐教化之礼,只有知礼乐才能保护百姓。这是中国古代最早的家国一体的观念,特别是两汉以后君权神授的理念,君主自然成为上天为百姓选择的具有最高德行的人,这也是君王备受百姓仰视的权威来源。君主具有治理天下的使命,他自身德行的丧失也是其失去"家长"地位的导火索。

第三,伦理实际。传统文化中的重德观念浓厚,政治教化以伦理教育的形式,展开有利于儒家思想被广泛接受。儒家思想向来注重向内探求,以便人们认识自身、完善自身,它将"道德"作为思想体系的中心,通过对人和人之间关系的把握讲明伦理规范的价值。儒家学者继承了西周的"敬德"传统,强调道德教育的重要作用。他们以"孝悌"为根本建构了一个完整的思想教育体系。宋明理学家更加注重个体在自身修养中的作用,重知重行,所以都把道德置于优先地位。王守仁说"学校之中,惟以成德为事"❶,也是认为德性是培养的关键。这种教育思想体现在社会治理上,就是"以德治国"。《论语·为政》中说,"道之以政,齐之以刑,民免而无耻,导之以德,齐之以礼,民有耻且格"。统治者依靠政令和法律等外在的手段来治理国家,虽然百姓不去犯法,但是他们会失去羞耻之心;如果以道德和礼教来治理,那么百姓就会心悦诚服。所以,儒家所主张的德治理念一直处于古代社会的主流地位,而耻感教育也是德育中至关重要的内容。固定化的"三纲五常"又将人伦关系以规范化的道德要求确定下来,储存于古代社会的政治制度、礼仪规范、社会习俗中;君子人格的设定也都渗透着强烈的儒家伦理道德思想,久而久之,易于为百姓所接受,使其在自身道德修养中自觉地完成儒家的政治理想。

---

❶ 出自《王阳明全集·第一卷·传习录上》。

第二节　儒家德育方法的价值与特征

儒家德育方法是儒家德育的中介，是儒家德育有效性的关键。在历史上，德育方法实现了德育思想从中央到地方的贯彻，从统治阶级到被统治阶级的渗透，从官方到民间的推广，从观念到组织的运行，并贯穿于儒家德育整个过程，具有非凡的意义。方法的运行需要得到整个社会宏观生态与微观生态的支持。在当代，研究儒家德育方法的超越性，关键是考察儒家德育方法对当前德育工作的意义。方法本身是具体的、有社会历史性，我们通过重新审视儒家德育方法的价值，即具体方法背后所蕴含的理念价值与特征，并对照现代性的需求，挖掘当前德育有效性的生态建设，可以进一步挖掘方法对当代的意义。

一、方法的时代价值在于理念的现实性

有效的方法背后总有正确的理念作支撑。在现实生活与理论研究中，"方法"的定语是有效，而"理念"的定语是正确。因为，方法就是解决问题的方式与手段，它常常是具体的，因主体、对象、时间、条件而异。正因为有这种相对变化的环境，方法本身没有绝对的对或错，有效的方法也不是固定不变的，有效的只是它的评价标准，依赖的是它所处的时代环境。而理念不同，它是抽象的、具有普遍性的概念，是一种指导原则，具有方法论的意义。习近平总书记在中共中央政治局第十三次集体学习时的讲话中提到四个讲清楚，其中非常重要的一个就是要"讲清楚中华文化的独特创造、价值理念、鲜明特色，增强文化自信和价值观自信"[1]，价值理念的研究是实现儒家德育方法创造性转化的必然选择。

方法是理念的具体运用。实现儒家德育方法的创造性转化，关键是要突出方法在当代的时代价值，即理念与现实的结合，将理念转化为活的方法。在场域与方法的关系中，笔者已经确认了不同场域之间的方法的共

---

[1] 习近平. 习近平谈治国理政 [M]. 北京：外文出版社，2014：164.

性，提出儒家德育方法研究之所以采用广义的方法概念，对方法的具体运行开展研究，其最终目的是完成对方法理念的体认。以自我教育方法为例，它包括个体的自我教育、群体的自我教育。在儒家德育方法中，群体的自我教育方法，这里当然是一种理念，具有非常丰富的应用。在家庭场域中，家庭德育的一大特色是家庭聚会的常规化与仪式化活动。家庭德育除在小家庭范围内家长对子女的教诲与训示外，还包括大家庭即家族成员之间的互相监督和教育。这种互助教育通过德业相劝、过失相规的方式来完成。在学校场域中，群体的自我教育则通过学生与师友的相处来实现，更多地表现在对彼此的评价中。在社会场域中，群体的自我教育集中表现为因共同利益结合在一起的百姓，在特定的权威主导下，对共同的行为准则和道德标准的认可，彼此之间互相注视。因此，单就群体自我教育方法理念来说，在不同的场域下就有诸多不同的运用，其共同之处是对共同体利益的维护，对家国理念的认可。

理念是抽象的方法，是具有一般意义的方法体系。理念本身的形成与发展需要经过一定历史时间的沉淀，而理念本身的超越性就是其本身的抽象性与正确性。在具体的儒家德育方法的研究中，笔者能整理出三大场域和三类方法，并就不同方法进行具体阐释，不仅仅是借鉴了前人研究成果，更主要的因素是儒家德育方法本身就是这样呈现的，这是由儒家思想本身对人的认识、天人关系和小农经济生产方式决定的社会结构来共同影响的。因为人性可习，儒家德育方法中非常重视后天的、有目的、有计划的施教引导；因为天人关系中人对天地的敬畏及其对天地人的把握，儒家德育可以在不同场域树立不同的权威，以经验、知识、品性、权力分别确立施教保障；因为社会结构的相对稳定，儒家德育方法也能够在相对封闭的社会群体和相对稳定的社会阶层中，进行纵横两个方向的教育疏导。

理念不是一成不变的，方法也不是立竿见影的，这就决定了理念本身的超时空性和开放性。《周易》中讲，穷则变、变则通、通则久。儒家德育方法作为古代社会实现统治秩序的重要手段，蕴含了不少超时代的内容，如，因材施教、乡规民约、兴学重教等。儒家德育方法自身在朝代变迁中的丰富与发展，是其开放性所特有的意义。因此，实现儒家德育方法的创造性转化，必须秉持实事求是的态度，依于文本和现实，尊重历史和创造。

二、个人目标与社会目标相结合的特征

"三纲领"是儒家为政治国的政治纲领，是培养圣人君子的育人目标。在儒家德育过程中，它的人性观、世界观、道德观都是为其政治理想服务的，具体说是政治理想与道德理想紧密结合在一起的，建立什么样的国家是和培养什么样的人紧密结合在一起的，因此，要做到"亲民，止于至善"，就必须从"明明德"开始；要担负起"齐家、治国、平天下"的责任，必须先从"修身"做起。这样的逻辑与过程从根本上符合中国古代社会的实际情况，它的具体运行在国家理想上，能够有效地维护统治阶级的政治地位，在社会理想上能够实现敦风化俗和长治久安，在个人理想上，能够实现个体的自我修养与人际交往中的和谐，实现了国家、社会、个人三者之间的统一。因此，儒家德育过程实际上是一种把政治、思想、道德等各方面内容融合在一起的活动，也是把国家理想、社会目标、个人追求融合在一起的活动，这是儒家德育的独特优势。

在儒家德育的考察中，个人对儒家德育思想的态度与积极性，同个人自身发展的广度和宽度相匹配。家庭、学校、社会中的方法都试图从价值目标与现实目标上，使德育的施教者和受教者实现统一，施教的过程是为己和利他，自我教育的过程是利他和利己。其一，在家庭德育中，家长对子女的施教既体现了对子女成长成才、光宗耀祖的心理期望，也表达了自身对在古代社会中社会地位与财富的认识，他们是认同儒家德育"三纲五常"的教化内容，以此作为子女适应社会需求与自我实现的手段。其二，在学校德育中，学生或家长对在学校中进行专业化的儒家思想学习抱有最原始的主观目的，学校德育本身在开展中也蕴含着为统治阶级培养有利于实现阶级统治的人才，二者互促互利，从对儒家德育的具体浅显的认识到穷理的追求，都体现了儒家德育试图引导教育百姓，以使其形成对统治阶级意识形态的认可与认同。其三，在社会德育中更是如此，从官方的政策推动到民间的自我教育，无不渗透了儒家德育在维持社会秩序中的关键作用，官方更是通过强制性与公开性方式对百姓的德行进行评价，奖善惩恶，以达到让受教者对儒家德育思想自觉追随的目的。因此，从儒家德育在家庭、学校、社会三大场域中所使用的方法来看，个人对儒家德育的需求与统治阶级对个体的期望具有一致性，儒家德育方法实现了个体发展与

社会需求的有机统一。

个人目标与社会目标的统一，实际上也肯定了广大民众在教化中逐渐形成的自觉性。主要表现在受教者的自我教育和对家中子女的施教中。儒家德育方法原本就强调，通过德育完成对受教者自身人性中善端的发掘与扩充，引导他们通过自我学习和修养，并在自我修养中不断克制自我、教化自我，坚信自己能够达到君子人格。儒家先师孔子提到的"三人行，必有我师焉"，就是一种高度自觉的德育意识。

三、切身利益与长远利益相结合的特征

"三纲五常"是维持社会稳定和人际关系和谐的行为规则，是中国古代社会中的核心价值观。儒家德育思想的精髓，对个体来讲，就是切身利益的实现问题，在于如何使个体生命发挥最大的价值，并积极贡献于家族、社群、国家、民族，从而使个体生命更富有现实意义和超越时空的永恒意义；对群体来讲，既能使自身充满活力，保持前进动力，又能安定有序、持续发展，最大限度地让群体成员都能自由舒展与和谐共存。"纲"，即事物的关键部分；"常"，即常理、常道，不变之理，永恒之义。在中国古代社会，处理群体和个体的责任关系中离不开对"三纲五常"的遵循。

儒家思想在两汉以后，能够长期成为封建社会的统治思想，是因为汉儒所倡导的"三纲五常"的德育内容适应了君主专制统治的需要。儒家德育受教者的切身利益与其作为人类的长远利益是辩证统一关系。切身利益，是人们在处理人与人的关系时，必须考虑与解决人的生死存亡的问题。长远利益，是人们在处理人与人、人与自然的关系时，将自己的利益与代际利益、生态利益进行全面考量后，所选择的宁可牺牲眼前的短时利益，以为他人的存续争取利益的准则。但是，儒家德育从来都不是一锤子买卖，它期望的效果是每一个当下的德育客体都能够认同德育思想，并在下一个阶段成为德育的主体，即对德育的接受与传播、继承与发展。如，生儿育女虽然辛苦，但大都为了以后让儿女养老送终、期待子女有所成就将来光宗耀祖。人们付出高昂的学费、宝贵的时间到学校接受儒家教育，在日常生活中遵循统治阶级推行的礼制与风俗，都是为了能够学到知识、技艺，形成并传承文化习惯，将来通过科举考试或其他路径改变生活现状，满足生活需求，最终实现自我发展。

儒家德育思想之所以能够传承，很大程度上依赖于方法本身的可继承性的形式与内涵。其一，就形式而言，儒家德育方法特别重视人与人之间的示范与影响作用，在家靠家长，在校靠老师，在社会靠帝王、官吏、乡绅，他们本人的道德修养与政治理想对受教者有潜移默化的影响，这种影响力伴随着各自的权威，提升了施教的可信度与实效性。其二，就内涵而言，儒家德育方法中有很多传承性的载体，如，家谱、集训、家庙、碑楹，如儒家经典、历代藏书、学校书院、君王圣谕、政策法令、乡规民约，它们作为德育的载体，本身蕴含了德育的理想追求、思想观念和具体内容等，在世代相承中被保护和完善，不断发挥着德育的效果和影响力。

四、生活化、组织化、制度化相结合的特征

"三化"不是家庭、学校、社会各自具有的唯一特征，整个儒家德育方法都是"三化"结合的产物。前文在对家庭、学校、社会德育的特殊性分析中，曾指出，家庭德育是德育生活化的集中体现，学校德育是组织化的集中体现，社会德育是制度化的集中体现。事实上，在研究中我们发现，整个儒家德育过程都是"三化"的结合，任何一个场域、生态的德育方法都同时蕴含"三化"，只是就其中一个方面表现得更为突出、明显。其一，家庭德育以家庭成员之间的日常交往为主要内容，所以生活化是其显著特征；家族聚会与族学建设，奖善罚恶与自评互评，都是家庭德育组织化、制度化或规范化的体现。其二，学校德育的组织性主要体现为，它是有计划、目的是通过开设学校、选儒师、选编教材、考试管理等来实现德育目标的；施教中的因材施教与榜样示范，日常考核与定期考试等内容，都是学校德育生活化和制度化的体现。其三，社会德育的制度化是社会范围内人际关系相对梳理的必然选择；社会德育终究要依靠官方与民间、中央与地方的力量来实现，需要依靠百姓日用的风俗伦常、生活习惯来实现。

"三化"对于儒家德育方法而言，是德育方法的特征和有效性的条件，构成了儒家德育实效性发挥的具体生态。其一，生活化决定了儒家德育方法和内容的反复性，因为人们的交往活动具有重复性，但也决定了德育效果能够在反复的日常生活中得到巩固，生活化是德育思想实现扎根客体身心和灵魂的基础。价值观的培育是一个漫长的过程，价值观要真正发挥作

用则要融入社会生活,让人们在实践中感知它、领悟它。儒家德育的目标、内容到方法、途径等都渗透到百姓的日常生活中,其思想观念和价值规范等通过人伦日用得到贯彻落实,并产生了显著的效果。其二,组织化决定了德育方法的运行,必须要具有整体性和可控性,儒家德育的主体相当丰富,自觉意识有高有低,组织化的德育方法需要时刻关注德育进度的连贯性,以及德育过程的稳定性,做好德育的衔接工作。儒家德育方法的组织性,实际上最大限度地保留了儒家德育的痕迹,不管是家庭的定期聚会,学校的教学与考评,还是社会德育的乡约、社群等,都是儒家德育能够实现代代相承效果的重要因素。其三,制度化决定了德育方法的强制性,这种强制性不仅是自上而下的政策推行,还包括它联合生活化和组织化德育方法,而形成的德育方法的内在性,共同敦促受教者的思想与行为的统一。儒家德育方法的制度化,不仅表达了它能够以一种规范或者权威的形式实现儒家德育目标,而且表达了其本身的合法性,儒家德育方法的制度化,承载了古代社会在道德和政治领域的先天权威或逻辑。

"三化"就其本身而言,制度化是根本,组织化是手段,生活化是结果,组织化与生活化需要制度化做保障,也巩固了制度化的结果。如前所述,儒家德育方法的制度化,已经从简单的内容层面的"规则"上升为逻辑层面的"权力",这种制度化不仅表达了儒家德育方法在三大场域生态的权威性,也表达了儒家德育能够被运用和认可的人性基础、阶级基础和认知基础。或者说,在古代政治伦理化、伦理政治化的社会环境中,制度化本身承载了儒家的道德,道德本身具有制度性,成为占据统治地位的道德。儒家德育正是在这样互相支撑的逻辑中,实现了其自身的合法性。也正是儒家德育方法的制度化,推动了社会德育、学校德育和家庭德育的有组织地实施。如果没有制度化,德育就会失去其自身的组织性,学校作为成风化人和服务科举的功能则丧失,家庭德育的内容也不再以社会需求为指向。也就是说,儒家德育的制度性实现了儒家德育方法的制度化,从而在学校与家庭两大场域生态中都有意识、有目的的实施和有组织地德育教化。

相应地,儒家德育的生活化和组织化也对制度化的实现起到巩固作用。生活化与组织化的儒家德育的具体运作,首先是规定了人们日常生活或人生发展的基本做法,以规则促使人们从小养成习惯,习惯成自然,在知情意行的渐次过程中,形成对儒家德育目标的尊崇。如,清代《毗陵长沟朱氏祠规》中所载:"族中敦伦,尊卑有序。少年每日见尊长,拱手致敬，坐则起立，行则让道，虽宴饮合欢，不许戏谑。"虽是生活化的要求，但却以家中祠规予以规定，生活化的德育也受到制度化的保障。学校德育的蒙学、小学教育中也是如此，先教导孩童对儒家纲目的背诵熟悉，待其成年后再解读其中的道理，实际上就是通过预先教导和灌输的方式，使百姓在头脑中率先形成对儒家或者对家中长者的经验、学校师儒学识的认可。儒家德育的生活化和组织化，既可以使遵循儒家道德要求成为一种生活方式，也可以使读书入仕成为一种社会参与方式，这种带着温情、亲情、敬仰之情的德育，充分考虑到了当时百姓生活的利益需求。

实际上，儒家德育"三化"本身，也彰显了古代社会对社会主体自身觉醒的认识，但相对而言，古代社会中人们依然还是整体性或群体性的存在，不同于当前的相对独立状态。

第三节　创新儒家德育方法的需求与原则

儒家德育方法的创造性转化是一个充满了反抗与调试、整合与重建的过程，实现儒家德育方法的创造性转化，就是要对德育方法进行再生产。任何的资源，如果在利用过程中脱离了当下实践，就都只具有材料的意义。材料是死的，实践是活的，因此，在创新儒家德育方法的过程中，必须立足当代实践，以当下德育工作的难点与问题为立足点，最大限度地满足当下需求。在这一意义上，实现儒家德育方法的创造性转化，就是要以其能够满足现实需要的程度决定其得以转化的内容与方式。所以，在明确了儒家德育方法的历史功用、社会条件、价值和特征后，就需要对如何实现儒家德育方法的应用进行方法论的探讨，这里重点探讨创新儒家德育方法的三个原则。

一、当前德育工作中出现诸多新情况

当前德育在组织与运行中出现诸多新情况，个体对德育目标的认同危机，家庭、学校与社会在德育上的对话困难，德育窄化和有效性的消解，这些都迫切需要理论与实践工作者对德育的内容与方法进行反思。

德育出现"窄化"的情况。当我们谈德育的时候，就谈大学德育；谈到大学德育，就奔向大学思想政治理论课教育。德育本是一个培育人的体系，最终却窄化为一门课程教学。这样的逻辑就如同孩子的教育要交给学校和老师，家长都是甩手掌柜。这样的局面显然不符合思想政治教育的初衷和现实需求。在儒家德育方法的研究中，本文将其德育场域划分为家庭、学校、社会，这样的划分虽然看似是对当前教育场域的移植，但其深层的原因在于不同场域有不同的施教主体，他们都有明确的、自觉的施教需求与责任，能够将德育这一活动纳入自身发展与使命中。这也是儒家德育方法有效性的重要体现。个体德性的养成不是一蹴而就的，在古代社会也不可能做到每个个体都能够经历学校德育或者规范的家庭德育，这就需要家庭、学校、社会的有效整合与衔接，将德育融入个人生活的方方面面，通过全时性、全方位的方式来完成对个体的熏陶。

构建德育终身化的体系，困难重重。究其原因，有两个方面：其一，制度"合法性"问题。在古代社会，制度的含义就是一种规范化、强制性的群众性手段，它具有先天的道德权威，制度本身承载了道德，而道德也因其所占据的统治地位而具有制度性。在当代，个体的觉醒消解了传统社会的群体生存模式，个体的社会地位逐渐提升，个人自由发展的价值追求不断地挑战着个体与群体的利益关系。在这样的社会发展阶段，如何将思想政治教育以社会共建的方式实现，需要有合法的制度，才能有合理的组织、才能塑造合情的生活模式。其二，对话困难。单就学校德育体系而言，实现小学、中学、大学德育衔接具有客观必然性。1994年中共中央颁发了《关于进一步加强和改进学校德育工作的若干意见》，明确规定要"整体规划学校的德育体系""加强整体衔接，防止简单重复或脱节"[1]。2005年教育部颁布了《关于整体规划大中小学德育体系的意见》，又提出了"整体规划大中小学德育体系的总体要求，……使大中小学德育纵向衔接、横向贯通、螺旋上升，不断提高针对性、实效性和吸引力、感染力，更好地促进青少年学生健康成长"[2]。从文件精神可见，大、中、小学校在现实的德育过程中，虽然目标明确，但确实出现了职责不一、重复教育的现象，衔接效果并不理想，偶尔会出现各自为政、自说自话的状况，甚至

---

[1]《中小学德育工作文件资料必读》[M]．上海教育出版社，1995，第65页．
[2] 郑树山．教育部关于整体规划大中小学德育体系的意见 [A]．中国教育年鉴 [M]．北京：人民教育出版社，2006：817-820．

在德育概念的问题上也出现分歧。德育衔接问题已然成为培育四有新人中的重点与难点。当前,大中小德育一体化又重回研究视野,特别是习近平总书记关于教育的重要论述内涵丰富、博大精深,这就要求在课程建设上,加强大中小学德育课程一体化建设,推动思想政治教育循序渐进、由浅入深、有机衔接。《全国大中小学教材建设规划(2019—2022年)》的贯彻落实在促进不同学段、学科和不同类型学校实现德育一体化上,全力发挥教材的育人功能。至此,部分高校、研究机构也大力推动大中小德育一体化改革,推动教育下沉与补齐短板,坚持正确办学方向与立德树人责任使命,从学生的身心特点和思想实际出发,改进方式方法。

德育过程中主体与客体的互动比较薄弱。在儒家德育方法的考察中,我们时刻可以感受到施教主体与受教者之间的注视,这种注视源自最朴实地对天地的敬畏,对上位者的推崇,身正示范是上位者对下位者的最朴素的教育,模仿追随是处于下位的人对自身道德素养的基本要求。在儒家德育方法的研究中,处于德育上位的家长、老师、君臣,其本身社会地位的确立就是建立在自身社会经验、道德水平、人生阅历的积极方面,子女、学生、百姓能够对他们形成天然的膜拜。相对应地,当前社会价值的多元,个体的思想认识水平完全依靠后天的学习,原本处于上位的群体,在当前社会发展中则失去了原有的优势,这就形成了个体相对独立的价值评判,这既是社会发展的必然结果,也是当前德育面临的难题。当处于教育过程中的上位群体,其所具有的思想认识和道德水平低于受教育者的期待的时候,受教育者自然会脱离他们的指导。

二、立足现实,把握时代感

当前德育工作是开放的,可以借鉴古今中外一切优秀的德育理念和方法,特别是儒家德育方法,这是实现中华优秀传统与当代相衔接的重要路径,也是非常具有民族性的历史实践。儒家德育方法在历史上发挥了至关重要的作用,实现儒家德育方法在当代的应用,根本目的是形成与当前社会主义社会相适应的实践模式,促进传统德育资源的现代性转型,使之成为涵养德育工作的重要资源。创新儒家德育方法的目标指向就是丰富、创新德育方式方法,这就决定在转化过程中牢牢把握当下时代需求,立足德育现实,立足于社会主义核心价值观的培育和践行。

儒家德育为统治阶级服务的工具性是主导的。儒家德育虽然是以道德教育为中心的全方位的社会意识教育，究其形成目的和逻辑来说，仍然是偏重于为政治服务，呈现出政治伦理化、伦理政治化的特征。《礼记·学记》中记载"古之王者，建国君民，教学为先"，孔子提出，选贤与能、施行仁政的主张，就是要把符合统治阶级利益要求的优秀人才提拔起来，实现以德治国。德教为先的主张，实际上规定了道德在儒家政治蓝图中的核心位置，即把道德视为治国安邦的最根本手段。以"三纲五常"为例，它是封建社会的道德核心，是专制政权等级制度的思想基础。"三纲"不仅赋予了"忠""孝"以确定的政治意义，也使得儒家德育中的各种政治制度、礼仪风俗、行为准则等都透露着伦理道德的要求，引导民众在道德修养和齐家、治国、平天下的要求中，参与到儒家的政治生活中来。可以说，儒家德育方法有效地实现了政治与伦理的统一，将儒家德育的政治需求与百姓乐于接受的道德要求结合在了一起。

就当前德育的价值来说，既要突出意识形态性，防止意识形态化错误观点，也要突出人的价值与现代性，实现社会价值与个体价值的统一。项久雨在《思想政治教育价值论》中认为，"思想政治教育在社会进步中居于什么地位，对人和社会发展具有什么作用"是思想政治教育价值研究的首要的基本理论问题。当前，我们的德育工作，对个体而言，就是要实现其全面自由发展，包括政治方向的引导、精神力量的激励、个体品格的培养和道德行为的实现；对社会而言，是在政治、经济、文化、社会和生态领域产生作用，实现其服务功能。因此，当前实现儒家德育方法的创造性转化，必须把握当今时代和德育价值的变化，以培育社会主义核心价值观为旨归。

三、凸显问题，增强针对性

儒家德育方法包含着丰富的德育资源，取之不竭，用之不尽，但也是既有精华也有糟粕。在创新儒家德育方法时，并不是要将所有的方法都加以转化，而是有所取舍。这就涉及应该挑选哪些方法、理念等作为当前转化对象的问题，当然也并不是所有的德育方法都有转化的必要，有些甚至可以直接使用。这就涉及挑选的标准问题。事实上，儒家德育方法本身在历史长河的传承中就是反复拣选的过程，所以，每个时代都有自己的问题与使命，判断哪些德育方法能够成为转化对象的标准就是时代的需要，即这些德育方法要符合当下德育工作需求，能够为实践提供启发，符合现代社会发展趋势的需要。

列宁对待马克思主义的方法也是如此。他说，"因为具体的社会政治形势改变了，迫切的直接行动的任务也有了极大的改变，因此，马克思主义这一活的学说的各个不同方面也就不能不分别提到首要地位"❶，对待儒家德育方法也应坚持这种态度，即依据具体社会形势，针对迫切的直接行动的任务，挑选出相应方面并将其提到首要地位进行创造性转化，这就是实现创造性转化时在挑选和确立"转化"对象中的问题意识和方法。基于这样的方法论要求，在当前的时代背景和我国经济社会发展的大形势下，我们应该深入挖掘和阐发适合新型社会结构和家庭模式的德育方法，实现个体认同和生活化教育的德育方法，能够平衡个体利益与社会利益的德育方法。

在具体的选择上，要去粗取精、去伪存真。儒家德育方法是中国古代奴隶社会和封建社会的产物，尽管它在儒家德育实现的过程中发挥了作用。但从当前的视角观察，方法本身不论在形式或内容上的消极因素依然存在。创造性转化主要表现在对其中的精华与糟粕进行科学的辨认，剔除糟粕，挖掘精华，在理性分析中具有一般性和普遍性的内容，在试点和推广中结合社会发展和时代需要赋予其新的内涵。

四、推陈出新，提升认同度

在创新儒家德育方法的过程中，难免遇到因传统与现代的冲突而难以推行，或者对传统资源照抄照搬的粗暴应对。面对这两种情况，必须恰当地对儒家德育方法理念与具体方法进行解读，讲明白儒家德育方法对当前的意义，找到实现德育方法创造性转化的突破点。

创新儒家德育方法，看似是"向后看"，回归传统，其实是为了"向前看"，重在运用。通过对儒家德育方法进行去粗取精、去伪存真的转化后，重点是通过这种转化使之有助于化解现代社会的德育危机，符合当前德育的内容和目标，创造良好的德育环境。儒家德育方法的产生和应用有

---

❶ 列宁选集（第二卷）[M]. 北京：人民出版社，1995：279.

其特有的社会条件，当前德育工作对方法的借鉴，主要是在方法理念指导下的具体应用，当然也会以具体的儒家德育方法的运行来辅助思考。必须讲清楚方法理念本身的超越性和开放性，摒弃文化保守主义和激进主义的冲击，理性看待传统德育资源与应用条件。

将"转化"后的方法融入当前德育工作中，以人们喜闻乐见的方式呈现出来，能够使之成为涵养社会主义核心价值观的重要手段。在大力弘扬中国优秀传统文化的案例上，确实出现了很多通过照搬礼仪、诵读经书、穿汉服等行为，在没有对优秀传统文化深入理解的情况下，就强行推行、抢先尝试。在实现儒家德育方法的创造性转化过程中，也会面临同样的问题，即如何使传统的方法变新颖，能够顺畅、迅速融入德育主客体的学习与生活中。如，家庭德育中的群体互助方法，社会德育中的旌表方法等。因此，经过转化后的德育方法，要在实践中不断检验，通过兼收并蓄、系统整合和综合创新的转化，形成新的实践模式，逐渐推广。

第四节　把握家庭、学校、社会三大生态系统的永恒主题

创新儒家德育方法，根本在于理念与现实的结合，使之成为活的方法，它具体表现为方法的价值根源、表达方式与实施途径的转型。把握当前我国生产方式、社会结构、社会思想的状况和特点，分析德育工作面临的问题，论证儒家德育方法的创造性转化与创新性发展的可能性、现实性，总结儒家德育方法在继承与发展中的经验和规律，不仅对继承我国传统文化的优秀遗产、贯彻社会主义核心价值观，而且对建设中国特色社会主义精神文明、提高社会道德水平、改善社会风气，推动现代化建设的有序发展和中国梦的早日实现，都具有重大深远的意义。

一、家庭德育方法：超越血亲还是回归血亲

家庭是以血缘关系为基础、以亲子关系为主线的社会基础单元。第二章家庭德育方法所言，家庭德育是儒家德育生活化的集中体现，家庭德育

虽建立在血亲关系上，但是家庭德育的内容从来都不是纯粹的关于血亲关系的经营，而是家庭承担了个体社会化的职责与使命。在任何社会，家庭的功能都不限于生育子女，总会伴随其他功能。小农经济的时候，可能遇到的各种问题，有许多麻烦都不是核心家庭能够独自应对的，一定需要更多人的合作。除了修路修桥、抗旱抗涝或者抗击土匪这类集体行动外，甚至婚丧嫁娶盖房子，都需要相亲邻里搭把手。小农也无法获得政府的援手。到了现代，我们对家庭的理解及其作用的发挥，都发生了变化。

（一）家庭是一个历史性的范畴，它经历了从无到有、从低到高的发展阶段

早在《德意志意识形态》中，马克思、恩格斯就对家庭的概念下了定义，指出，家庭"就是夫妻之间的关系，父母和子女之间的关系"❶，这里所指的还是一夫一妻制的家庭。后来随着研究的深入和历史科学发展，恩格斯在《家庭、私有制和国家的起源》中根据摩尔根的研究，运用唯物史观对家庭作出了进一步的分析。在中国社会较长的历史时期里，家庭与家庭制度都保持了巨大的稳定性。但随着时代的变迁，特别是改革开放以来，中国家庭乃至整个社会的形貌都发生了改变。如何理解家庭，对我们理解家庭的思想政治教育作用具有基础性意义。

在社会学视野里，家庭是空间意义上的生活之所和社会基本单位。据《中国大百科全书·社会学卷》的界定，"家庭是由婚姻、血缘或收养关系所组成的社会生活的基本单位。"❷ 也有学者指出，"家庭是人们以婚姻、血缘、收养或感情等关系为纽带组成的，以比较持久的共同生活和一定程度上的经济共有、共享为主要特征的初级社会生活单位。"❸ 从上述定义我们可以发现，当代的家庭具有如下特征：其一，家庭结构趋于多样化，在最初的婚姻关系、血缘关系、收养关系的基础上，又增加了因感情（同性、同居）为纽带的构成关系，成员之间通过法律或情感约定了永久地、共同地负担抚养子女责任的契约，这种契约相对稳定。其二，家庭是社会的基本单位，承担了"生产资料的生产"和"人自身的生产"两个任务，

---

❶ 马克思恩格斯文集（第一卷）[M]．北京：人民出版社，2009：532.
❷ 中国大百科全书总编辑委员会．中国大百科全书·社会学卷 [M]．北京：中国大百科全书出版社，1991：102.
❸ 张文霞，朱冬亮．家庭社会工作 [M]．北京：社会科学文献出版社，2005：12.

它是人们特别是未成年人主要的精神和物质生活的寄托，也是维系国家生产活动与社会稳定的基础。这里需要注意的是，相比于传统社会中的家庭生产，进入现代社会后，家庭的经济生产逐渐被社会化生产所替代，但抚育子女、赡养老人等传统功能依旧在延续，家庭的精神慰藉功能愈发重要。其三，家庭的社会属性使其成为个体最初生活的社会群体，也是个人与社会联系、并走向社会的桥梁和纽带，是个人在社会生活中的重要保障。

在哲学视野中，家庭是一种概念式的存在，除了空间性，还包括时间性和精神性的存在。从儒家文化看，所有的伦理关系都开始于以关系构建的人的基础上的，不同于其他哺乳动物生而能吃能跑，人的繁衍过程中幼子需要倾注较长的陪伴，父母对子女的情感是在实际的、活生生的家庭关系中形成的，亲亲是人的宿命，所以，《孝经·开宗明义》中写道"夫孝，天之经也，地之义也，人之行也"，家庭的第一种存在就是依靠亲亲、孝慈的相互性建立起来的。家庭的存在是一种时空联系，《孝经·开宗明义》中讲，"身体发肤，受之父母，不敢毁伤，孝之始也"，身体或者血缘实际上构成了家的依靠，个人的身体从其根本上来看，不再属于个体本身，而是具有了超越时间的意义，它属于整个家庭，所以，《孝经·开宗明义》接着说"立身行道，扬名后世，以显父母，孝之终也"，个体只有不断提升自我修养，并且"善继人之志""善述人之事"（《中庸·第十九章》），才是真正地将家庭延续下去。所以，我们发现，儒家文化中的家庭，至今依然如此的是，它不仅是血缘延续的时空存在，也在慈爱教养中形成了对于家庭精神性的依赖或人格性的依赖，修身、齐家、治国、平天下，不修身则无以齐家，齐家与修身具有一致性，家庭本身的管理、风气、品格对于个体而言具有明显的人格形象。至此，我们理解儒家讲"亲亲，仁也"（《孟子·尽心上》）"孝弟也者，其为仁之本与"（《论语·学而》）则具有更加形象的图景了。

所以，从中国文化的视角看，基于生育与血亲、共同生活、慈爱教养基础上的家庭，对个体而言，既是时空性的存在，更是精神性的存在，个体无法割舍基于家庭亲亲关系上形成的情感。同样地，家庭中这种独特的亲亲关系对于个体的意义，在西方文化中也是存在的。张祥龙在《家与孝》一书中就以《圣经·旧约》中"亚伯拉罕以子献祭"的故事，阐述了亲亲关系在西方文化中的重要地位，并从亲子之爱的激情里阐释了家庭的时间性和人性的最独特之处❶。事实上，人的内心深处无不有一种归家的渴望，这里的家不一定是指固定的住所、祖国、母亲、故土，而是一种情感上的存在方式或者意向，是世代延续的样态，只是在家这个意向上，一切的思索与事物都更加明澈、纯洁、欢愉、高尚。所以，家是一种根的文化、集体的记忆。

综合以上两种界定，我们所理解的家庭实际是生活之所与精神家园的统一。但对于家庭的考察还没有结束，恩格斯在《家庭、私有制和国家的起源》中进一步指出，家庭的结构会随着生产力的发展而发生改变，当社会生产力达到极度发达的阶段，生产资料转为公有，私人的家务变成社会的事业，孩子的抚养和教育成为公共的事情，那么，如今以经济条件为基础的专偶制家庭将失去存在的必要，个体婚姻即以现代性爱为基础的充分自由的、两性权利完全平等的婚姻将成为主要的家庭模式。未来家庭将可能和国家、阶级一样消失于高度发达的生产力下，然而，当前家庭仍在不断变迁并发挥着重要作用。❷ 这一探讨也为我们当下研究家庭提供了重要的思路，就中国而言，家庭存在的小农经济基础已经消失，血亲也不再是唯一的构成关系，人的现代性也在震动家国认同的基础，但是家庭至今广泛存在并具有强大吸引力，家与国的关系依然密切，除了空间的意义，更多地应考虑它作为概念的存在，家所形成的归属感，也是彼此承认、支持、认同的现实。

由此可见，家庭德育的环境、主体、客体都发生了重大变化，这就对家庭德育的效果提出非常大的挑战。但总体上，当代家庭德育要借鉴儒家德育方法。始终不变的就是家庭德育依然重要，家庭德育在超越血亲的教育中依然具有重要作用。在当代，特别是改革开放以来，经济社会的巨大变动，人的现代性带来的个体意识与家庭意识的冲突，如何理解个体成长、家庭教育与思想政治教育目标之间的关系呢？爱国与爱家如何统一起来？这个纽带，就是现实的个人。

（二）无论过去、现在还是将来，绝大多数人都生活在家庭中

现实的人是单位人、家庭建设者与国家公民身份的统一，无论过去、

---

❶ 张祥龙. 家与孝：从中西视野间看［M］. 北京：生活·读书·新知三联书店，2017：3-16.

❷ 恩格斯. 家庭、私有制和国家的起源［M］. 北京：人民出版社，2018：80-90.

现在还是将来,绝大多数人都生活在家庭中,始终是无法脱离社会环境存在的,家庭对于个人的价值选择、思想观念、道德水平等的培育具有至关重要的作用。1950年《中华人民共和国婚姻法》的颁布,标志着现代意义上的家庭的产生,我国家庭逐渐由传统形态向现代形态过渡和变迁。改革开放以后,随着家庭教育学科的逐渐确立,家庭教育理论研究工作稍有起色,学校教育的科学化、正规化不断深入,教育思想观念出现了变化,一是主体性教育观念逐渐得到了确立;二是素质教育的观念正在深化。社会变迁、经济发展,家庭的形态也发生了翻天覆地的变化,家庭教育的价值观也出现了新的融合,这就要求家庭要密切注意社会主义合格建设者和接班人的培养。如何培养?杨宝忠在《大教育视野中的家庭教育》❶一书中,就对家庭教育的功能进行过比较细致的划分,他指出,家庭教育的功能包括个体功能和社会功能。个体功能中包括个体社会化功能和个体个性化功能,个体的个性化当然是指个体各种心理特征的成熟,为培养独立的、健全的个性奠定基础和养成自我认知的能力,个体的社会化功能还划分了一般社会化功能,即培养现代社会人所必须的社会性、社会交往能力等品质,以及个体社会化特殊功能,包括身份社会化、政治社会化、职业社会化、文化社会化等。家庭教育的社会功能是指政治功能、文化功能和经济功能。所谓政治功能是传授社会化的伦理道德,文化功能即使文化传统处于活化状态并得到有效的传递和保存,经济功能是通过经济意识的启蒙培养合格的社会劳动后备力量。由此我们发现,家庭作为人生的初始环节,在教育的内容上,已经不断地涉及思想观念、政治观念和道德观念的教育,并且父母与子女的亲密关系让家庭内部的教育和示范作用能够更好地发挥作用。

改革开放是一场伟大的革命,经济、政治和文化结构都进入转型期,社会关系也迎来了一次新的解放,个体的自由发展、家庭关系的和谐,都带动了家庭与家庭成员在社会活动中参与的积极性与主动性。根据家庭的含义,我们从空间和概念两个维度,来考察家庭发挥思想政治教育作用的具体表现。

表现之一,就是作为社会基本生活单位的家庭,直接参与社会主义精神文明建设,家庭和睦、家庭教育与家风建设等对个体的成长成才都有至

---

❶ 转引自:邹强. 中国当代家庭教育变迁研究 [M]. 天津:天津大学出版社,2011:155-156.

关重要的影响。1982年,中央办公厅根据中央书记处的指示,转发了中宣部《关于深入开展"五讲四美"活动的报告》,规定每年3月为全民文明礼貌月,掀起了广泛的创建文明城市、文明村镇的活动。在评选的要求和规则中,以家庭为基础依托单位进行的,对家庭文明创建的整体评价,是建立于本家庭中所有成员的总体表现的,如,我们熟识的家庭和睦、孝老敬亲等。1986年党的十二届六中全会通过的《中共中央关于社会主义精神文明建设指导方针的决议》提出,社会主义精神文明建设的根本任务,是培育有理想、有道德、有文化、有纪律的社会主义公民,提高整个中华民族的思想道德素质和科学文化素质。文件指出,要使"五爱"在社会生活的各个方面体现出来,在全国各民族之间,工人农民知识分子之间,军民之间,干部群众之间,家庭内部和邻里之间,以至人民内部的一切相互关系上,建立和发展平等、团结、友爱、互助的社会主义新型关系。家庭内部与邻里之间的社会关系受到重视。2001年,中共中央印发《公民道德建设实施纲要》指出,实施公民道德建设是提高全民素质的一项基本工程,以社会公德、职业道德、家庭美德为着力点。家庭是道德建设的重要单位,家庭美德需要主动建构的需求被明确地提出来了。2006年10月,党的十六届六中全会通过的《中共中央关于构建社会主义和谐社会若干重大问题的决定》,2011年10月,党的十七届六中全会作出了《中共中央关于深化文化体制改革推动社会主义文化大发展大繁荣若干重大问题的决定》,家庭在公民道德建设、法治建设等领域都得到广泛重视。

党的十八大以来,以习近平总书记为核心的党中央,把精神文明建设贯穿改革开放全过程,纳入社会主义现代化建设总体布局,全面展开精神文明建设各项工作,取得了巨大成就。2017年4月,经党中央批准,中央精神文明建设指导委员会印发的《关于深化群众性精神文明创建活动的指导意见》,习近平总书记多次强调家风,说的是"小家",着眼的是"大家"。十八届六中全会审议通过的《关于新形势下党内政治生活的若干准则》《中国共产党党内监督条例》,以及新修订的《中国共产党纪律处分条例》均对领导干部的家风问题提出了要求,将家风建设提到制度高度。在2018年8月21日至22日召开的全国宣传思想工作会议上,弘扬新风正气,推进移风易俗,培育文明乡风、良好家风、淳朴民风成为育新人的重要职责,2018年9月召开的全国教育大会,更是重提家庭在价值观教育上的独特地位,要求全社会都支援家庭建设。可见,家庭在思想政治教育中可谓任重道远。

表现之二，就是作为精神家园的家庭，在教育特别是思想政治教育实践中具有独特优势。这里我们总结了四种优势，他们之所以能够发挥出来，得益于家庭在个体心中的情感与价值，是一种天然的依附。一是亲情的优势。家庭中的教育者与被教育者是依靠血缘或亲情联系一起的，这样的亲密关系，使得家庭中的教育和引导具有极强的"利己"（家庭）和"利他"（子女）属性。《颜氏家训》中说："同言而信，信其所亲；同名而行，行其所服"，同样是正确的道理，人们更愿意相信亲近的人说出来的；同样的行动，人们更愿意遵循自己信服的人而为。家长因血缘与经历形成的天然权威，对子女起着潜移默化的教育作用，家长对子女来说就是一面镜子，子女不仅会模仿家长的行为，也会按照家长的行为反省自身。因此，家风在家庭教育中就有了更加鲜活的优势。家庭不只是人们身体的住处，更是人们心灵的归宿。家风好，就能家道兴盛、和顺美满；家风差，难免殃及子孙、贻害社会。二是生活化的优势。费孝通先生在《乡土中国》中所描述的熟人社会在改革的浪潮中已经渐行渐远，但是，家庭内部的长久的共同生活和家长的经验优势依然存在，所以，家长可以依靠自身的德行与经历，在生活中择机而教，以随处遇到的实例为对象，对子女讲述其中的人生哲理和政治哲学。家庭教育涉及很多方面，但最重要的是品德教育，是如何做人的教育。要把美好的道德观念从小就传递给孩子，引导他们有做人的气节和骨气，帮助他们形成美好心灵，促使他们健康成长，长大后成为对国家和人民有用的人。三是长久陪伴与反复教育的优势。一个人一生的绝大多数时间都是在家庭中度过的，从他父母的家庭，到组建他自己的家庭，从耳濡目染接受教育到以相似的方法教育子女，家庭在一个人成长中的记忆是非常深刻的，这种深刻实际是得益于家庭成员这种长久的生活和反复的教育。四是针对性和个性化的优势。从教育主客体的比例来看，家庭教育无疑是一对一或者多对一的教育，不同的家庭可以根据子女性格、家庭结构、教育需要等调整家庭教育中的内容与重点，特别是在家庭环境的营造上，家庭和社会都肩负了重要使命，全社会都应该支持服务家庭教育，特别是教育、妇联等部门要统筹协调社会资源支持服务家庭教育，不能让家庭教育的缺失对孩子们的早期社会认知、情感价值建立造成不可挽回的负面影响。这里我们必须要强调的是，传统的儒家社会中的宏大叙事与外部制约对家庭的影响已经淡化，在现代家庭特别是核心家庭结构中，亲子教育、父亲与母亲的参与，直接影响子女在思想道德、性格品行上的表现。

（三）新时代依然需要关注在家国关系中家庭的思想政治教育作用

党的十八大以来，中国特色社会主义进入新时代，推动家庭在思想政治教育中的作用，需要继续深入对家庭与国家关系问题的分析，继续深入对家庭发挥思想政治教育作用的内在逻辑和现实基础。时间是最客观的见证者。在2018年春节团拜会上，习近平总书记特别讲到的家庭与国家的问题，他说："国家富强，民族复兴，最终要体现在千千万万个家庭都幸福美满上，体现在亿万人民生活不断改善上。千家万户都好，国家才能好，民族才能好。我们要积极培育和践行社会主义核心价值观，弘扬中华民族传统美德，把爱家和爱国统一起来，把实现个人梦、家庭梦融入国家梦、民族梦之中，用我们四亿多家庭、十三亿多人民的智慧和力量，汇聚起夺取新时代中国特色社会主义伟大胜利、实现中华民族伟大复兴中国梦的磅礴力量。"❶ 具体来说，要把握好家庭发挥思想政治教育作用的三种形态或分析视角。

第一，就实践方面看，家庭是发挥思想政治教育作用的重要场所，教育、妇联等部门要统筹协调社会资源支持服务家庭教育。一方面，相对于学校、社会，家庭是相对稳定、相对独立的社会单位和教育场所，但它具有特定的主客体，互动频繁；有明确的、持久的教育内容，包括道德观教育、价值观教育、人生观教育，也包括一些政治知识与判断能力的启蒙；有独特的日常化的教育方法和自带权威性的施教风格，如，榜样示范法、环境熏陶法、因材施教法、谈心交流法等。另一方面，家庭本身是社会性的，它的存在、教育内容、教育主体都具有鲜明的社会属性，它也是助力教育对象社会化的第一现场。从教育内容看，家庭教育本身是要培养合格公民，这就要求在教育内容上符合社会主流价值观念，符合国家对青年人才的培养目标，这与思想政治教育的目标是一致的。从教育结果看，家庭也是国家主流价值观念的重要显现场，家长在多大程度上认可国家和社会的主流价值，就会多大程度地在教育对象身上显现。因此，从实践层面来看，家庭是发挥思想政治教育作用的重要场所，推动家庭能够更加自觉地发挥思想政治教育的作用，是一项长期的工作，毕竟家庭教育有其独特的生存空间，如何培育新时代的家长、重视家风建设，如何举社会之力推动

---

❶ 中共中央国务院举行春节团拜会 [N]. 人民日报，2018-02-15（01）.

家庭发展与建设，成为家庭更好地发挥思想政治教育作用的重要因素。

第二，就学科层面看，家庭的概念是中华文化的独特精神基因，也是开展思想政治教育的重要软实力，如何在理论研究、比较研究中发挥其魅力，也是发挥家庭思想政治教育作用的重要一环。中华民族自古以来就重视家庭和亲情。家和万事兴、天伦之乐、尊老爱幼、贤妻良母、相夫教子、勤俭持家等，都体现了中国人的这种观念。2013年8月，习近平总书记在全国宣传工作会议上提出"四个讲清楚"，要阐述"中华文化积淀着中华民族最深沉的精神追求，是中华民族生生不息、发展壮大的丰厚滋养"❶。2014年5月，习近平总书记在北京大学师生座谈会上，阐述了社会主义核心价值观与中华优秀传统文化的内在联系，指出我们倡导的社会主义核心价值观，必须从优秀传统文化中汲取丰富营养，否则不会有生命力和影响力。❷ 2017年1月，中共中央办公厅、国务院办公厅印发了《关于实施中华优秀传统文化传承发展工程的意见》指出，"中华文化独一无二的理念、智慧、气度、神韵，增添了中国人民和中华民族内心深处的自信和自豪"❸。那么，什么是文化软实力？重视家庭、亲情和国人的精神世界，就是中华文化重要的软实力。改革开放四十年来，家的概念、结构与历史上的家已经出现了极大的改变，但是今时今日了解家在中国人心中的地位，同样离不开文化基因的影响。家对国人而言，不只是个物质的存在，更是精神的牵绊。同理，这种牵绊正是中华文化的独特软实力，是党在领导和加强思想政治工作中不可回避且必须充分挖掘的软实力。

第三，从党的政策层面看，家庭是民族团结、国家兴旺的起点，实现中华民族伟大复兴需要"小家"与"大家"同向同行。《孟子·离娄上》中记载："天下之本在国，国之本在家。"国是"大家"，家是"小家"，"大家"与"小家"的关系是思想政治教育的经典问题，伴随改革开放的波澜壮阔，经历了跌宕起伏的进程。在历史的不同阶段，我们有的时候，也抛家为国，抛的是"小家"，为的是"大家"，如革命年代的"舍小家为大家"。今天当我们去谈论如何实现中华民族伟大复兴，如何为人民服

---

❶ 习近平在全国宣传思想工作会议上强调胸怀大局把握大势着眼大事努力把宣传思想工作做得更好 [N]. 人民日报, 2013-08-21 (01).

❷ 青年要自觉践行社会主义核心价值观——在北京大学师生座谈会上的讲话（2014年5月4日）[N]. 人民日报, 2014-05-05 (02).

❸ 中共中央办公厅、国务院办公厅印发《关于实施中华优秀传统文化传承发展工程的意见》[N]. 人民日报, 2017-01-26 (06).

务的时候，同样也有"舍小家为大家"的光荣品质。舍的最终目标是得，实现更多人的更大利益。家庭与国家在相互关注、相互观照中共同发展，家庭是社会和谐稳定的基础，家庭秩序是国家秩序的前提和保障。如果家庭结构不完善，社会、国家的有序治理也很难实现。一方面，改革四十年来，中国走向现代化，实践证明，个体自由、家庭稳固，社会就有活力、国家就有凝聚力，中华民族才有希望，党才有引领力、号召力、向心力；另一方面，一个执政党要完成自己的执政使命，必须正确处理治党与治国的关系，全面从严治党对治家也提出了新要求，各级领导干部都是人民公仆，必须要注重家庭、家教、家风，家风建设对于强化党内监督具有重要意义。因此，要更理性、自觉、优化和系统地处理"大家"与"小家"的关系，国家进步与家庭福祉两手抓，两手都要硬。具体来说，就是要加强以家国情怀为基础的爱国教育、爱党教育和爱社会主义教育，逐渐引导个体将自我投身于广阔的社会主义建设的洪流中去，将个人梦、家庭梦与民族梦、国家梦相统一，理性客观地看待国家发展与个体出彩之间的关系，这也是党的心愿、战略、策略的统一。

二、学校德育方法：德育为先、夯实国本

国家兴衰在于教育，教育是与国家和民族的前途紧密相连的。在古代社会，历代统治者都十分重视把培育统治需要的人才放在第一位，通过政治性与思想性的渗透，目的是为了培养适应本阶级需要的人才，维护其统治地位与社会治理秩序。在德育原则上，古今学校都强调以育人为中心，德育为首位。我国古代历史上各个时期的教育家都主张学校以育人为中心，其他方面的教育都要服从和服务于为统治阶级培养接班人的德育需要。《论语》记载："子以四教，文行忠信"，显然"行忠信"是对道德品质、政治素质的要求，而"文"则指知识学习。"德育至上"虽然有着很深的阶级烙印和历史局限性，但这种局限性却体现为德育的工具性。今天我们所倡导的"德育为先"的原则，正是对古代"德育至上""以育人为中心"教育思想的继承和发展，德育为先不仅是满足社会发展，也是个体追求自身价值的条件。

（一）教育国家化背景下，学校教育是提升国家教育综合实力、培养能力、国际影响力和竞争力的有效手段

第二次世界大战以后，在世界经济全球化、贸易自由化的推动下，教育资源在国际进行配置，教育在提升国家综合实力与国际竞争力方面的优势逐渐显现，特别是在当今世界，科学技术突飞猛进，知识经济竞争日趋激烈，使知识上升到社会经济发展的基础地位。党的十九大报告提出："建设教育强国是中华民族伟大复兴的基础工程"。经过近70年特别是近40年的发展，我国虽然还不是一个教育强国，但已经成为全球第一教育大国，接下来还要推进和实现中国教育从大到强。因此，加强对学校教育的重视，特别是在未来构建终身学习型社会，都必须做好教师队伍、教育内容、教育体制等方方面面的建设与改革。教育国家化本身也蕴含着教育的意识形态性问题，它更多地会通过教育方针来体现出来。

（二）执政党或国家的教育方针从来都是德育目标任务确立的重要因素

从逻辑层面看，德育首先是一种教育活动，它与教育活动所面对的对象、所处的时空环境、适用的一般规律等都是一致的。教育"为谁培养人""培养什么人""如何培养人"三个基本方面，体现了教育的阶级性、民族性、时代性。现代教育发展的逻辑具有突出的目的性与计划性，运用公共政策科学的视野分析，一个政党及其政权在一定历史条件下制定的教育方针，是同该社会各方面发展保持相互影响、相互制约、相互促进的关系。❶因此，在一定意义上，或者从大教育的概念出发，教育活动对德育活动具有统领性，德育目标的达成要以教育目标为指导，为教育目标的达成创设条件，并应在此过程中，以日趋主动的姿态融入教育活动中来。所以，我们今天讨论立德树人，也同样不能回避教育国家化背景下，教育目标对德育目标的影响与渗透，并且学校德育要时刻跟随国家教育需求，适应政治性、理论性、亲和力、针对性等各方面的要求。

从历史的角度看，新中国成立以来，党和国家以及理论研究者，始终关注教育方针在育人与推动经济社会发展中的作用，实践经验表明，教育

---

❶ 杨天平，黄宝春. 中国共产党教育方针90年发展研究 [M]. 重庆：重庆大学出版社，2015：59.

方针对德育目标任务确立确有直接影响，德育也结合自身理论与实践不断推动教育方针与时俱进，促进其完善与发展。新中国成立之初，经过过渡时期我国的社会主义制度确立，毛泽东指出："我们的教育方针，应该使受教育者在德育、智育、体育几方面都得到发展，成为有社会主义觉悟的、有文化的劳动者。"[1] 这一时期，培养具有健康体魄的有社会主义觉悟的有文化的劳动者和无产阶级革命事业的接班人成为教育的首要任务，为了培养急需的建设人才，不仅加强技术教育、高等教育，而且将中小学作为培养未来建设人才和劳动后备力量的基础教育，教育的重要地位和作用也越来越凸显。为了最大限度调动社会积极性，党和国家非常注重继承和发扬新民主主义革命时期的思想政治工作经验，通过开设政治课、开展专项思想政治工作教育与思想改造工作，破除思想文化战线上的反动的、落后的、保守的思想，改变长期以来形成的国民文化素质低下的状况，打破长期受反动政治压迫和精神奴役造成的愚昧无知，以及面对巨大社会转型引起的心理恐慌和思想动荡，以带领人民理解党和国家的新任务，了解中国革命命运，取得正确的革命观点与立场，确立革命的人生观，理解人民自己的角色与地位，尝试激活自身力量，快速加入国家建设中来。

改革开放以后，反思"文化大革命"期间对教育的疏漏并随着社会主义市场经济制度的建立，加强社会主义精神文明建设，培养有理想、有道德、有文化、有纪律的"四有新人"成为党和国家教育的重要目标。1981年6月，《中共中央关于建国以来党的若干历史问题的决议》提出了"要加强和改善思想政治工作，用马克思主义世界观和共产主义道德教育人民和青年，坚持德智体全面发展、又红又专、知识分子与工人农民相结合、脑力劳动和体力劳动相结合的教育方针"[2]。这是根据当时现代化建设的需要提出来的，也是对我国32年教育方针的总结。随着"三个面向""四有新人"等新论断的提出和改革开放纵深发展，教育方针在新时期也开始了突飞猛进的变化，教育的地位与作用愈发突出。对于教育培养目标的素质要求有了丰富和深化，从德智体全面发展到德智体美全面发展，素质教育地位凸显；从教育必须为社会主义现代化服务、必须同生产劳动相结合，发展为教育必须为社会主义现代化建设服务、为人民服务、与生产劳动和社会实践相结合。从全面提高公民道德素质的角度，提出了加强和改进思

---

[1] 毛泽东文集（第7卷）[M]. 北京：人民出版社，1999：226.
[2] 三中全会以来重要文献选编（下）[M]. 北京：人民出版社，2011：170.

想政治工作的任务，包括农村、企业、军队、学校、社区等都进行了具体的、系统的思想政治教育目标的规划等，特别是学校思想政治理论教育在改革开放中开创了新局面，从恢复重建到改革创新，学校思想政治理论教育重新焕发蓬勃生机，特别是1994年8月，中共中央发出《关于进一步加强和改进学校德育工作的若干意见》❶对如何进一步加强和改进学校德育工作，即通过马克思主义理论教育提高学生的思想、品德和政治素质提出了具体要求。这个文件是中共中央继1985年8月《关于改革学校思想品德和政治理论课教学的通知》❷、1987年5月《关于改进和加强高等学校思想政治工作的决定》❸、1988年12月《关于改革和加强中小学德育工作的通知》❹后，又一个具有重要指导意义的文件。随后高等学校的"98"方案❺、"05"方案❻都以加强和改进大学生思想政治理论家教育工作为主要任务，明确以理想信念教育为核心、爱国主义教育为重点、基本道德规范为基础、全面发展为目标的教育内容。2004年2月中共中央国务院还颁发了《关于进一步加强和改进未成年人思想道德建设的若干意见》❼，这也是思想政治教育落实、支持教育方针的重大举措。

　　党的十八大以来，关于立德树人、发展教育的新理念、新思想、新观点层出不穷，特别是"新时代贯彻党的教育方针，要坚持马克思主义指导地位，贯彻习近平新时代中国特色社会主义思想，坚持社会主义办学方向，落实立德树人的根本任务，坚持教育为人民服务、为中国共产党治国理政服务、为巩固和发展中国特色社会主义制度服务、为改革开放和社会主义现代化建设服务，扎根中国大地办教育，同生产劳动和社会实践相结合，加快推进教育现代化、建设教育强国、办好人民满意的教育，努力培

---

❶ 教育部思想政治工作司组. 加强和改进大学生思想政治教育重要文献选编：1978-2014 [M]. 北京：知识产权出版社，2015：144-147.

❷ 教育部思想政治工作司组. 加强和改进大学生思想政治教育重要文献选编：1978-2014 [M]. 北京：知识产权出版社，2015：38-39.

❸ 教育部思想政治工作司组. 加强和改进大学生思想政治教育重要文献选编：1978-2014 [M]. 北京：知识产权出版社，2015：70-74.

❹ 十三大以来重要文献选编（上）[M]. 北京：人民出版社，1991：312-321.

❺ 教育部思想政治工作司组. 加强和改进大学生思想政治教育重要文献选编：1978-2014 [M]. 北京：知识产权出版社，2015：179-181.

❻ 教育部思想政治工作司组. 加强和改进大学生思想政治教育重要文献选编：1978-2014 [M]. 北京：知识产权出版社，2015：293-295.

❼ 中共中央国务院关于进一步加强和改进未成年人思想道德建设的若干意见 [Z]. 中发 [2004] 8号.

养担当民族复兴大任的时代新人,培养德智体美劳全面发展的社会主义建设者和接班人""培养社会主义建设者和接班人,是我们党的教育方针,是我国各级各类学校的共同使命"等论述,为我们全方位理解党和国家教育方针,确立育目标任务依据提供了重要基础。

(三)当前学校德育在人才培养方面也出现诸多问题

第一,学校德育与家庭、社会之间存在一定的孤立性。在儒家德育方法的研究中,本文重点关注了统治阶级在德行上的标准与普通民众日常生活的联系,儒家德育方法在整个运行过程中尤其注重家庭、学校与社会德育的配合与反复性教育,鼓励个体与不同他者相互交流、相互影响和相互评价。然而,目前的学校德育却在事实上承担了几乎全部德育工作,与家庭德育、社会德育的关系处于剥离的状态,甚至可以说责任过重,既没有形成全社会重视德育的良好氛围,也没有遵循学生思想道德观念形成的基本规律。尽管党的十八大以来,全社会协同促进立德树人的工作不断在推进,大中小学一体化德育快速推进,但总体上看,协同效应的实效还需要一段时间才能够真正发挥出来。第二,学校德育目标的理想化使德育不易接受。在目标的制定上,特别是教育教学的讲授中,部分教师因教材语言到教学语言转化的不顺畅,导致学生在学习中感觉学校德育目标存在过于模式化、理想化的问题,缺乏生动性,它试图将学生的思想品德跨越式地提高到共产主义的理想境界,容易造成理想与现实的脱节,且不易接受。当代青年学生所处的时代使他们具有一些个性化的特点,更加独立、自主、开放,具有明确的自我意识且极其善用互联网传播与表达意志,这就容易造成开放的、多元的价值原则与学校德育目标之间的差异,导致部分学生在思想观念上排斥甚至抵制教学内容。第三,方法的枯燥、缺乏生活化向度也使学校德育效果大打折扣。当前,虽然社会各界都大力倡导德育生活化,但在学校德育中依然是以知性德育为主流,弱化了德育对个体道德、政治、思想培养的实践现实性,而是往往以知识的获得为目标指向,充满了抽象性和思辨性。教师也往往从一种理想化的德性说教出发,忽视了学生的主体性,甚至与学生的生活存在部分割裂,致使教师的价值引导与学生的自主建构出现脱节、甚至分裂。

（四）把握学校德育的"德育为先"主题，需要与时俱进地借鉴儒家学校德育方法

2019年3月，习近平总书记在学校思想政治理论课教师座谈会上，从世界处于百年未有的大变局和中国处于实现"两个百年"目标关键时期的宏大历史视野，深刻指出了办好思想政治理论课的重大意义，提出了新时代思想政治理论课教师需要具备的"六个素质"和推动思想政治理论课改革创新的"八个统一"。"要不断增强思想政治理论课的思想性、理论性和亲和力、针对性"的重要论断，正是抓住了当前学校思想政治理论课教育教学中存在的主要问题，为贯彻落实立德树人的根本任务提出了具体的出路。

第一，学校德育要重视教书育人，训教合一。在儒家德育方法的考察中，我们时刻可以感受到施教主体与受教者之间的注视，这种注视源自最朴实地对天地的敬畏，对上位者的推崇，身正示范是上位者对下位者的最朴素的教育，模仿追随是处于下位的人对自身道德素养的基本要求。在古代社会，学校是专门的机构，不论是私塾学馆还是学堂书院，教师的职责一直都是集教育人于一身，教育内容是与当时政治、军事、宗教等活动结合在一起的，主要任务是培养符合统治阶级所需要的接班人和服务者。当前学校德育在价值观教育和知识教育过程中，教师也要承担起责任，不能因为现代学校教育分工细密，将品德教育推脱给政工干部，而自己只要完成传授文化知识的职责。要从根本上搞好学校德育，必须让所有从事教育工作的人都做到思想上重视、行动上身体力行，在自身修养与同学生的互动之中，完成育人工作。一个有意思的现象近些年也时有发生，就是教师是否还具有训诫学生的权力，甚至有网友写到"跪着的老师培养不出站立的学生"之类的文章，让我们再次思考教师在学校德育中的位置，这种权威性在今天的生活中应该如何表现？我国是一个拥有五千年历史的文明古国，尊师重道是中华民族的传统美德之一，更涌现了不胜枚举的敬师故事与经典。而互联网的发展使教师的知识地位下降，如今作为教师与长者的道德地位也受到冲击。在教师权威与法治社会建设中，亟须进一步明确教师在学校德育中的地位与权力。

第二，学校德育要做好与家庭、社会德育的衔接与互动，推进德育生活化。在儒家德育方法的研究中，本文重点关注了统治阶级在德行上的标准与普通民众日常生活的联系，儒家德育方法在整个运行过程中，尤其注

重家庭、学校与社会德育的配合与反复性教育，鼓励个体与不同他者相互交流、相互影响和相互评价。因此，整个教育过程必须经过严密设计与组织管理，切实把握个体思想认识的特点和心理需求，设计客体容易接受的教育方法，通过潜移默化的、顺其自然的方式，将社会需求的内容灌入客体的头脑中。德育也不是一次性的，思想的塑造必然经过漫长的启发与引导的过程，因此，在方法的设计中，必须将家庭和社会都作为个体德性培育的重要阶段，注重德育生活化向度，通过由浅入深、循序渐进的方法，逐渐实现对受教育者思想的改造。

三、社会德育方法：觉察民意、夯实价值

社会生活领域是否需要思想政治教育，有学者这样指出："从社会结构的静态构成看，思想政治教育作为上层建筑和社会意识形态领域里的一种重要实践活动，是社会结构不可分割的构成要素；从社会结构的动态过程看，思想政治教育作为协调、整合、控制社会关系的特殊机制，是社会结构有序运行的重要保障；从社会结构与思想政治教育的关系看，社会结构是思想政治教育子系统运行的宏观社会环境，对思想政治教育具有结构性影响。"[1] 事实上，不仅是社会生活领域里需要思想政治教育，当下思想政治教育也越来越融入国家治理中来，担负更加重要的角色。习近平总书记在主持召开中央全面深化改革领导小组第十二次会议时强调："改革推进到哪一步，思想政治工作就要跟进到哪一步，有的放矢开展思想政治工作，引导大家争当改革促进派。"[2] 思想政治教育与社会治理的融合研究，已成为思想政治教育创新发展的前沿课题。在领导改革开放和中国特色社会主义现代化建设进程中，需要思想政治教育引领方向、激发动力、凝聚力量、化解矛盾。在社会治理中，要充分发挥思想政治教育的政治功能、经济功能和文化功能，推进社会治理顺利开展。

在古代儒家社会的研究中，我们也发现，社会领域的德育是至关重要的，其实现手段也得益于社会结构与意识形态的控制。自汉代"罢黜百

---

[1] 杨威，符莹. 论思想政治教育的社会根源——基于社会结构的考察 [J]. 思想政治教育研究，2015.（6）：25-29.

[2] 习近平主持召开中央全面深化改革领导小组第十二次会议强调：把握改革大局自觉服从服务改革大局共同把全面深化改革这篇大文章做好 [N]. 人民日报，2015-05-06（01）.

家、独尊儒术"开始,古代帝王就已经开始熟练使用国家政权的力量,将儒学提升为捍卫其政治统治合法性的理论基础,在政治大一统的基础上实现了思想大一统,从而在民众的言行中形成统一的状态。儒学于是成为一种社会意识形态,成为统治者建构和巩固社会精神基础的重要思想资源和途径。

在我国的意识形态建设中,思想层面的统一也是实现国家稳定的重要路径。没有思想的统一,就没有行动的合力。进入新时代,思想政治教育作为中国共产党精神文明和意识形态建设的重要方面,不仅肩负着巩固和发展社会主义主流文化和意识形态阵地的重要使命,而且也是社会主义社会自我完善、自我发展的重要保障,它通过在社会运行过程中,发挥着协调、整合和控制功能,在社会主义现代化建设的总体布局中也具有不可替代的地位和作用。

思想政治教育是做人的思想工作,"以人民为中心"的价值目标在具体工作中也越来越凸显。党的十九大报告指出,"中国特色社会主义进入新时代,我国社会主要矛盾已经转化为人民日益增长的美好生活需要和不平衡不充分的发展之间的矛盾"[1],这既为当下思想政治教育创设了环境与主体条件,也提出来巨大的挑战。因此,社会德育需要探索解决好多元主体、多元利益和多元文化条件下的社会信任建构、社会心态调适、价值共识凝聚等问题。

(一)社会德育所面向的人群,基本是基于共同的社会利益而聚集起来的

在考察儒家社会德育方法的时候,社会是抛开血缘、学缘之外的人际聚集方式,是相对于家庭和学校两大生活场域外的场所总称,社会德育所包含的德育方法,既包括官方直接推动的社会政策教育方法,如,选官制度、考官制度、旌表制度;也包括官民合办的乡约教育方法和民间自我觉醒的乡规民约教育方法。在家庭与学校德育的互动中,不可或缺的则家庭与学校德育外的领域,整个社会风气的质量不仅在检测和考验前两者的德育效果,实际上也引导了前两者在德育内容和方法上的选择。特别是对于没有能力完成家庭德育、没有经历过学校德育熏陶的民众,社会德育已经

---

[1] 习近平. 决胜全面建成小康社会夺取新时代中国特色社会主义伟大胜利——在中国共产党第十九次全国代表大会上的报告[M]. 北京:人民出版社,2017:11.

是他们所能够接触到的全部儒家德育内容和德育形式。

在儒家社会德育方法的考察中,我们关注的其实还有社会德育的权威来自哪里,它来自权力、知识与制度的统一,其所面对的对象是因为共同生活在同一地区或国家而约定俗成地服从一定权威的群体,这一群体之间的关系相较于家庭与学校而言非常松散,社会德育必须充分发挥其自身的权威性,才能够形成稳定的社会秩序。当下,我们考察社会德育需要关注更多的是如何构建社会信任。相比较来说,在古代的儒家社会中,中央与地方的关系,官方与民间的关系,并不如我们现在所生活的时代紧密,虽然我们看到儒家意识形态的影响力是渗透到社会生活的各个方面的,但是它所依赖的是儒生儒士支撑起来的组织力量,单纯的权力与制度还无法保证思想的统一。我们现实的生活恰恰有助于且需要解决好这个问题,那就是要构建好基本的社会信任,这是汇聚社会共同利益的重要基础,而我们所依赖的主体已经不单纯是主流思想的追随者,而是具有多元价值观与利益关系的社会个体与群体,如何在不同利益之间找到"最大公约数",找到可以信赖的组织力量,就显得至关重要。在实践层面,当代中国特色社会主义进入新时代,大发展大变革的时期,更加需要并实际塑造着具有中国特色的政党、政府、社会、公民,特别是政党的合法性与治国理政能力、水平等都与社会良性运作、民生发展等紧密相连。在社会主义的中国,整合各方利益需要有一个集中统一的领导,也需要有自上而下的治理体系,更需要广大人民群众的理性配合,在中华民族的集体人格中,长久形成的集体主义观念、家国一体理念等都有助于共同利益的落实,有利于社会信任的建立。

个体的利益与群体的利益在多大程度内能够达成一致,从而服从于共同的德育目标,需要更加深入地考察。当前社会群体和利益的多元性、差异性,为社会德育平衡利益造成了诸多难题。根据马克思主义的主体层次理论,人作为主体具有四个层次的表达方式,即个人主体、群体主体、社会主体和类主体。德育就是要根据不同主体采用不同视角,满足不同利益,具体来说,包括作为人类社会实践活动的德育,作为意识形态传播活动的德育,作为课堂教学实践活动的德育和作为个体修养的德育。不同的主体指向不同的主客体关系,继而也就指向了不同的德育内容。在社会领域,利益是个体价值生成的动力。人作为一种有精神意义的社会存在物,必然需要在不同的社会关系自觉意识到自身利益的存在。但是"利益的确认与实现并不是一个纯粹客观的自发现象,而是一种在社会意识形态的教化下通过人的意识、意志和行为去完成的认识—实践过程"❶。换言之，个体需要在自身利益满足的程度中来确认个体同社会的关系问题，人的全部活动都是这样在实践中满足利益、形成思想，然后在实践中再实现这一思想、获得利益。

（二）在社会德育方法创造性转化过程中，必须时刻把握个体利益与社会利益的统一

在确保个体利益不受损害的情况下，最大限度地实现社会利益。在具体方法上，做到两个方面。

第一，继续寻找确认社会德育过程中的权威主体，包括权威组织，引领各类社会组织在各自的具体活动中起到良好的示范作用，特别是党政部门要树立良好的社会形象，发挥其对青年人的影响力。党的十八届三中全会提出要创新社会治理体制，激发社会组织活力。如，古代的乡约、会、社、乡规民约等是基于地缘、兴趣聚集在一起的，由人们根据共同需要相约或签订的组织，他们既满足了地方上百姓在道德行为与秩序的需求，通过乡绅与地方官员为百姓兴建公共事业、裁断法律纠纷。因此，新社会组织，既要在德育工作中发挥示范作用，也要处理好自身维持与发展的根基，为其公益性活动提供物质支持。

第二，努力净化社会环境，弘扬社会正气，培育积极向上的社会心态，发挥典型示范作用，加强对社会文化领域的监管。社会场域中人们共同价值规范的选择，是社会范围内人际关系相对疏离的必然选择；社会德育终究要依靠官方与民间、中央与地方的力量来实现，需要依靠百姓日用的风俗伦常、生活习惯来实现。在此期间，培育积极向上的社会心态，能够有助于实现社会治理的效果。所谓社会心态，其实是折射了一定时期内的社会现实，展现了一定时期的社会关系特点，反映了社会未来的变化与走向，正确把握社会心态是了解社情民意与缓和社会矛盾的前提。当前，在德育工作中不良的社会心态多表现为不信任感、冷漠感、愤怒感、失衡感等，它将政治、经济、文化等多方面的利益关系以群体心态的方式呈现出来，极易造成群体性的负面情绪的蔓延，从而阻滞社会德育工作的开展。而大众是极易被群体性的情绪牵引的。因此，有计划地通过畅通信息渠道、培育意见领袖、引导社会舆论、纾解思想困惑、净化社会环境等，

---

❶ 项久雨. 利益逻辑与思想政治教育价值的生成 [M]. 思想理论教育, 2008 (1): 15-19.

有利于营造德育氛围，化解人民群众与政府之间的矛盾。当然，这些工作也需要家庭德育与学校德育的配合，也是对他们工作的检验。

第三，妥善解决好社会热点问题和民生矛盾。民生指的是最广大人民群众的生存权和发展权，体现在人民的物质、政治、文化和社会生活中，涵盖社会物质和精神层面，关系到社会的安全运行和健康发展。民生问题悠悠为大。当今，无论是东方还是西方，无论是社会主义制度国家还是资本主义制度国家，无论秉持什么样的治国理念，任何一个执政团体和政府都高度重视并将改善民生列为政府的重要责任。民生问题折射着政治大命题，承载着化解执政党执政合法性危机的历史重任。这些问题往往都是社会利益的汇集点，也是社会各界人士关注的重点。德育在社会领域中的影响力不可能渗透或解决所有社会问题，但社会热点和民生矛盾中蕴含了丰富的德育内容，它们是社会利益最直白的呈现。因此，处理好这些问题本身就是社会德育的重要方面，也是弘扬社会主义核心价值观的重要路径。党的十八大以来，特别是2020年新冠肺炎疫情的影响，党和国家在民生问题上的倾注更加有力，特别是"六保"与"六稳"政策的落地，咬定目标打赢脱贫攻坚战，"留得青山，赢得未来"的口号，都直接关系百姓的民生问题，也是举全国之力解决社会矛盾的重要举措。加强社会德育，既要树立科学的民生观，主动掌握民生、了解民生，更要讲好、宣传好党和国家在解决民生问题上的历史与现实、理论与实践，赢得人民群众的心，形成统一的思想认识。

结　语

儒家德育方法，是中国古代思想政治教育的重要资源，是当前创新思想政治教育的重要借鉴。本文以生态分析的视角，从三大场域、三类方法、两条线索以试图解读儒家思想在古代社会深入人心、实现人伦日用的秘密所在，从方法与生态相结合的角度，研究儒家在历史上实现其德育有效性原因。不可否认，中国传统文化博大精深，它体现了中华民族特有的生活方式和风俗习惯。整个封建专制社会思想流派颇多，儒家思想虽然不是传统文化的全部，但儒家思想以其自身的包容性、超越性始终居于统治阶级指导思想的地位。即便儒家德育具有这么浓厚的政治气息，依然在百姓心中具有扎实稳固的地位，这样的成效，一方面，在于儒家从道德入手引导客体认识自身具有完善的可能性和能够获得的社会奖励；另一方面，在于儒家德育方法的实效，它以人们渴求和需要的方式展开。

儒家德育方法作为历史的产物，产生过积极的作用，也因历史的局限而有诸多弊端，但也不可否认其对当前思想政治教育创新具有重要的借鉴意义，这样的研究不可看作是儒学的复兴。本文在研究中重点解决三个问题：

第一，解决儒家德育与古代思想政治教育的关系，肯定了儒家德育的理论与实践，突出了方法在德育过程中的地位与作用。从概念的界定到功能的实现，儒家德育方法因儒家思想的主导地位，始终将统治阶级的需求实现作为其根本目的，不论是施教、评价还是引导客体进行自我教育，这些方法的最终目标是实现个体的认识与统治阶级的需求相协调，自主地将个体人生的发展目标同社会发展的目标相结合，将个体的切身利益同家国的整体利益相结合。

第二，明确儒家德育方法的整体性与层次性，重现了儒家德育被客体接受的诸多形式。在现有的学科历史资源的研究中，多数还停留在对狭义的、具体的、方法的研究，如，因材施教要怎么运用，榜样作用要如何发挥，党的干部要如何评价。这样的精细研究价值不可忽视，但是，我们对

结 语

传统的德育方法的研究不应只停留在"资源性"研究的基础,要打开视野,从儒家德育方法自身的相互协调、配合、制约的基础上,认识古代思想政治教育实效性的缘由。因此,从施教、自教和评价三类方法中,探寻德育主客体的互动与监督,对当前思想政治教育方法体系的设计具有重要意义。

第三,肯定儒家德育的全局性与实效性,明确指出,古代德育能够实现人伦日用的必然性,儒家德育覆盖了个体生存生活的全部场域,个体也因惧怕熟人们对自身的指点与评价,对自身的修养都有明确的渴求和具体的实践。家庭、学校、社会这样三个场域的德育方法,究其各自来说,都不是封闭的,三大场域虽然在具体方法的运行中会因为目标、主体、权威来源、载体等多方面因素的差异而具有不同的内容,但几乎在所有的要素上,三者都是彼此关联、互相强化的,都存在各自的小生态与当时时代特征的大生态。家庭与学校的关联不是狭义的年龄衔接,家庭不是七八岁以前才能生活的场所,家庭德育不仅奠定了学校德育的认识基础,而且担任了个体的终身教育;学校德育不只是在学校范围内的教育,它对个体自我教育的要求更多体现在客体离开学校的独自修养中,这样的修养能否得到强化,还在于家庭对儒家德育的肯定所营造的氛围。同样地,社会层面的德育,不仅起到引导社会风俗、营造社会德育氛围的作用,还是家庭、学校德育的强化场所。

优秀德育传统的传承,创新当下的德育方法,必须做好两个方面的工作。一是合理看待儒家德育方法的历史性与经验性。儒家德育方法之所以能够发挥作用尤其自身的历史条件,诸如儒家的政治观、人性观、道德观的相互支撑,诸如小农经济决定的熟人社会等。当前对传统的继承,不仅仅是对具体的方法进行创造性转化,更应该从理念的角度,理解儒家德育方法在设计、运行中的核心动力,即儒家德育方法本身的政治意义,它有明确的服务目标。儒家德育给我们留下了丰富的典籍和历史资料,这是进一步研究德育方法的历史性的基础。二是继承传统、创新当下思想政治教育要具有全局观与全程观,德育方法本身是一个集合,任何一种方法都不可能独立存在。创新德育方法必须注重方法本身之间的互动与制约。我们要从历史背景、文化传统、现实教情和未来趋势等多个维度,进一步思考德育方法创新的问题,阐明当前德育方法的设计与创新同德育的历史传统、中华民族的文化渊源的关系,为我们从更广阔的时间和空间尺度,认识创新德育方法的历史必然性,提供了科学的方法。

本文研究的时间跨度较大，在具体的分析中仅能把握具有一般性的方法，对于方法在各个时期产生、运用与广泛运用历史背景的分析尚不够多，这也是本研究要进一步深入的问题。只有明确了各类方法是如何产生、继承和发展的，才能够更好地理解当时从中央到地方、从官方到民间各种心理动态与价值需求。

参考文献

[1] 陈淳. 北溪字义 [M]. 北京：中华书局，2009.

[2] 陈献章. 陈献章集（上下册）[M]. 北京：中华书局，1987.

[3] 董仲舒. 春秋繁露 [M]. 北京：中华书局，2011.

[4] 董仲舒. 董仲舒集 [M]. 北京：学苑出版社，2003.

[5] 程颢，程颐. 二程集（上下册）[M]. 北京：中华书局，2004.

[6] 上海古籍出版社. 二十二子 [M]. 上海古籍出版社，2007.

[7] 韩愈. 韩愈集 [M]. 郑州：中州古籍出版社，2010.

[8] 班固. 汉书 [M]. 北京：中华书局，2009.

[9] 黄宗羲. 黄梨洲文集 [M]. 北京：中华书局，2014.

[10] 朱熹，吕祖谦. 近思录 [M]. 郑州：中州古籍出版社，2008.

[11] 胡平生，陈美兰，译. 礼记孝经 [M]. 北京：中华书局，2007.

[12] 陆九洲. 陆九渊集 [M]. 北京：中华书局，1980.

[13] 顾迁，译注. 尚书 [M]. 北京：中华书局，2016.

[14] 苏辙. 诗集传 [M]. 北京：中华书局，2011.

[15] 阮元. 十三经注疏（上下册）[M]. 上海古籍出版社，1997.

[16] 司马迁. 史记（全三册）[M]. 长沙：岳麓书社，2012.

[17] 许慎. 说文解字 [M]. 北京：中华书局，2013.

[18] 朱熹. 四书章句集注 [M]. 北京：中华书局，2011.

[19] 陈仲夫. 唐六典 [M]. 北京：中华书局，2014.

[20] 王阳明. 王阳明全集（全五册）[M]. 北京：线装书局，2012.

[21] 檀作文. 颜氏家训 [M]. 北京：中华书局，2011.

[22] 张载. 张载集 [M]. 北京：中华书局，2012.

[23] 周敦颐. 周敦颐集 [M]. 北京：中华书局，2009.

[24] 杨天才，张善文. 周易 [M]. 北京：中华书局，2011.

[25] 司马光. 资治通鉴 [M]. 北京：中华书局，2007.

[26] 郭丹，译. 左传 [M]. 北京：中华书局，2016.

［27］马克思，恩格斯. 马克思恩格斯选集（第一卷）［M］. 北京：人民出版社，1995.

［28］习近平. 习近平谈治国理政［M］. 北京：外文出版社，2014.

［29］岑大利，顾建军. 中国古代官德研究［M］. 北京：中共中央党校出版社，2014.

［30］陈劲松. 儒学社会通论［M］. 北京：中国人民大学出版社，2007.

［31］陈君慧. 蒙学大全［M］. 哈尔滨：北方文艺出版社，2014.

［32］陈君慧. 中华家训大全［M］. 哈尔滨：北方文艺出版社，2011.

［33］陈来. 古代思想文化的世界——春秋时代的宗教、伦理与社会思想［M］. 上海：三联书店，2002.

［34］崔华前. 先秦诸子德育方法思想研究［M］. 北京：中国社会科学出版社，2008.

［35］樊浩. 中国伦理精神的历史建构［M］. 南京：江苏人民出版社，1992.

［36］范树成. 德育过程论［M］. 北京：中国社会科学出版社，2004.

［37］费成康. 中国的家法族规［M］. 上海：上海社会科学出版社，1998.

［38］费孝通. 乡土中国［M］. 北京：北京大学出版社，1998.

［39］费孝通. 中国士绅：城乡关系论集［M］. 北京：外语教学与研究出版社，2011.

［40］张惠芬. 中国古代教化史［M］. 太原：山西教育出版社，2009.

［41］张澍军. 德育文化论［M］. 北京：中国社会科学出版社，2008.

［42］张廷昭. 元代儒学教化研究［M］. 北京：中国社会科学出版社，2015.

［43］张锡生. 中国德育思想史［M］. 南京：江苏教育出版社，1993.

［44］张祥浩. 中国传统思想教育理论［M］. 南京：东南大学出版社，2011.

［45］张协胜. 儒家伦理与秩序情结——中国思想的社会学诠释［M］. 上海：上海人民出版社，2008.

［46］冯天瑜，鲁毅. 学规菁华［M］. 武汉：武汉大学出版社，2007.

［47］冯天瑜，彭忠德. 官箴要语［M］. 武汉：武汉大学出版社，2007.

［48］冯天瑜，张艳国. 家训辑览［M］. 武汉：武汉大学出版社，2007.

［49］冯秀军. 教化·规约·生成：古代中华民族精神化育研究［M］. 北京：中国社会科学出版社，2009.

［50］冯友兰. 中国哲学史［M］. 北京：人民出版社，1962.

［51］高丙中. 民俗文化与民俗生活［M］. 北京：中国社会科学出版社，1994.

［52］高德胜. 生活德育论［M］. 北京：人民出版社，2005.

[53] 高兆明. 道德生活论 [M]. 南京：河海大学出版社，1993.

[54] 葛晨虹. 德化的视野：儒家德性思想研究 [M]. 北京：同心出版社，1998.

[55] 顾友仁. 中国传统文化与思想政治教育的创新 [M]. 合肥：安徽大学出版社，2011.

[56] 郭齐家. 中国古代考试制度 [M]. 北京：商务印书馆，1997.

[57] 何桂美. 古代家庭道德教育 [M]. 北京：中国地质大学出版社，2010.

[58] 贺科伟. 移风易俗与秦汉社会 [M]. 北京：中国社会科学出版社，2014.

[59] 洪向华. 健全和完善党政领导干部绩效考核机制研究 [M]. 北京：人民出版社，2014.

[60] 侯外庐. 中国思想通史（五卷本）[M]. 北京：人民出版社，1957.

[61] 黄书光. 中国社会教化的传统与变革 [M]. 济南：山东教育出版社，2005.

[62] 黄玉顺. 面向生活本身的儒学 [M]. 成都：四川大学出版社，2006.

[63] 黄钊. 儒家德育学说论纲 [M]. 武汉：武汉大学出版社，2006.

[64] 黄钊. 中国古代德育思想史论（上下册）[M]. 北京：中国社会科学出版社，2011.

[65] 焦国成. 传统伦理及其现代价值 [M]. 北京：教育科学出版社，2000.

[66] 焦国成. 中国古代人我关系论 [M]. 北京：中国人民大学出版社，1991.

[67] 李兵. 书院与科举关系研究 [M]. 武汉：华中师范大学出版社，2005.

[68] 李丰春. 中国古代旌表研究 [M]. 昆明：云南大学出版社，2011.

[69] 李怀军，李智鹏. 官员选考史鉴 [M]. 武汉：湖北人民出版社，2010.

[70] 李景林. 教化视域中的儒学 [M]. 北京：中国社会科学出版社，2013.

[71] 李世萍. 汉代教化的多维研究 [M]. 北京：知识产权出版社，2013.

[72] 李泽厚. 中国古代思想史论 [M]. 北京：人民出版社，1986.

[73] 林毓生. 中国传统的创造性转化 [M]. 北京：三联书店，1988.

[74] 刘静. 走向民间生活的明代儒学教化 [M]. 上海：上海教育出版社，2014.

[75] 刘良超. 制度德育论 [M]. 武汉：湖北教育出版社，2007.

[76] 刘森. 传统文化与文化传统 [M]. 广州：暨南大学出版社，2011.

[77] 刘韶军. 儒家学习思想研究 [M]. 武汉：华中师范大学出版社，2008.

[78] 刘新庚. 现代思想政治教育方法论 [M]. 北京：人民出版社，2006.

[79] 刘泽华. 中国传统政治哲学与社会整合 [M]. 北京：中国社会科学出版

社，2000.

[80] 罗国杰. 传统伦理与现代社会 [M]. 北京：中国人民大学出版社，2012.

[81] 罗国杰. 中国伦理思想史（上下卷）[M]. 北京：中国人民大学出版社，2007.

[82] 骆明，王淑臣. 历代孝亲敬老诏令律例 [M]. 北京：光明日报出版社，2013.

[83] 牟钟鉴. 儒学价值的新探索 [M]. 济南：齐鲁书社，2001.

[84] 牛铭实. 中国历代乡规民约 [M]. 北京：中国社会出版社，2014.

[85] 裴国昌. 中国教化楹联精选 [M]. 南京：南京师范大学出版社，2015.

[86] 沈壮海. 思想政治教育的文化视野 [M]. 北京：人民出版社，2005.

[87] 沈壮海. 思想政治教育有效性研究 [M]. 武汉：武汉大学出版社，2013.

[88] 唐凯麟. 中华民族道德生活史研究 [M]. 北京：金城出版社，2008.

[89] 唐凯麟. 成人之道：儒家伦理文化 [M]. 济南：山东教育出版社，2011.

[90] 唐亚阳，吴增礼. 中国书院德育研究 [M]. 北京：人民出版社，2014.

[91] 王凯旋. 中国科举制度史 [M]. 沈阳：万卷出版公司，2012.

[92] 王人恩. 古代家书精华 [M]. 兰州：甘肃教育出版社，2009.

[93] 韦庆远，柏桦. 中国官制史，上海：中国出版集团东方出版中心，2001.

[94] 温海明. 儒家实意伦理学 [M]. 北京：中国人民大学出版社，2014.

[95] 武东生. 中国古代思想政治教育史 [M]. 天津：南开大学出版社，2013.

[96] 吴潜涛. 伦理学与思想政治教育 [M]. 郑州：河南人民出版社，2003.

[97] 肖群忠. 孝与中国文化，北京 [M]. 人民出版社，2001.

[98] 熊承涤. 中国古代学校教材研究 [M]. 北京：人民出版社，1992.

[99] 徐少锦. 中国家训史 [M]. 西安：陕西人民出版社，2003.

[100] 杨茂义. 中国古代家庭教育简论 [M]. 北京：北京理工大学出版社，2009.

[101] 杨随平. 中国古代官员选任与管理制度研究 [M]. 北京：中国社会出版社，2010.

[102] 张德胜. 儒家伦理与社会秩序：社会学的阐释 [M]. 上海：上海人民出版社，2008.

[103] 赵连稳，朱耀庭. 中国古代的学校、书院及其刻书研究 [M]. 北京：光明日报出版社，2007.

[104] [德] 黑格尔. 历史哲学 [M]. 王造时，译. 上海：上海书店出版社，2001.

[105] [德] 马克斯·韦伯. 儒教与道教 [M]. 王容芬, 译. 桂林: 广西师范大学出版社, 2004.

[106] [法] 布迪厄, [美] 华康纳. 实践与反思: 反思社会学导论 [M]. 李猛, 李康, 译. 北京: 中央编译局出版社, 1998.

[107] [法] 弗朗斯瓦·魁奈. 中华帝国的专制制度 [M]. 谈敏, 译. 北京: 商务印书馆, 1992.

[108] [法] 孟德斯鸠. 论法的精神 [M]. 许明龙, 译. 北京: 商务印书馆, 2012.

[109] [美] 彼得·布劳. 社会生活中的交换与权力 [M]. 孙非, 张黎勤, 译. 北京: 华夏出版社, 1987.

[110] [美] 列文森. 儒教中国及其现代命运 [M]. 郑大华, 任菁, 译. 北京: 中国社会科学出版社, 2000.

[111] [美] 西摩·马丁·李普塞特. 政治人——政治的社会基础 [M]. 张绍宗, 译. 上海: 上海人民出版社, 1997.

[112] [英] 吉登斯. 社会的构成: 结构化理论大纲 [M]. 李康, 李猛, 译. 北京: 三联书店出版社, 1998.

[113] [匈] A. 赫勒. 日常生活 [M]. 衣俊卿, 译. 重庆: 重庆出版社, 1990.

[114] 查有梁. 略论儒家 "以德育人" 的教育思想 [J]. 中国教育学刊, 2003 (4).

[115] 陈继红, 王易. 中国传统文化与思想政治教育研究的论域. 问题与趋向 [J]. 思想理论教育导刊, 2013 (11).

[116] 陈茂山. 试论明代中后期的社会风气 [J]. 史学集刊, 1989 (4).

[117] 方琳. 唤醒道德自觉——儒家德育的根本路径 [J]. 中共郑州市委党校学报, 2014 (2).

[118] 冯铁山, 栗洪武. 论先秦儒家的诗意德育 [J]. 教育研究, 2009 (8).

[119] 郭渐强. 儒家道德教化与政治社会化 [J]. 舟山学刊, 1997 (1).

[120] 韩星. 寓治于教——儒家教化与社会治理 [J]. 社会科学战线, 2012 (12).

[121] 胡静. 从《大学》修身理论看儒家道德教化体系的建构 [J]. 江汉论坛, 2013 (10).

[122] 黄书光. 圣王之治的理想追求与儒家 "大教育" 制度建构的文化反思 [J]. 四川师范大学学报 (社会科学版), 2014 (5).

[123] 贾勤美. 论儒家德育的主要途径及其影响 [J]. 理论月刊, 2005 (6).

[124] 江新华. 德育概念泛化是影响德育有效性的理论根源 [J]. 高等教育

研究，2001（9）．

［125］蒋红斌．权利．知识与制度共生息——我国古代制度化德育的历史考察［J］．现代大学教育，2009（6）．

［126］金元逊．关于德育概念的商榷［J］．北京师范大学学报（社会科学版），1991（6）．

［127］李承贵．儒家榜样教化论及其当代省察——以先秦儒家为中心［J］．齐鲁学刊，2011（4）．

［128］李道仁．德育本质问题的探讨［J］．华中师范大学学报（人文社会科学版），1982（6）．

［129］李殿森，靳玉乐．儒家的自我修养观及其对现代德育的启示［J］．思想理论教育导刊，2005（5）．

［130］梁美凤．儒家德育的"立体网络教化"［J］．福建教育学院学报，2002（1）．

［131］刘祎．试论儒家德育过程论思想［J］．新疆社会科学，2006（2）．

［132］马和民．论传统中国的社会教化实践与社会化榜样［J］．浙江大学学报（人文社会科学版），2004（5）．

［133］全红．中国古代社会教化问题探讨［J］．中国青年政治学院学报，1994（1）．

［134］佘双好．儒家德育课程思想对现代思想道德教育的价值［J］．伦理学研究，2002（11）．

［135］孙迎光．儒家德育方法与现代思想教育［J］．南京社会科学，1994（12）．

［136］檀传宝．论儒家德育思想的三大特色与优势［J］．教育研究，2012（8）．

［137］唐国军．"修身"与"教化"：儒家思想政治教育体系论［J］．广西社会科学，2007（11）．

［138］王国良．儒家贤能政治思想与中国贤能推举制度的发展［J］．文史哲，2013（3）．

［139］王易，黄刚．探求中华传统美德的创造性转化［J］．思想理论教育导刊，2015（5）．

［140］王易，刘致丞．试析儒家的个人品德养成论［J］．伦理学研究，2009（5）．

［141］王易，张泽硕．中国传统德育中的"人伦日用"及其当代启示［J］．

伦理学研究，2015（5）.

[142] 王易，朱小娟. 思想政治教育认同初探［J］. 思想理论教育导刊，2013（5）.

[143] 王易. 大德育观视角下中国德育的特色［J］. 学校党建与思想教育，2013（18）.

[144] 王易，简臻锐. 张养浩《牧民忠告》中的官德修养及其当代启示［J］. 北京教育（德育），2015（4）.

[145] 王有英. 从《帝鉴图说》管窥中国古代帝王教育［J］. 广西师范大学学报（哲学社会科学版），2009（10）.

[146] 王有英. "圣人之教"遍于乡野：蒙学读物中的教化［J］. 广西师范大学学报（哲学社会科学版），2010（2）.

[147] 王有英. 中国古代官吏的教育与自我修养［J］. 山西师大学报（社会科学版），2004（11）.

[148] 王有英. 中国古代女子教化探析［J］. 山西师大学报（社会科学版），2009（7）.

[149] 萧景阳. 儒家德育思想与方法的历史借鉴［J］. 广东民族学院学报（社会科学版），1991（3）.

[150] 谢长法. 明清时期族谱的教化功能刍议［J］. 湖南师范大学教育科学学报，2005（3）.

[151] 谢长法. 乡约及其社会教化［J］. 史学集刊，1996（3）.

[152] 薛秀兰. 论我国古代思想道德教化方法的层次性及其德育功能［J］. 云南农业大学学报（社会科学版），2007（4）.

[153] 杨雅文. 中国古代学校的考试类别与方法［J］. 教学与管理，1998（12）.

[154] 张鸿燕. 儒家德育思想的特色及其现代价值［J］. 首都师范大学学报（社会科学版），2004（6）.

[155] 张澍军，张斌. 关于儒家"德治—德育"的几点思考［J］. 东北师大学报（哲学社会科学版），1999（5）.

[156] 张锡勤. 试论儒家的"教化"思想［J］. 齐鲁学刊，1998（2）.

[157] 周志成，罗慧. 关于厘清德育概念的思考［J］. 思想教育研究，2015（1）.

[158] 祖国华. 论儒家"礼乐教化"思想及其当代价值［J］. 湖南大学学报（社会科学版），2009（6）.

[159] 祖嘉合. 儒家道德教育方法对现代道德教育的启示 [J]. 学校党建与思想教育, 2005 (12).

[160] 安丽梅. 传统家训的德育价值探析 [D]. 北京：中国人民大学, 2015.

[161] 傅琳凯. 中国古代思想政治教育史研究 [D]. 长春：东北师范大学, 2011.

[162] 李学娟. 两汉教化研究 [D]. 济南：山东大学, 2009.

[163] 刘荣华. 儒家教化思想研究 [D]. 兰州：兰州大学, 2014.

[164] 秦海滢. 明代山东教化研究 [D]. 长春：东北师范大学, 2004.

[165] 王司瑜. 中国古代教化思想及方式研究 [D]. 哈尔滨：黑龙江大学, 2013.

[166] 王有英. 清前期社会教化研究 [D]. 武汉：华中师范大学, 2005.

[167] 战秀梅. 北宋士大夫地方教化研究 [D]. 上海师范大学, 2010.

[168] 张博婉. 《大学》道德教育思想探析 [D]. 北京：中国人民大学, 2010.

[169] 张雪红. 传播与转型：走向生活世界的宋代教化研究 [D]. 长春：东北师范大学, 2010.

[170] 张泽硕. 中国传统德育中的"人伦日用"及其当代启示 [D]. 北京：中国人民大学, 2015.